21世纪高等职业教育财经类规划教材
基础课系列

工业和信息化高职高专“十二五”
规划教材立项项目

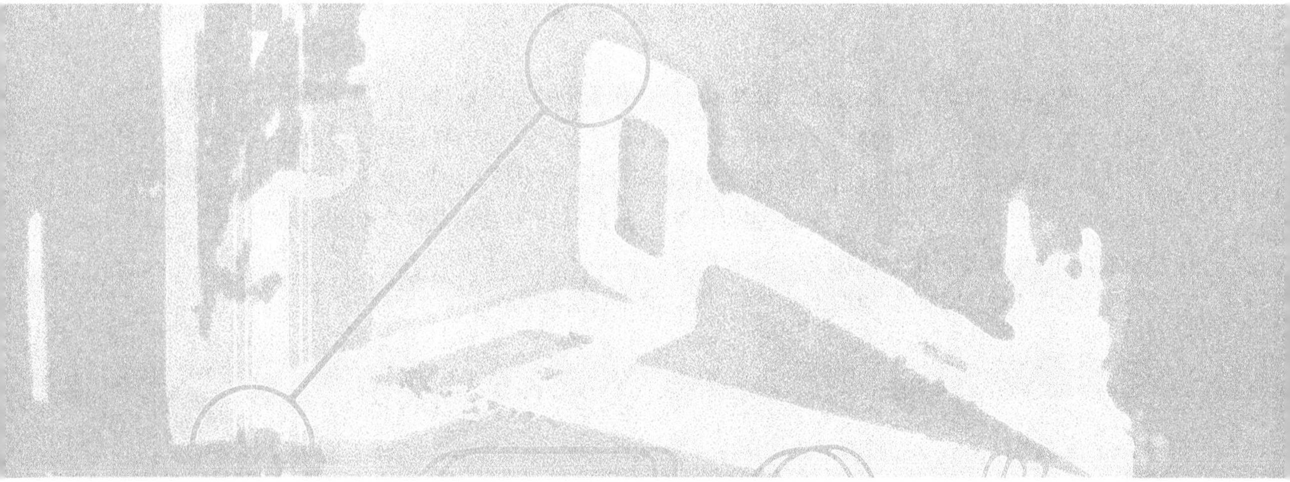

统计学原理（第2版）

Principle of Statistics (2nd Edition)

◎ 王苹香 周晓艳 王琪 主编 ◎ 刘振亚 杜亚彬 徐海玲 副主编

人民邮电出版社
北京

图书在版编目（CIP）数据

统计学原理 / 王苹香，周晓艳，王琪主编. -- 2版
. -- 北京 : 人民邮电出版社，2016.1(2019.2重印)
21世纪高等职业教育财经类规划教材基础课系列
ISBN 978-7-115-41428-1

Ⅰ. ①统… Ⅱ. ①王… ②周… ③王… Ⅲ. ①统计学
—高等职业教育—教材 Ⅳ. ①C8

中国版本图书馆CIP数据核字(2015)第315940号

内 容 提 要

本书吸收了统计学理论和实践的最新成果，以任务驱动为主线，按照统计学原理的学科体系进行编排，全面、系统地介绍了统计学的基本理论、基本方法及应用。内容包括统计学的基本知识、统计资料的搜集与整理、统计资料分析所需要的基本指标和统计资料分析方法。考虑到目前计算机的普遍应用，本书在统计资料的整理中介绍了如何应用计算机进行统计资料的汇总和统计图的绘制，并在附录中介绍了 Excel 中几种常见统计指标的计算方法。

本书适合作为高职高专类院校会计类、管理类专业的教学用书。

◆ 主　　编　王苹香　周晓艳　王　琪
　副 主 编　刘振亚　杜亚彬　徐海玲
　责任编辑　李育民
　责任印制　张佳莹　杨林杰

◆ 人民邮电出版社出版发行　　北京市丰台区成寿寺路 11 号
　邮编 100164　　电子邮件 315@ptpress.com.cn
　网址 http://www.ptpress.com.cn
　固安县铭成印刷有限公司印刷

◆ 开本：787×1092　1/16
　印张：15.25　　　　2016 年 1 月第 2 版
　字数：342 千字　　　2019 年 2 月河北第 7 次印刷

定价：34.00 元

读者服务热线：(010)81055256　印装质量热线：(010)81055316
反盗版热线：(010)81055315
广告经营许可证：京东工商广登字 20170147 号

前言（第2版）

统计是认识客观世界的重要手段。无论是国民经济管理还是企业的经营管理与决策，都越来越依赖于数量分析和统计分析方法。统计分析方法已经成为社会实践和其他经济类、管理类学科研究的基本方法。

统计学是一门搜集、整理和分析统计数据的方法论科学，其目的是探索统计数据内在的数量规律性，以达到对客观事物的科学认识。

本书第 1 版自 2012 年 5 月出版以来，受到了众多高职高专院校的欢迎，多次重印。为了更好地满足广大高职高专院校的学生对统计知识学习的需要，本书作者结合近几年的教学改革实践和广大读者的反馈意见，在保留原书特色的基础上，对教材进行了全面的修订，本次修订的主要内容如下。

（1）对本书第 1 版中部分内容中存在的一些问题进行了校正和修改，力求使内容达到简明实用、条理清晰、逻辑严密、案例恰当、学以致用。

（2）补充、更改了任务引入的案例。修订过程中尽量针对高职高专学生的特点，将理论与实践相结合，加大与实际生活的结合力度。

（3）重新以任务驱动为主线进行内容编排。全书共有 4 个模块、10 个任务，各任务后均配有能力训练，有利于学生巩固所学知识，加深对理论内容的理解。

考虑到目前计算机的普及与应用，本书在统计资料的整理中介绍了如何应用计算机进行统计资料的汇总和统计图的绘制，并介绍了 Excel 中几种常见统计指标的计算方法。

本书由王苹香、周晓艳、王琪任主编，刘振亚、杜亚彬、徐海玲任副主编，韩潇、宋蔚、吴翠翠参加编写。具体分工如下：任务一由韩潇编写，任务二由周晓艳编写，任务三由王苹香编写，任务四由徐海玲编写，任务五由王琪编写，任务六由刘振亚编写，任务七由杜亚彬编写，任务八由王苹香、吴翠翠编写，任务九由周晓艳、宋蔚编写，王苹香对全书进行修改、补充和定稿。

由于编者学术水平有限，书中难免存在疏漏之处，恳请专家、读者批评指正，来信请至 applewpx@163.com。

王苹香

2016年1月

目 录

目 录

模块一

统计学的基本知识

任务一　认知统计

学习目标

【知识目标】

- 了解统计学产生与发展的过程
- 了解统计学的研究对象
- 熟悉统计学的研究方法
- 掌握统计的含义
- 重点掌握统计学中的基本概念

【技能目标】

- 能够熟练掌握总体与总体单位、标志与指标的关系
- 能够熟练掌握变量的分类

任务描述

《2014年国民经济和社会发展统计公报（节选）》

2014年，面对复杂多变的国际环境和繁重艰巨的国内发展改革稳定任务，党中央、国务院团结带领全国各族人民，牢牢把握国内外发展大势，坚持稳中求进的工作总基调，全力推进改革开放，着力创新宏观调控，奋力激发市场活力，努力培育创新动力，国民经济在新常态下平稳运行，结构调整出现积极变化，发展质量不断提高，民生事业持续改善，实现了经济社会持续稳定发展。

2014年年末，全国总人口（不包括港、澳、台地区）为136 782万人，比2013年年末增加710万人，其中城镇常住人口为74 916万人，占总人口比重为54.77%。全年出生人口为1 687万人，出生率为12.37‰；死亡人口977万人，死亡率为7.16‰；自然增长率为5.21‰。全国人户分离的人口为2.98亿人，其中流动人口为2.53亿人。国民经济稳定增长。经初步核算，全年国内生产总值为636 463亿元，比2013年增长7.4%。其中，第一产业增加值为58 332亿元，增长4.1%；第二产业增加值为271 392亿元，增长7.3%；第三产业增加值为306 739亿元，增长8.1%。第一产业增加值占国内生产总值的比重为9.2%，第二产业增加值比重为42.6%，第三产业增加值比重为48.2%。就业继续增加。2014年年末全国就业人员为77 253万人，其中城镇就业人员为39 310万人。全年城镇新增就业人员为1 322万人。2014年年末城镇登记失业率为4.09%。全国农民工总量为27 395万人，比2013年增长1.9%。其中，外出农民工为16 821万人，增长1.3%；本地农民工为10 574万人，增长2.8%。劳动生产率稳步提高。全年国家全员劳动生产率为72 313元/人，比2013年提高7.0%。价格水平涨幅较低。全年居民消费价格比2013年上涨2.0%，其中食品价格上涨3.1%，固定资产投资价格上涨0.5%，工业生产者出厂价格下降1.9%，工业生产者购进价格下降2.2%，农产品生产者价格下降0.2%。

本任务案例是我国《2014年国民经济和社会发展统计公报》的部分节选，通过阅读以上内容，可以全面了解我国经济建设的基本情况。国家统计局是怎样搜集到这些统计资料的？什么是统计？统计的研究对象是什么？案例中各数据代表了什么意义？通过本任务的学习将得到这些问题的答案。

相关知识

一、统计学的产生和发展

（一）统计的含义

统计与人们的社会经济生活息息相关，各个国家、各个行业的发展都离不开统计。人们在日常生活中听报告、看报纸，甚至在日常交谈中都会经常出现“统计”这个词。那么，究竟什么是统计呢？

“统计”一词有着丰富的内涵。一般讲到“统计”，可以从3个方面来理解，即统计工作、统计资料和统计理论。

1. 统计工作

统计是为了适应社会经济发展和国家管理的需要而产生和发展的。统计工作就是人们有目的地搜集、整理和分析实际资料的工作过程，涉及社会、经济、文化、科技等各个方面。例如，要了解我国的人口情况，统计部门就要完成下列工作：设计调查项目—编制调查表—派调查人员逐户调查—对调查结果进行整理、分析，最后得出反映我国人口基本情况的各种统计指标。

统计工作成为一种社会实践活动，已有了四五千年的历史。据考证，在我国原始社会末期及奴隶社会形成的过程中，已经出现了统计的萌芽。“结绳记事”是最早的统计调查活动，并且将所记之事分为“大事”和“小事”，以“结”的大小来表示。这说明原始人类已经开始有目的地积累资料了。中国奴隶制社会的统计活动的主要内容是“丁口”和“田亩”，即人口和耕地，其目的主要是为了战争和贡赋。经过漫长的封建社会，统计活动的范围逐渐拓宽，内容也逐渐丰富，除了人口和耕地统计之外，财产统计、产量统计、仓储统计、交通运输统计、矿冶统计、物价统计、军费统计、驿传统计、财政统计、海关统计等也开始慢慢地产生和发展，并在漫长的岁月里积累了一定的统计资料。但由于封建社会战乱频繁、灾害连连，使积累并保存起来的统计资料连贯性较差，且基本不具有可比性。民国时期的统计已经逐步按行业进行并具备了一定的规模。新中国成立后，统计实践得到了极大的发展，如今的统计活动已涉及国民经济和社会生活的各个方面，取得了很大的成绩，积累了丰富的资料，为我国的经济建设和社会发展做出了重大贡献。

2. 统计资料

统计资料是经过统计调查和统计整理以后得到的反映社会经济实际的统计成果，是人类活动数量方面客观情况的记录，包括数据资料和文字资料，以数据资料为主。统计数字、统计分析报告、统计台账、统计表、统计图等都是统计资料。例如，2014 年年末，全国大陆总人口为 136 782 万人；2014 年全年国内生产总值为 636 463 亿元，全国就业人员为 77 253 万人等，这些都是统计资料。目前，我们搜集和积累的统计资料已十分丰富，大量的统计资料多以各种统计公报、统计年鉴、数据库以及光盘等形式公布和收藏。

3. 统计学

统计学是对统计实践活动的理论概括和总结，是阐述统计实践活动的基本理论和基本方法，统计工作的系统化和科学化的结晶成为统计学。统计学目前已经发展成一个涉及范围广泛、内容丰富多彩的学科体系，包括数理统计学、经济统计学、社会统计学和自然科学方面的统计学等。

统计工作、统计资料和统计学这 3 者之间存在着密切的联系。统计工作是基础，统计资料和统计学都是在统计实践的基础上产生和发展的。统计资料来源于统计工作，没有统计工作就没有统计资料；统计资料又服务于统计工作，没有一定数量的、经过长期积累的统计资料，新的统计工作将难以做好。统计学是对统计工作活动的理论抽象和总结，理论来源于实践，反过来又指导统计工作活动，使统计工作活动更科学、更有效，使取得的统计资料更符合客观实际，更具有使用价值。统计工作的不断发展，不但可以使人们获得更加丰富多彩的统计资料，也会不断丰富统计学理论，促进统计理论的发展和完善。因此，“统计”一词的 3 种含义是相互联系的，不能将它们分割开来。统计工作与统计学的不断发展和不断丰富的过程，也是统计不断实践—认识—再实践—再认识的过程。

（二）统计实践的产生与发展

统计作为一种社会实践活动起源很早，是随着人类社会的发展和经济管理的需要而产生和发展的，至今在我国已有四五千年的历史。

原始社会后期：统计萌芽于计数活动，结绳记事应该说是最早的统计活动，属于人们对社会经济现象进行统计的萌芽。

奴隶制国家产生：在奴隶社会，人类社会出现了阶级和国家，统治阶级为了对内统治、对外扩张，为了满足赋税、徭役和征兵的需要，就开始了对人口、土地和财产的登记和简单的统计计算工作。

在国外，古希腊和古罗马时代也开始了对人口和财产的统计。

封建社会时期：统计工作继续不断发展，统计已略具规模。

资本主义兴起：随着资本主义的产生和发展，人类分工不断细化，统计应用的范围也逐步扩大，除人口、土地统计外，还建立了国内贸易、对外贸易、工业、农业和金融等统计，统计成为社会分工中的一种专门的行业。由此，统计学也应运而生。

（三）统计学的产生与发展

统计是为了适应国家管理需要和社会政治经济发展而产生和发展起来的。

从统计的产生和发展过程来看，可把统计学划分为古典统计学、近代统计学和现代统计学 3 个时期。

1. 古典统计学时期

古典统计学时期是指 17 世纪中叶至 18 世纪末的统计学萌芽时期。按照对统计学的贡献和时间的先后顺序又可将这个时期的统计学派分为记述学派和政治算术学派。

（1）记述学派。记述学派又称记录学派、国家学派、国势学派，产生于 18 世纪的德国，其代表人物有赫尔曼·康令（1601～1681 年）和特弗里德·阿亨瓦尔（1719～1772 年）。记述学派以文字记述和比较国情而得名。阿亨瓦尔把记述和比较国情的国家学定名为“统计学”，第一个使用了“统计学”这个名称。

（2）政治算术学派。政治算术学派产生于 17 世纪中叶的英国。其代表人物有威廉·配第（1623～1687 年）和约翰·格朗特（1620～1674 年）。《政治算术》一书写于 1671～1676 年，1690 年出版，其独特之处在于用算数方法和大量统计资料对英、法、荷 3 个国家的实力进行了比较和分析，“用数字、重量和尺度”来表达自己的思想，马克思认为威廉·配第是“政治经济学之父，在一定程度上也是统计学的发明人”。

约翰·格朗特利用政府公布的人口变动的资料，写了一本统计著作《关于死亡表的自然和政治观察》。在该书中，约翰·格朗特通过大量观察，提出了男女婴儿出生比例较为稳定的观点，创造性地编制了初具规模的“生命表”，对各种年龄的死亡率与人口寿命做了比较。

2. 近代统计学时期

近代统计学时期时期是从 18 世纪末到 19 世纪末，在这个时期统计学又形成了许多学派，其中最主要的是数理统计学派和社会经济统计学派。

（1）数理统计学派。数理统计学派产生于 19 世纪中叶，其先驱是比利时统计学家阿道夫·凯特勒（1796～1894 年），其代表作是《社会物理学》。他充分运用 19 世纪的最新科学成果，首次将概率论引入统计学的研究领域，初步完成了统计学与概率论的结合，使统计学开始进入了一个新的阶段。他所提出的有关“平均人”的概念及犯罪理论对误差法则理论、正态分布理论等有一定的影响。可以说，阿道夫·凯特勒是古典统计学的完成者和近代统计学的奠基人。

（2）社会经济统计学派。19 世纪后半叶，正当英美数理统计学派刚开始发展的时候，德国兴起了社会经济统计学派，其代表人物有克尼斯（1821～1897 年）、乔治·蓬·梅尔（1841～1925 年）和厄·恩格尔（1821～1896 年）等。社会经济统计学派认为，统计学是用特殊方法研究社会经济现象的数量方面及其发展规律，研究社会经济现象变化的因果关系的一门科学。他们所用的主要方法是大量观察法。

3. 现代统计学时期

现代统计学时期是指自 20 世纪初到现在的统计学发展时期。这一时期的统计学同自然科学、工程技术科学紧密结合，被广泛应用而获得迅速发展，进入了鼎盛时期。首先，它在随机抽样的基础上建立了推断统计的理论和方法，其代表人物有哥赛德（1876～1936 年）、费希尔（1890～1962 年）。后来，美国统计学家瓦尔德（1902～1952 年）又将统计学中的估计和假设理论加以归纳，创造了“决策理论”。科克伦（1909～1980 年）等在 1957 年提出了试验设计的理论和方法，拓宽了统计学的范畴。

二、统计学的研究对象和方法

（一）统计学的研究对象

科学来源于实践。统计学是长期统计实践的理论概括和科学总结，是逐渐形成的完整的科学体系。统计学的研究对象是大量社会经济现象总体的数量方面，其根本特征是在质与量的辩证统一中研究大量社会经济现象总体的数量方面，反映社会现象发展变化在具体时间、地点、条件下的数量表现，揭示事物的本质、相互联系、变动规律性和发展趋势。

辩证唯物主义告诉我们，不论是自然现象还是社会现象，都存在质与量两个方面，二者是辩证统一、密切联系的。事物的质是通过量表现出来的，没有数量也就没有了质量，量的累积达到一定的界限，将引起质的变化。因此，要研究事物的存在和发展，并掌握其发展规律性，就必须研究事物的量的方面，研究事物发展规律性在具体时间、地点、条件下的数量表现。所以，从数量上认识事物，是马克思主义的一种科学的认识方法。

一般来说，统计既可以研究自然现象，也可以研究社会经济现象。本书研究的是社会经济现象的数量方面，所以，这里所说的数量方面是指社会经济现象的规模、水平、结构、速度、比率关系、普遍程度等。事物的质和量是密切联系的，是辩证统一的，因此，统计要对社会经济现象的数量方面进行研究，就必须和质的方面结合起来。例如，要统计工业产品的产量，如果不明确什么是工业产品，工业产品的产量统计就无法进行。

（二）统计学研究对象的特点

统计以社会经济现象为其研究领域，具有其自身的特点。归纳起来可概括为 4 个特点，即数量性、总体性、具体性和社会性。

1. 数量性

统计的研究对象是社会经济现象的数量方面，包括社会经济现象的规模、水平、现象间的数量关系，以及决定现象质量的数量界限。统计研究对象的数量性，是统计区别于其他社会经济调查研究活动的根本特点。必须指出的是，统计对社会经济现象数量方面的认识是定量认识，但必须以定性认识为基础，要和定性认识结合起来，遵循定性—定量—定性的科学认识规律。例如，要对国内生产总值进行研究，首先要了解国内生产总值的本质属性，然后再根据这种认识去确定国内生产总值的口径、范围和计算方法，进而才能据以处理许许多多复杂、具体的实际统计问题。

2. 总体性

统计研究的对象不是个体现象的数量方面，而是由许多个体现象构成的总体的数量方面。例如，劳动生产率统计不是研究某人具体的劳动效率，而是研究一个国家、地区、部门或一个企业总体的劳动生产率及其变化。统计研究对象的总体性，是由社会经济现象的特点和统计研究的目的决定的。由于社会经济现象错综复杂，各个个体现象所处的条件不同，它们既受共同因素的影响，又受某些个别、偶然因素的影响。因此，个体现象的数量特征和变动趋势是难以说明社会经济现象总体的本质和规律的。只有以社会经济现象的总体为研究对象，即以构成总体的全部或足够多数的个体现象为研究对象，才能消除偶然因素的影响，正确揭示出社会经济现象的本质和规律性。但是，总体是由个体所构成的，要认识社会经济现象总体，就必须从调查了解个体现象的数量情况开始，经过分组、汇总、计算、整理等工作，才能过渡到说明总体的数量特征。

3. 具体性

统计所研究对象的数量是具体数值，不是抽象的量，这是统计和数学的区别。数学虽然是以现实世界的空间形式和数量关系为研究对象，但是，它是非常抽象的，而统计所研究的量是具体事物在具体时间、地点、条件下的数量表现，它总是和现象的质密切结合在一起。例如，2014 年我国粮食种植面积 11 274 万公顷；棉花种植面积 422 万公顷；油料种植面积 1 408 万公顷；糖料种植面积 191 万公顷。这些显然不是抽象的量，而是我国在 2014 年这一具体条件下粮食、棉花、油料、糖料种植面积的表现。如果抽掉具体的内容，不是在一定时间、地点和条件下进行研究，那就不能说明任何问题，也就不能称其为统计，其数字也就不是统计数字。

4. 社会性

统计研究的数量是社会现象的数量，具有社会性。它主要体现在两个方面，即统计研究对象具有社会性和统计认识主体具有社会性。

（1）统计研究对象具有社会性，也就是说，统计所研究的是社会经济现象，是人类社会活动的条件、过程和结果，包括政治、经济、文化、教育、卫生、法律、道德等，它们都是人类有意识的社会活动及其产物，都和人的利益有关，即使表现为人和物的关系，背后也隐藏着人与人的关系。

（2）统计认识主体也有社会性。统计是一种社会认识活动，要受到一定的社会、经济观点的影响，并为一定的社会集团利益服务。在社会主义制度下，进行社会经济活动的主体是社会主义国家的各级统计组织及其工作人员，他们的工作和人民的利益是一致的，能够得到社会广大人民群众的支持。但是，由于社会主义社会还存在种种社会矛盾，存在着全局利益和局部利益、集体利益和个体利益的矛盾，这些矛盾必然会影响到统计数字的真实性。从社会认识对象和认识主体的相互关系上看，统计的社会性也表现在，社会认识活动的过程中始终存在着社会矛盾。为了充分发挥统计的作用，我们必须充分认识统计的社会性特点，正视社会矛盾，妥善解决矛盾，坚持实事求是的原则，切实维护统计数字的准确性和科学性。

（三）统计学研究的基本方法

根据统计研究对象的特点，人们在长期的实践中，总结形成了一系列特有的方法与之相适应。这些方法包括大量观察法、统计分组法、综合指标法、归纳推断法。

1. 大量观察法

统计研究经济现象的过程，要从总体加以考察，就总体中的全部或足够多的单位进行调查并进行综合分析，这种方法称为大量观察法。这是由统计研究对象的大量性和复杂性决定的。大量复杂的经济现象是在诸多因素的综合作用下形成的，各单位的特征及其数量表现有很大的差别，不能任意抽取个别或少数单位进行观察。必须在对被研究对象进行全面分析的基础上，确定调查对象的范围，观察全部或足够多的调查单位，借以对客观现象的规律性有所了解。例如，在对某现象进行调查时，可以采用统计报表、普查等全面调查，也可以采用重点调查、抽样调查等非全面的调查。这些都是对总体进行大量观察，通过对事物的大量观察，一方面可以掌握认识事物所必需的总体总量；另一方面也可以通过计算的分析指标分析问题，认识事物的本质。当然，大量观察法并不排斥对个别单位的典型调查，但是它的最终目的仍然是为了说明总体的本质特征。

大量观察法的优点：运用大量观察法对同类社会经济现象进行调查和综合分析，使其次要的、偶然的因素作用相互抵消，从而排除其影响，以研究主要的、共同起作用的因素所呈现的规律性。

2. 统计分组法

统计分组法是统计分析中的一种重要方法，是根据统计研究的目的和任务，将调查得到的大量资料，按照一定的标志划分为若干个不同性质的类型或不同类型组，使组内的单位具有相对的同质性，组间单位具有明显的差异性。例如，要研究工业部门结构的发展变化及其对国民经济的影响，就必须把全部工业区分为冶金工业、纺织工业、造纸工业、食品工业、化学工业、机械工业、建材工业等若干部门。统计分组的目的，就是揭示现象内部各部分之间存在的差异性，认识它们之间的矛盾，表明事物的本质与规律。统计分组是统计整理工作的重要内容，也是统计分析的前提。统计分组方法贯穿于统计工作的全过程，是统计研究的基本方法。

3. 综合指标法

综合指标法是指对于大量观察所获得的资料，运用各种综合指标的方法以反映总体一般的数量特征，并对综合指标进行分解和对比分析，以研究总体的差异和数量关系。对大量原始数据进行整理汇总，计算各种综合指标，以显示出现象在具体时间、地点以及各种因素共同作用下所表现的规模、水平、集中趋势和差异程度等，概括地描述总体的综合特征和变动趋势。常用的综合指标包括总量指标、相对指标、平均指标、变异指标、动态指标和统计指数等。

4. 抽样推断法

统计研究中，某些社会经济现象所包括的个体是有限的，另一些现象所包括的个体的量则非常大或是无限的。对于前者可用综合指标法进行分析，而对于后者则采用抽样推断法进行分析。抽样推断法是根据局部样本资料，按一定置信标准（概率保证条件），用样本数据来推断总体数量特征的统计分析方法。抽样推断法广泛用于对总体数量特征的估计和对总体某些假设的检验。例如，在调查农作物预计产量时，统计人员通常在全部的耕地面积中抽出一部分地块作为样本，进行实割实测，然后利用样本的指标数值来推断全部耕地的平均亩产量和总产量。常用的归纳推理法有重点调查、典型调查、抽样调查、统计预测和决策等。

统计研究的方法，实质是唯物辩证法在研究社会经济现象数量方面的具体应用。因此，在运用统计研究的方法时，必须注意要根据实际情况，按照需要与可能，分别采用不同的方法，同时还要善于将多种统计方法综合运用，相互补充。

（四）统计活动的过程

统计工作是以客观事物总体的数量特征作为其研究内容的，为了实现其研究目的和任务，一般来说，统计工作过程大致可分为4个阶段，即统计设计、统计调查、统计整理及统计分析。

1. 统计设计

统计设计是统计工作的首要阶段，是根据统计研究的目的和研究对象的特点，明确统计指标和指标体系，以及对应的分组方法，并以分析方法指导实际的统计活动，其基本任务是制订出各种统计工作方案。统计设计是统计工作过程中不可缺少的重要环节之一，是统计工作的指导依据。

2. 统计调查

统计调查是搜集统计资料的基本方法。不论采用什么方式进行统计调查，为了使调查工作有计划、有目的地顺利开展，把需要的资料搜集起来，在未进行调查之前，必须对调查的目的、任务，调查的内容，调查的方式、方法，调查时间、地点，以及所需的人力、物力、财力做出科学的安排，这个安排就是调查方案。

3. 统计整理

统计资料的整理简称统计整理，是指根据统计研究的任务和要求，对调查所得的大量原始统计资料进行科学的加工和汇总，为统计分析提供系统化和条理化的综合统计资料的工作过程。统计整理也包括对已系统化资料的再加工。统计整理是整个统计工作的中间环节，是统计调查的继续，也是统计分析的前提。统计整理工作的好与否，直接关系到整个统计研究的结果。因此，搞好统计整理对于统计研究具有重要意义。

4. 统计分析

统计分析是指运用统计方法及与分析对象有关的知识，从定量与定性的结合上进行的研究活动。它是继统计设计、统计调查、统计整理之后的一项十分重要的工作，是在前几个阶段工作的基础上通过分析从而达到对研究对象更为深刻的认识。它又是在一定的选题下，集分析方案的设计、资料的搜集和整理而展开的研究活动。系统、完善的资料是统计分析的必要条件。

三、统计学中的基本概念

（一）总体和总体单位

1．统计总体

统计总体简称总体，是根据一定的目的和要求所确定的研究事物的全体，它是由许多客观存在的、具有共同性质的单位构成的整体。例如，我们要研究全国国有工业企业的发展情况，就要以全国所有国有工业企业作为一个总体。各个国有工业企业生产产品的品种、质量和数量等方面虽然千差万别，但从掌握生产要素、组织生产活动以及向社会提供工业产品这方面来说，其基本特征是一致的。因此，全国各个国有工业企业的集合，便构成了国有工业企业的总体。确定了这个主体，就可以对全国国有工业企业的各种数量特征进行研究，开展全国国有工业企业发展情况的经济分析。

总体按其包含的单位数目是否可以计数分为有限总体和无限总体。如果一个总体的单位是可以计数的，我们称之为有限总体，否则是无限总体。例如，宇宙中星球的个数是无限总体，而人口总数是有限总体。在社会经济现象中，统计总体大多是有限的。统计总体是否有限对统计调查方法的确定十分重要。显然，对无限总体不能采用全面调查方法，而对有限总体则既可以用全面调查方法，也可以用非全面调查方法。当然，即使是有限总体也应该根据现实需要和可能来确定统计调查方法，只要被调查的总体单位足够多就可以了。我们可以概括出统计总体的以下特征。

（1）同质性。同质性即构成总体的各单位必须在某一方面性质相同，也就是说总体是由性质相同的许多单位组成的，不能把不同性质的单位放在同一总体中。例如，研究职工的工资水平，就必须将领取工资收入的职工列入统计总体的范围，同时也只能对职工的工资收入部分进行考察，而对职工的其他非工资性收入则要排除在外，这样才能正确地反映职工的工资水平。各单位的同质性是构成总体的基本条件，但同质性本身并不是绝对的，它随着研究目的的变化而变化。例如，研究全厂职工的文化程度，男女职工都属于同质总体之中，如果要了解男职工的文化程度，则女职工就属于异质的，应排除在总体之外。

（2）大量性。大量性即统计总体应该由大量的单位构成，个别单位或少数单位不能形成统计总体。因为只有大量的单位才能反映出社会经济现象的综合数量特征，完成统计研究的任务。例如，研究某地工业生产情况，必须对所有的或大多数的工业企业进行调查，才能得出说明该地区工业企业生产情况的正确结论。

（3）差异性。差异性即构成统计总体的各单位除了某一方面或几方面性质相同以外，必须在其他方面存在着差别，这是统计的必要条件。例如，某地全部工业企业构成统计总体，它们具有共同的性质，即每个工业企业都从事工业企业活动，但各工业企业之间又存在着差异，即每个工业企业的经济类型、职工人数、产值、劳动生产率、利税等均不相同。统计研究正是从这些差异方面进行调查分析、综合有关数量特征，否则，就不需要进行统计研究了。

2．总体单位

总体单位简称单位，是指构成统计总体的基本单位，是各项统计数量特征的承担者。根据统计研究的目的不同，统计单位可以是人，也可以是物或一个生产经营单位。因此，如果说统计总体是集合的概念，那么统计单位则是集合体的元素。

统计总体和总体单位并不是一成不变的，而是随着研究任务的改变而改变。例如，要了解全国工业企业的基本状况，则全部工业企业是总体，每一个工业企业是总体单位；如果旨在了解某个工业企业情况，则该工业企业是总体。

（二）单位标志和标志表现

1. 单位标志

单位标志简称标志，是指统计总体各单位所具有的共同特征。每个总体单位从不同的角度考察，都有许多共同的特征。例如，工人作为总体单位，都有性别、工种、文化程度、技术级别、年龄、工龄、工资等共同特征，它们均为工人这一总体单位的标志；工业企业作为总体单位，都具有所有制、所属行业、职工人数、工资总额、产值、成本、利润等共同特征，它们均为工业企业这一总体单位的标志。

（1）标志按表现形式分类，可分为品质标志和数量标志。

① 品质标志。品质标志反映总体单位的本质属性。例如，企业职工作为总体单位时，职工性别、籍贯、本人出身、文化程度等均为品质标志；工业企业作为总体单位时，企业的所有制形式、规模、隶属关系等均为品质标志。品质标志一般用文字来表现。

② 数量标志。数量标志反映总体单位的数量特性。例如，企业职工作为总体单位时，职工的年龄、工资收入、工龄等均为数量标志；工业企业作为总体单位时，企业的利润、职工人数、工资总额、劳动生产率等均为数量标志。数量标志可以用数字来表现和计量。

（2）标志按变异情况分类，可分为不变标志和可变标志。

① 不变标志。一个总体中，当一个标志在各个单位的具体表现都相同时，这个标志便称为不变标志。例如，在女学生总体中，每个单位在“性别”标志上都表现为女性，所以“性别”便是不变标志。

② 可变标志。一个总体中，当一个标志在各个单位的具体表现有可能不同时，这个标志便称为可变标志。例如，在女同学总体中，“年龄”这个标志在各个单位可能表现不同，所以“年龄”在这个标志便是可变标志。

2. 标志表现

标志表现是标志特征在各单位的具体体现。统计调查的目的是要了解在特定的时间、地点、条件下，某种现象在各个单位实际发生的情况，因此标志的具体表现便是统计调查最关心的问题。如果说标志是统计所要调查的项目，那么标志表现则是调查所要得到的结果。

标志表现可分品质标志表现和数量标志表现。品质标志表现只能用文字来表现；数量标志表现可以用数值来表现。数量标志表现又称为标志值。例如，性别是品质标志，而标志表现则具体表现为男性或女性；职业也是品质标志，而标志表现则具体表现为工人、农民、医生、教师等。又如，工龄是数量标志，标志表现为3年、5年、8年等；产量也是数量标志，标志表现为50件、100件、500件等。这些都体现了总体单位在具体时间、地点、条件下的实际状况。

单位、标志、标志表现3者密切联系，但又是不同的概念。单位是标志的承担者，而标志表现又是标志的实际体现者。

（三）统计指标和统计指标体系

1. 统计指标

（1）统计指标的概念

根据统计研究的目的，确定所要研究的统计总体和总体单位，然后对总体各单位数量标志的具体表现进行登记、汇总，最后形成说明总体综合特征的各种数据资料，就是统计指标。所以，统计指标是指说明总体特征的数量化概念及具体数值。

关于统计指标的含义，一般有两种理解和使用方法：一种是指反映总体的数量化概念，即指标的名称，如工农业总产值、总人口、粮食亩产量、劳动生产率等；另一种是指反映总体特征的数量化概念及其具体数值，即指标名称加指标数值。例如，2014 年我国总人口为 136 728 万人，国内生产总值为 636 463 亿元，年末全国就业人员 77 253 万人，年末国家外汇储备 38 430 亿美元等。所以，一个完整的统计指标应包括指标名称、指标数值、指标计量单位、指标所属的时间和空间范围等要素。但在理论上使用统计指标时通常只是一个指标名称，如国内生产总值、耕地面积、居民储蓄额、人口密度等。

（2）统计指标的特点

① 数量性。统计指标是反映现象总体的数量化概念，是必须用具体数值表现的。不能用具体数值表现的科学概念或范畴，不是统计指标，如所有制、商品、生产力、生产关系等均不是统计指标。

② 综合性。统计指标是反映总体现象综合数量特征的，它既是对同质总体大量个别单位的总计，又是大量个别单位某一标志值的综合。个别单位的标志值不是统计指标，如一个人的年龄、一个人的工资等。

③ 具体性。统计指标是反映现象总体在一定时间、地点、条件下的综合数量特征，而不是抽象的概念和数字。它与数学中的抽象数字是不同的。

（3）统计指标的种类

① 统计指标按说明的总体内容不同划分为数量指标和质量指标。

a. 数量指标：是反映社会经济现象总规模、总水平或工作总量的统计指标，如人口总数、企业总数、耕地总亩数、粮食总产量等。数量指标反映现象的总数量，它的数值随总体范围的大小而增减。

b. 质量指标：是反映社会经济现象的相对水平和工作质量的统计指标，如平均亩产量、人口密度、性别构成、劳动生产率等。质量指标反映的数量关系，表明现象质的属性，它的数值不随总体范围的大小而增减。

数量指标和质量指标既有区别，又是密切联系、相互制约的。复杂现象总体的变化往往既受数量因素变动的影响，又受质量因素变动的影响。在不同条件下，那些因素的作用是主要的，又可能完全不同。我们只有具体分析每个因素作用的方向和程度，才能比较全面地反映社会经济现象的发展规律。

② 统计指标按其表现形式不同可分为总量指标、相对指标和平均指标。

a. 总量指标：是反映社会经济现象总规模或总水平的统计指标，其数值用绝对数表示，如人口总数、总收入、乡镇企业总数、利润总额等。总量指标是最基本的统计指标。

b. 相对指标：又称相对数，是社会经济现象中两个互相联系的指标数值之比，用来反映有联系的事物之间的数量对比关系，如文化程度构成、人口密度、农业总产值的发展速度等。

c. 平均指标：是说明各个单位某一数量标志一般水平的统计指标，用来代表总体的一般水平，也可以反映发展的平均水平和平均速度，如粮食平均亩产量、平均年龄和平均发展速度等。

（4）指标与标志的关系

通过以上分析，可以看出统计指标与单位标志既有区别又有联系。

指标与标志的联系主要表现在两个方面：① 统计指标的数值是由总体单位的个数或总体单位的数量标志值综合而形成的；② 指标和标志可以互相转化。由于研究目的不同，原来的总体如果变成了总体单位，则相应的指标就变成了标志，反之亦然。

指标与标志的区别也表现在两个方面：① 指标是说明总体特征的，标志是说明总体单位特征的；② 指标具有数量性，必须用数值表示，而标志中只有数量标志可用数值表示，品质标志则不能用数值表示。

2. 统计指标体系

统计指标体系是各种相互联系的指标群所构成的整体，主要用于说明所研究的社会经济现象各方面相互依存和相互制约的关系。例如，工业企业是人力、物力、资金、生产、供应、销售等联系的整体活动。为了反映企业生产经营的全貌，就设立产量、产值、品种、质量、职工人数、劳动生产率、工资总额、原材料、设备、资金、成本财务等指标群，来组成工业企业统计指标体系。其中，产品产量、总产值、净产值、品种、质量指标又构成企业生产统计指标体系，而固定资金、流动资金、生产费用、产品成本、销售利润等又构成企业财务统计指标体系。

由于现象的联系形式是多种多样的，因而统计指标体系的结构以及所说明的问题也相应有不同的表现。有的指标体系是从不同方面共同反映总体情况，如企业统计指标分别从多、快、好、省各个不同侧面共同反映企业的生产经营情况；有的指标体系是从现象发展的各个环节连续反映运动的全过程，如社会再生产指标反映生产、分配、流通、消费和使用的全过程；有的指标体系则反映现象原因和结果的关系，如商品销售额是商品销售量与销售价格相乘的结果，这里销售额是结果指标，而销售量和销售价格则是原因指标，它们之间构成严格的等式关系。

统计指标体系可分为基本统计指标体系和专题统计指标体系。

（1）经济基本统计指标体系。经济基本统计指标体系是反映国民经济和社会发展及其组成部分基本情况的指标体系。例如，社会经济科技指标总体系是由社会指标体系、经济指标体系、科技指标体系组成的，而每一种指标体系下面，又可以分若干层次，以一定的指标或指标群，反映其基本情况和相互关系，并构成相应的指标体系。

（2）专题指标体系。专题指标体系是指针对某项社会经济问题而制定的专项指标体系。例如，经济效益指标体系也细分为国际收支指标体系、国际对比指标体系、人民物质文化生活水平指标体系、价格指标体系等。

（四）变异和变量

统计中的标志和指标都是可变的，即标志和指标的具体表现各不相同，它们之间的这种差别与变化称为变异，主要包括属性变异和数值变异。属性变异是指品质标志的变化，如人口性别的变异，职工文化程度的变异、企业经济类型的变异等。数值变异是指数量标志的变化，如人口年龄的变异、每个工人月工资额的变异等。变异是普遍存在的，是统计的前提，如果没有变异，统计也就没有必要存在了。

在统计中，习惯把可变的数量标志称为变量，变量在统计研究中是一个非常重要的概念。变量的具体取值即数量标志的取值，称为变量值或标志值。例如，工人的月工资是变量，月工资6 000元、8 000元、8 800元是变量值或标志值。

本书使用的变量主要有以下几种。

1. 自变量和因变量

自身变化会引起其他变量变化的量，叫自变量；受其他变量影响而变化的量，叫因变量。例如，单位产品的原材料消耗量（简称“单耗”）的多少影响单位产品成本的高低，因此，单耗是自变量，成本是因变量。这类概念多在相关和回归分析中使用。

2. 确定性变量和随机性变量

受某些确定性因素影响，现象的量会沿着某一方向持续变化，这样的量就是确定性变量。例如，由于科学技术的不断提高和医疗卫生条件的不断改善，人类的死亡率在逐步降低，人类的平均寿命在不断延长，因此从长期来看，人的平均寿命和死亡率都是确定性变量。有些变量的变动受许多因素变动的影响，变量值的大小没有明确的方向，出现什么样的数值，带有偶然性，这样的变量称为随机性变量。例如，按随机原则从总体中选取容量一定的样本，每一次都会得到不同的结果，因此，样本是个随机变量。又如，测量同一个螺母的内径（尺寸），不同的人可能得到不同的结果，这个“内径尺寸”就是随机变量。随机变量在抽样理论、数理统计中经常使用。

3. 连续型变量和离散型变量

变量的连续性或离散性，是以变量值是否可以无限分割为标准的。凡是一个变量相邻的两个变量值之间可以继续分割，取得新的变量值，这样的变量称为连续型变量。例如，道路的长度、耕地面积、人的平均身高、劳动生产率、粮食总产量等，都属于连续型变量，它们通常需用计算或测量的方法取得变量值。凡一个变量相邻的两个变量值之间不可能再分割出新的变量值，这样的变量称为离散型变量，如人数、企业数、产品件数等。离散型变量通常以点数的方法取得变量值。这两种概念多在变量数列的编制中应用。

归纳总结

本任务学习了统计学必备的一些知识，目的是为学习以后各章打好基础。本任务的主要内容包括统计的含义、统计学的研究对象、社会经济统计学中几个基本概念。通过对本任务基本内容的学习，能提高学生对统计学的学习兴趣，并使学生重点掌握统计的含义和研究对象，以及统计学中的几个基本概念。

能力训练

一、单项选择题

1. 对某市分行所辖分行职工工资水平进行调查研究，则统计总体是（　　）。
   A. 市分行　B. 全部支行　C. 全体职工　D. 全体职工的全部工资
2. 下列标志中，属于品质标志的是（　　）。
   A. 职称　B. 工资　C. 年龄　D. 体重
3. 以所有工人为总体，则“工龄”为（　　）。
   A. 品质标志　B. 数量指标　C. 变量　D. 变量值
4. 将全部工业企业按所有制分组，这是（　　）。
   A. 按品质标志分组　B. 按数量标志分组
   C. 按质量标志分组　D. 按变量分组
5. 某班60名学生的统计课考试成绩依次是：81分、92分、65分、75分……这些分数值是（　　）。
   A. 指标　B. 标志　C. 变量　D. 变量值
6. 进行金融系统职工普查，则总体单位是（　　）。
   A. 全部金融机构　B. 金融系统的全部职工
   C. 每个金融机构　D. 金融系统的每个职工
7. 对全班学生的基本情况做统计研究，下列项目属于指标的是（　　）。
   A. 性别　B. 每一个同学4门课考试的平均分
   C. 平均身高　D. 视力
8. “统计”一词的3种含义是（　　）。
   A. 统计调查、统计整理、统计分析　B. 统计工作、统计资料、统计学
   C. 统计信息、统计咨询、统计监督　D. 统计理论、统计方法、统计技能
9. 在全国人口普查中（　　）。
   A. “男性”是品质标志　B. “文化程度”是品质标志
   C. “平均年龄”是数量标志　D. “性别比”是品质标志
10. 要了解某企业职工的文化水平情况，则总体单位是（　　）。
    A. 该企业的全部职工　B. 该企业每一个职工的文化程度
    C. 该企业的每一个职工　D. 该企业全部职工的平均文化程度
11. 总体与总体单位不是固定不变的，是指（　　）。
    A. 随着客观情况的变化发展，总体所包含的总体单位数也是在变动的
    B. 随着人们对客观认识的不同，对总体与总体单位的认识也是有所差异的
    C. 随着统计研究目标与任务的不同，总体和总体单位可以变换位置
    D. 客观上存在的不同总体和总体单位之间，总存在着差异

12. 下列变量中，属于连续变量的是（　　）。

A. 大型企业个数　　B. 大型企业中的职工人数

C. 大型企业中的利润额　　D. 大中型企业拥有的设备台数

13. 标志与指标的区别之一是（　　）。

A. 标志是说明总体特征的，指标是说明总体单位特征的

B. 指标是说明总体特征的，标志是说明总体单位特征的

C. 指标是说明有限总体特征的，标志是说明无限总体特征的

D. 指标是说明无限总体特征的，标志是说明有限总体特征的

14. 变异是指（　　）。

A. 标志的具体表现不同　　B. 标志和指标各不相同

C. 总体的指标各不相同　　D. 总体单位的指标各不相同

15. 某银行的储蓄存款余额（　　）。

A. 一定是统计指标

B. 一定是数量标志

C. 可能是统计指标，也可能是数量标志

D. 既不是统计指标，也不是数量标志

二、多项选择题

1. 下列标志中属于品质标志的是（　　）。

A. 职工数　　B. 性别　　C. 文化程度

D. 工资　　E. 年龄

2. 下列变量中，属于离散型变量的是（　　）。

A. 棉花产量　　B. 棉花播种面积

C. 单位面积棉花产量　　D. 植棉专业户

E. 农业科研所总数

3. 指标与数量标志之间存在着变换关系是指（　　）。

A. 在同一研究目的下，两者可以对调　B. 指标有可能成为数量标志

C. 数量标志有可能成为指标　　D. 在不同的研究目的下，两者可以对调

4. 按照标志表现能否用数量表示，标志可分为（　　）。

A. 数量标志　　B. 品质标志　　C. 变量标志

D. 文字标志　　E. 交替标志

5. 对某企业职工情况做统计调查，下列项目是统计指标的是（　　）。

A. 年龄　　B. 平均工资　　C. 男职工所占的比例

D. 女职工人数　　E. 所在部门

6. 下列变量属于连续变量的是（　　）。

A. 存款计划完成百分比　　B. 定期存款占全部存款的比重

C. 年末存款余额　　D. 支行数

E. 职工人数

7. 下面属于数量标志的是（　　）。

A. 企业职工人数　　B. 企业男职工人数

C. 企业所属部门　　D. 企业现有设备台数

E. 企业管理人数

8. 在工业普查中（　　）。

A. 机器总台数是统计指标　　B. 机器总台数是离散型变量

C. 工业总产值5亿元是统计指标　　D. 工业总产值是离散型变量

E. 每一个工业企业是总体单位

9. 下列统计指标中，属于质量指标的有（　　）。

A. 工资总额　　B. 单位产品成本

C. 出勤人数　　D. 人口密度

E. 合格品率

10. 下列各项中，属于统计指标的有（　　）。

A. 2015年全国人均国内生产总值　　B. 某台机床使用年限

C. 某市年供水量　　D. 某地区原煤生产量

E. 某学员平均成绩

三、判断题

1. “女性”是品质标志。（　　）

2. 标志的承担者是总体，指标的承担者是单位。（　　）

3. 变量是指可变的数量标志和统计指标。（　　）

4. 所有统计指标都是反映现象数量特征的。（　　）

5. 对某市工程技术人员进行普查，该市每个工程技术人员的工资收入是数量标志。（　　）

6. 在统计调查过程中采用的大量观察法，是指必须对研究对象的所有单位进行调查。（　　）

7. 某一职工的文化程度在标志的分类上属于品质标志，职工的平均工资在指标的分类上属于质量指标。（　　）

8. 总体的同质性是指总体中的各个单位在所有标志上都相同。（　　）

9. 一个人的工资水平和全部职工的工资水平，都可以称为统计指标。（　　）

10. 品质标志表明单位属性方面的特征，其标志表现只能用文字表现，所以品质标志不能转化为统计指标。（　　）

四、简答题

1. 什么是总体、总体单位、标志、指标、变量、变量值？试举例说明。
2. 简述统计指标与统计标志的区别与联系。
3. 简述品质标志与数量标志的区别。
4. 统计指标有几种分类？什么是数量指标？什么是质量指标？
5. 品质标志与质量指标有何不同？品质标志可否汇总为质量指标？

模块二

统计资料的搜集与整理

任务二　统计资料的搜集

学习目标

【知识目标】

- 了解统计资料的搜集的意义和种类
- 了解全面统计报表制度和普查的区别和相关内容
- 熟悉统计资料搜集方案设计的基本步骤
- 掌握统计学调查的基本调查方式
- 重点掌握 3 种非全面统计调查——重点调查、典型调查和抽样调查的区别

【技能目标】

- 能够熟练掌握统计资料搜集方案的设计
- 能够熟练掌握各类统计资料的搜集方法之间的区别与联系

任务描述

大学生的就业情况已成为当今社会各界广为关注的焦点之一。如果用统计的理论知识来研究这个问题，我们可以分为以下 4 个步骤。

（1）统计设计阶段。大学生就业是一个涉及社会、经济、教育和其他相关领域的综合社会问题，我们需要从复杂的就业现状中，获得反映就业问题的相关指标，如待就业大学生的数量、社会可提供就业岗位的数量等，从而制订全面、准确的统计方案。

（2）统计调查阶段。如何搜集到有关高校毕业生的就业信息和社会各行业可能提供就业岗位的信息，是整个统计活动中至关重要的一个环节，没有相关数据，设计阶段所做的努力都是无用功，自然也无法进行下一步的统计工作。

（3）统计整理阶段。把从不同渠道搜集的大量信息进行审核、分类、汇总，得出大学生就业的供求数量关系。

（4）统计分析阶段。通过以上 3 个阶段得到的系统、科学、完整的数据资料，对大学生的供求关系进行剖析、评价，揭示大学生就业过程中存在的问题，指出改善就业环境的思路。

本任务案例以“大学生就业问题”这样一个人们普遍关注的社会焦点为主题，简单论述了统计工作的 4 个环节，而本章的学习内容正是围绕着统计工作的第二个阶段——统计调查阶段进行的。在统计调查过程中，包括了哪些组织方式和调查方法？统计调查方案设计的内容有哪些？学习本任务后，将能够回答以上问题。

相关知识

一、统计资料搜集的意义和种类

（一）统计资料搜集的意义

统计资料的搜集是按照统计任务的要求，运用科学的调查方法，有计划、有组织地向被研究对象搜集统计资料的过程。

统计资料的搜集是正确认识社会的基本方式，只有对社会的实际情况做过调查才能得出正确的结论。统计资料的搜集是统计工作的基础，其担负着提供基础资料的任务，是决定整个统计工作质量的重要环节。如果统计资料搜集得不好，搜集到的数据不准确、不及时、不全面、不系统，那么根据这种数据进行整理和分析的结果，就不能如实地反映客观事物的真相，甚至还会得出相反的结论。同时，统计资料的搜集又是统计整理和统计分析的前提。统计资料的搜集理论和方法在统计学原理中占有重要地位。统计资料的搜集理论和方法构成统计学原理的基础部分，它和整个统计理论观点是一致的。因此，统计资料的搜集对于整个统计研究具有十分重要的作用。只有有计划地、科学地搜集到全面的、符合实际的原始资料，才能经过科学的整理和深入的分析，使统计研究得出正确的结论。

在进行统计资料的搜集时，必须坚持实事求是的原则，同时还要深入实际，全面了解情况，以取得准确、及时、完整的统计调查资料。具体来说，统计资料的搜集过程必须达到以下 4 个基本要求。

1. 准确性

统计资料的搜集要坚持实事求是的原则，如实反映情况，避免弄虚作假、虚报、瞒报、漏报等现象，做到统计数字准确无误。

2. 及时性

在规定时间内完成调查任务，上报统计资料，及时满足党政领导的需要。

3. 完整性

搜集的资料必须是反映被研究事物全貌的完整资料，而不是支离破碎、残缺不全的资料。

4. 经济性

以尽量少的投入获得所要求的统计资料，也就是说统计资料的搜集也要讲究经济效益。

以上要求中，准确性是基础，要在准确中求及时、求完整、求效益。

统计资料搜集的数据有两种：一种是对原始资料的搜集，又称为初始资料，即直接对每个所调查的单位进行登记，如农村住户调查中对每个农民家庭收入情况进行登记；另一种是次级资料或第二手资料的搜集。次级资料是指已经过加工整理，能在一定程度上说明总体现象的统计资料。但次级资料都是从原始资料过渡来的，所以统计所搜集的资料主要是指原始资料。

（二）统计资料搜集的种类

（1）按调查对象包括的范围不同，可以分为全面调查与非全面调查。

① 全面调查是对构成调查对象的所有单位进行逐一的、无一遗漏的调查，包括全面统计报表和普查。例如，人口普查是要调查登记全国每个人的状况。全面调查能够掌握比较全面、完整的统计资料，了解总体单位的全貌，但它需花费较多的财力、物力和人力，操作比较困难。

② 非全面调查是对调查对象中的一部分单位进行调查，包括非全面统计报表、抽样调查、重点调查和典型调查。例如，职工家庭收支情况调查，我们只抽取部分职工家庭进行比较调查。非全面调查是对部分调查对象进行调查，可以用较少的时间和人力调查较多的材料，由调查出的材料推导和说明全部的资料。但其得不到全面资料。

全面调查与非全面调查是以调查对象所包括的单位范围不同来区分的，而不是以取得的结果是否反映总体特征的全面资料而言的，抽样调查也可以最终推算出总体的全面资料。

（2）按调查时间是否连续，可以分为经常性调查和一次性调查。

① 经常性调查是连续性的调查，是指对研究对象的变化进行连续不断的登记。其主要目的是获得事物全部发展过程及其结果的统计资料，如工业企业总产值、产品产量、原材料消耗量等，在观察期内这些指标的数值变动很大，必须经常连续登记才能满足需要。连续调查所得的资料是现象在一段时间内的总量。

② 一次性调查是不连续登记的调查，是指间隔一段相当长的时间对研究对象某一时刻的资料进行登记。例如，人口数、机器设备台数等资料短期内变化不大，没有必要连续登记资料。不连续调查所得的资料体现现象在某一时点上所具有的水平。

经常性调查都是定期进行的；一次性调查可以是定期的，也可以是不定期的。

（3）按调查组织方式不同，可分为统计报表制度和专门调查。

① 统计报表制度是按照国家统一规定的调查要求与文件自下而上地提供统计资料的一种报表制度。它是为了定期取得系统、全面的统计资料而采用的一种搜集资料的方式，目的在于掌握经常变动的、对国民经济有重大意义的指标的统计资料。统计报表属于全面调查范畴，所以又称全面统计报表。统计报表具有统一性、全面性、周期性、可靠性等特点。目前，我国统计报表是由国家统计报表、业务部门统计报表和地方统计报表组成的，其中国家统计报表是统计报表体系的基本部分。

② 专门调查是为了了解和研究某种情况或问题而专门组织的统计调查，包括普查、抽样调查、重点调查和典型调查等几种调查方式。

（4）按搜集资料的方法分类，可分为直接观察法、报告法、采访法和被调查者自填法。

① 直接观察法是指调查人员到现场对被调查对象进行直接点数和计量，如对商品库存的盘点等。此法能够保证所搜集的调查资料的准确性，但所需花费的人力和物力较大，时间较长。

② 报告法是指报告单位以原始记录和核算资料为基础，向有关单位提供统计资料。我国现行的统计报表制度就是采用此法搜集资料逐级上报。

③ 采访法具体又可分为询问法和通信法。询问法是按调查项目的要求向被调查者询问，将询问结果计入表内。通信法一般由统计工作机构将调查表格邮寄给调查者，然后被调查者将填答好的调查表寄回。

④ 被调查者自填法是把调查表交给被调查者，说明调查的要求和方法，由被调查者根据实际情况按着表中的项目自己填写资料，填好之后，由调查人员审核并收回。

综上所述，统计资料的搜集方式多种多样，实际组织调查时到底采取什么方式、方法，必须根据调查的具体任务和调查对象本身的特点而定，并随客观情况和工作条件的变化而适当选用。在许多情况下可以推行非全面调查，特别注意采用抽样调查，同时也要注意各种调查方法的结合运用。

（三）统计资料搜集的方法

统计资料的搜集方法指的是搜集调查对象原始资料的方法，也就是调查者向被调查者搜集答案的方法。统计资料的搜集方法按组织方式分成统计报表、普查、抽样调查、重点调查和典型调查5种。

1. 统计报表

统计报表是当前我国搜集统计资料的主要方法之一，它是按照国家统一规定的表格形式、统一规定的指标内容、统一的报送程序和报送时间，由填报单位自下而上地逐级提供统计资料的一种调查方式。

我国现行的统计报表，包括国民经济基本统计报表和专业统计报表。基本统计报表是由国家统计部门统一制发，用来搜集工业、农业、交通运输、基本建设、商业、劳动、物资、财政、文教卫生、科学研究等方面最基本的统计资料，为各级党政领导、部门制定政策和编制计划提供数字依据。专业统计报表是各有关部门为专业管理工作的需要而制定的，在本系统内实施，用以搜集本部门的业务技术资料，是基本报表的必要补充。

统计报表按报送周期长短的不同，可分为日报、旬报、月报、季报、半年报、年报，除年报外，都称为定期报表。报送周期的长短不同，不仅是时间上的差别，而且在内容和作用方面也有所不同。一般要求报送周期愈短，其指标项目越简单，时效性要求越高；报送周期长的，指标基础项目可多一些、细一些。年报周期最长，因此，它的内容比较详尽。

统计报表按报送方式不同，可分为电信报表和邮寄报表。电信报表又可分为电报、电话和电子计算机网络等方式。日报、旬报要求迅速上报，通常用电信传送。

统计报表主要是进行全面调查，但也有一些是非全面调查。这种定期的、比较稳定的搜集资料的方法在经济和社会事业管理中，具有重要的作用。它是国家各级政府和部门了解国民经济和社会发展情况的主要手段。统计报表反映的经济和社会发展的资料，有利于各级领导部门制定政策，搞好决策，对国民经济和社会发展搞好调控提供依据，也是各级业务管理部门和基层企事业单位改善经营和管理的重要依据。同时，实行统计报表制度也有利于完整地积累各时期的历史资料，用来进行动态的对比分析，研究社会经济发展的规律。

统计报表也有其局限性，如花费的人力、物力和时间较多，指标内容和报表时间比较固定而缺乏灵活性以及个别填报单位弄虚作假等。因此，必须运用其他调查方式，来弥补统计报表制度的不足，使统计工作更好地为国民经济管理服务。

2. 普查

普查是一种专门组织的一次性的全面调查。它主要用于搜集某些不能或不适宜于用定期的全面统计报表搜集的统计资料。普查主要用于搜集属于一定时点的社会经济现象的总量，如人口普查、工业普查、农业普查等。

根据普查的含义可以看出普查有以下两个显著的特点。

（1）普查是一种专门组织的一次性调查，调查的现象主要是时点现象。因为一些社会经济现象，如人口增长、 耕地面积等，不能也不需要进行经常性的调查，而国家为了建设的需要，又必须掌握这方面的比较全面、详细的资料，需要采用普查来解决；同时，由于普查的工作量大、时间性强，耗费的人力、物力、财力较多，组织工作也比较繁重、复杂，所以普查工作也不宜经常进行。

（2）普查是全面调查，搜集的是全面、系统的资料。与定期统计报表相比，普查所包括的单位、分组目录以及指标内容都更加全面、详细，能解决统计报表中所不能解决的问题，能掌握到比较翔实的资料，满足一些特定任务的需要。

普查的组织形式基本上有两种：一种是组织专门的普查机构，配备一定数量的普查人员，对被调查单位直接进行调查登记，如全国人口普查就是采用这种组织形式；另一种是利用企业单位的原始记录和核算资料，颁发一定的调查表格，由这些企业单位根据调查要求自行填报，如通常开展的清产核资采用的就是这种形式。

普查和全面统计报表都属于全面调查，但二者并不能互相代替。普查属于不连续调查，调查内容主要是反映国情国力方面的基本统计资料；而全面统计报表属于连续调查，调查内容主要是需要经常掌握的各种统计资料。全面统计报表要经常填报，因此报表内容固定，调查项目较少；

而普查是专门组织的一次性调查，在调查时可以包括更多的单位，分组更细、项目更多。

普查工作复杂、细致，一般是采取逐级布置任务、逐级汇总资料的方法，这需要花费较长时间。当调查任务紧迫，一般的普查办法不能完成这种紧迫任务时，可采用快速普查资料。此外，进行普查前应先试点，获得经验，交流推广；普查结束后，要用其他调查方式对普查资料进行检查和修正，以保证普查资料的质量。

3. 重点调查

重点调查是专门组织的一种非全面调查，它是对所要调查的全部单位选择一部分重点单位进行调查。

重点调查的关键是选择好重点单位。所谓重点单位，是从标志量的方面而言的，尽管这些单位在全部单位中只是一部分，但这些单位的某一主要标志量占总体单位标志总量的绝大比重。对这些单位进行调查，就可以了解调查对象的基本情况。

在选择重点单位时应注意以下问题。

（1）重点单位选多少，要根据调查任务来确定。一般来说，选出的单位应尽可能少些，而其标志值在总体中所占的比重应尽可能大些。其基本标准是所选出的重点标志值必须能够反映研究总体的基本情况。

（2）选择重点单位时，要注意重点可以变动的情况，也就是要看到一个单位在某一问题上是重点，而在另一问题上不一定是重点；在某一调查总体上是重点，而在另一调查总体中不一定是重点；在这个时期是重点，而在另一个时期不一定是重点。因此，对不同问题的重点调查，或同一问题不同时期的重点调查，要随着情况的变化而随时调整重点单位。

（3）选中的单位应是管理健全、统计基础工作较好的单位。重点调查中重点单位的选择着眼于标志量的比重，因而重点单位的选择具有客观性。当调查目的是掌握现象的基本情况，而部分单位又能比较集中地反映所研究的项目和指标时，可用重点调查。重点调查可以定期进行，也可以不定期进行，重点调查实际上是范围比较小的全面调查，它的目的是反映现象总体的基本情况。

重点调查主要采取专门调查的组织形式，有时也可以颁发定期统计报表，由被调查的重点单位填报，定期观察这些重点单位的主要技术经济指标的完成情况及其变动。

重点调查搜集资料的方法，主要采取以企事业单位的原始资料为依据的报告法。

4. 典型调查

典型调查是根据调查的任务和目的，对所研究的现象总体进行初步分析的基础上，有意识地选择若干具有代表性的单位进行调查，借以认识事物发展变化的规律。

典型调查的特点：一是调查深入、细致，既可以搜集数字资料，又可以搜集不能用数字反映的实际情况；二是调查单位是有意识地选择出来的若干有代表性的单位，它更多地取决于调查者的主观判断和决策，能够取得代表性较高的资料；三是调查机动灵活，可节省人力和物力，提高调查的时效性。

典型调查的中心问题在于如何正确地选择典型单位，要保证被选中的单位具有充分代表性。根据调查研究目的的不同，选择典型单位的方法也有所不同。如果是为了近似地估算总体的数值，可以在了解总体大略情况的基础上，把总体分成若干类型，从每一类型在总体中所占比例的大小，选出若干典型单位进行调查。如果为了研究成功的经验和失败的教训，则可以选出先进的典型单位和后进的典型单位，或选择上、中、下各类典型单位进行调查比较。典型单位可以是单个的，也可以是整群的；可以是临时选择的，也可以是比较固定的。总之，选择典型必须从全面着眼分析。掌握调查对象的全面情况和平均水平，然后对比各个可供选择的调查单位的具体情况和具体水平，从中选择几个代表性较大的单位。

典型调查的具体方法通常有直接观察法、个别访问和开调查会。其中，开调查会是最简单易行和比较可靠的方法。

5. 抽样调查

抽样调查是按随机原则从总体中选取一部分单位进行观察，用以推算总体数量的一种非全面调查。从总体中抽取的若干单位组成的整体叫样本总体，构成样本总体的单位叫样本单位。

抽样调查是非全面调查中最完善、最有科学根据的搜集资料的方法。抽样调查的基本形式有简单随机抽样、类型随机抽样、等距抽样、整群抽样、多阶段抽样等。

抽样调查是一种非全面调查，它的特点包括以下3个方面。

（1）抽样调查是按随机原则抽取调查单位，所以抽样调查具有经济性、时效性、准确性、灵活性等特点。

（2）以样本指标（统计量）为依据推断总体参数或检验总体的某种假设，通过抽样调查可达到对总体数量特征的认识。

（3）抽样过程中产生的误差可以事先计算并加以控制。

上述调查方法各有其不同的特点和作用，但同时也具有各自的局限性和不足之处。在实际工作中，我们应根据不同的调查对象和研究任务灵活运用，也可以把各种统计资料的搜集方法结合使用，互相补充验证，这样才能搜集到准确、丰富的统计资料。

二、统计资料搜集的方案设计

统计资料的搜集方案是统计调查工作的纲领，为确保统计资料的准确、及时和完整，统计资料的搜集方案应确定以下几个方面的内容。

（一）明确调查任务和目的

统计资料的搜集，总是为了一定的研究任务服务的，制订调查方案的首要问题是明确调查的目的和任务。不同的研究目的和任务，决定着不同的调查内容和范围。所谓调查目的，就是指为什么要进行调查，调查要解决什么问题。调查目的是统计资料的搜集中的一个根本性问题。只有明确了调查目的和任务才能确定调查对象、内容和搜集资料的方法。调查的任务和目的主要是根据社会主义建设的实际需要，并结合对象本身的特点来确定的。

（二）确定调查对象和调查单位

调查对象和调查单位需要根据调查目的来确定。确定调查对象和调查单位，是为了规定统计资料的搜集的总体范围和由谁提供调查资料。

调查对象是指需要调查的现象总体，该总体是由许多性质相同的调查单位构成的。例如，人口普查的调查对象是所有具有中华人民共和国国籍并在中华人民共和国境内居住的人；若调查目的是取得国有工业企业的产品产量、成本和利税等资料，调查对象就是全部的国有工业企业；要了解某企业产品的质量状况，该工厂的全部产品就是调查对象。确定调查对象时，还必须确定两种单位，即调查单位和填报单位。

调查单位是指所要调查的具体单位，它是进行调查登记的标志的承担者。例如，调查某县工业企业的生产经营情况时，全县的工业企业是调查对象，每一个工业企业就是调查单位；再如，调查乡镇企业职工文化素质时，调查单位是乡镇企业的每名职工，而所有乡镇企业的职工就是调查对象。

填报单位是负责向上报告调查内容、提交统计资料的单位。调查单位与填报单位，有时是一致的，有时不一致。例如，调查国有企业职工工资收入时，每个国有企业的职工是调查单位，而每一个国有企业是填报单位；又如，在进行乡镇企业经济效益即利税调查时，每个乡镇企业既是调查单位，又是填报单位。调查单位与填报单位是否一致，要根据具体情况来确定。但不管怎样，不能将两者的概念和作用混淆。有关报告单位的问题，在方案的组织措施计划中应明确规定。

（三）拟定调查项目，编制调查表

调查项目就是调查中所要登记的调查单位的特征，即调查单位所承担的基本标志，它是由调查对象的性质、调查目的和任务决定的。它由一系列品质标志（或称质量标志、属性标志）和数量标志所构成。通俗地说，调查项目就是一份在调查过程中应该获得答案的各种问题的清单。调查项目是调查方案的核心部分。调查项目的确定，直接关系到调查资料的价值。因此，在确定调查项目时应注意以下几个方面的问题。

（1）确定调查项目，应符合调查目的和调查任务。既要充分体现调查所要了解的全部内容，又要力求少而精。可有可无的项目或备而不用的项目不应列入，以避免调查内容过于庞杂、“查而无用”而造成调查工作中的浪费。

（2）本着需要与可能的原则，对列入调查的项目，其提法和含义要确切、具体，使人一看就懂，使所有的人都有同样的理解。有些项目需要加以注释，规定定义和统一标准，避免被调查者按照各自不同的理解去填写，给资料整理工作带来困难。

（3）各个调查项目之间尽可能做到相互联系、彼此衔接，以便从整体上了解现象的相互联系，也便于有关项目的相互核对，提高调查资料的质量。此外，还要注意现行的调查项目同过去同类调查项目之间的衔接，便于动态对比，研究现象的发展变化。

（4）有些项目可拟定为“选择式”。例如，“性别”可分为“男”“女”两项选择。被调查者可根据实际情况进行选择。

调查项目通常以调查表的形式表现。调查表是统计工作中搜集资料最常用的基本工具，是根据调查目的和任务所确定的具体调查项目和需要解决的问题编制的，表中的调查项目是按一定的逻辑顺序排列的。运用调查表进行统计资料的搜集，既能清楚地表示调查内容各项目之间的关系，又能保证调查资料的统一性，便于资料汇总和比较。随着电子计算机信息资料处理、储存的普及和应用，调查表的编制和应用为适应这种先进技术提供了条件，同时为调查表的编制和填写提出了更高的要求。从内容上看，调查表一般分为调查单位（或报告单位）、调查项目和调查者3部分内容。从填写方式看，分为选择式、填充式和问答式3种。

调查表一般有两种格式，即单一表和一览表。单一表在一份表格上只登记一个调查单位的项目，若项目较多，一份表格可由几张表组成。一览表则是在一份表格上登记若干个调查单位的调查项目。单一表的特点是调查单位只有一个，而调查项目较多。其优点是一份表格可以容纳多个项目，便于整理和汇总；缺点是每份表格上都要注明调查者、被调查者、注意事项等共同事项，造成人力、物力的浪费。一览表在一份表格上登记若干调查单位，每个调查单位的共同事项只需登记一次，可节约人力、物力，但不能多登记调查项目。一览表和单一表各有优缺点，可视具体情况而定。

为了有助于正确填写调查表，保证调查资料的正确性和统一性，还必须附以填表说明，说明调查项目的含义、填写方法，以及填表时应注意的问题。说明要简明易懂。

（四）确定调查时间和调查期限

统计资料的搜集时间是指调查资料所属的时间。如果所调查的是时期现象，那么调查时间指资料所属的起止时间，所登记的资料是指该时期第一天到最后一天的累计数字。例如，调查某企业2015年的产品产量，即指从该年1月1日到12月31日这段时期内产量的总和。如果所要调查的对象是时点现象，就要明确规定统一的标准时点。又如，我国第六次人口普查的标准时点定为2010年11月1日零时。明确规定调查资料所属的时间，是保证统计资料确切性的重要条件。

调查期限是指进行调查工作的起止时间，包括搜集资料和报送资料的整个工作所需的时间。例如，企业2015年经济活动成果年报呈报时间规定在2016年的1月月底，则调查时间为一年，调查工作期限为一个月。又如牲畜调查，按1月1日情况登记，持续5天，调查时间即1月1日这个标准时间，调查工作期限为5天。为了保证资料的及时性，任何统计资料的搜集都必须尽可能地缩短调查期限。

调查地点是指登记资料的地点。调查地点有时和调查单位所在地相一致，但调查单位有时发生时空变化，对此应着重说明调查地点。例如，人口普查时的常住人口登记，暂时出外居住6个月以上的，仍在其常住地点进行登记。

（五）组织调查工作的实施计划

为了使统计资料的搜集工作顺利进行，在着手调查之前要事先制订统计工作组织计划。组织工作计划包括调查工作的组织领导和人员组成、调查方式方法、调查的工作规则和流程、调查前的准备工作（包括宣传教育、人员培训、文件印刷、试点等）、调查资料的报送方法和程序、经费预算和开支办法、提供或公布调查成果的时间等问题。

随着统计工作的现代化，调查方案也要求日趋周密与科学。应按系统工程原理和运筹学的方法来安排工作进程及各个环节之间的衔接；还要对各环节进行质量控制，层层把关，以保证调查工作的顺利进行。

对于大规模或缺少经验的调查，还需要进行试点调查，以便取得经验，完善调查方案。例如，我国第五次人口普查就曾在无锡市组织试点调查，通过试点调查检验调查计划是否切实可行、是否有需要补充和修订的，以不断积累经验使调查工作顺利开展。

归纳总结

统计资料的搜集直接决定着统计分析结果的准确性。统计资料的搜集方法指的是搜集调查对象原始资料的方法，也就是调查者向被调查者搜集答案的方法。统计资料的搜集方法主要有统计报表、普查、抽样调查、重点调查和典型调查，各种调查方法各有其不同的特点和作用，但同时也具有各自的局限性和不足之处。调查者可以根据不同的调查对象和研究任务灵活运用，也可以将各种统计资料的搜集方法结合起来使用，互相补充验证。这样才能搜集到准确、丰富的统计资料。

统计调查是搜集统计资料的基本方法，调查项目是调查方案的核心部分。调查表的编制和应用为适应这种先进技术提供了条件，同时为调查表的编制和填写提出了更高的要求。

能力训练

一、单项选择题

1. 某地区为了掌握该地区化肥生产的质量情况，拟对占该地区化肥总产量 80%的 5 大化肥厂的生产情况进行调查，这种调查方式是（　　）。

A. 普查　　B. 典型调查　　C. 抽样调查　　D. 重点调查

2. 某市机械工业局欲进行工业生产设备状况普查，要在 1 月 1 日到 20 日将资料登记完毕，这一时间规定是（　　）。

A. 调查期限　　B. 资料代表时间　　C. 登记时间　　D. 标准时间

3. 抽取部分城市职工家庭调查生活状况是（　　）。

A. 普查　　B. 重点调查　　C. 典型调查　　D. 抽样调查

4. 区分重点调查和典型调查的标志是（　　）。

A. 调查单位的数目不同　　B. 搜集资料的方法不同

C. 确定调查单位的标准不同　　D. 确定调查单位的目的不同

5. 调查单位就是（　　）。

A. 负责向上报告调查内容的单位　　B. 调查对象的全部单位

C. 某项调查中登记其具体特征的单位　　D. 城乡基层企事业单位

6. 调查时间是（　　）。

A. 调查工作的时限　　B. 调查资料所属的时间

C. 调查登记的时间　　D. 调查期限

7. 人口普查规定统一的标准时点是为了（　　）。

A. 避免登记的重复和遗漏　　B. 具体确定调查单位

C. 确定调查对象的范围　　D. 统一调查的时间，一齐行动

8. 抽样调查按组织形式分，属于（　　）。

A. 全面调查　　B. 非全面调查　　C. 专门调查　　D. 一次性调查

9. 重点调查中的重点单位是指（　　）。

A. 处于较好状态的单位

B. 单位数较少，但就研究的标志而言标志值却占总体标志总量绝大比重的单位

C. 企业规模大的单位

D. 在国民经济中地位重要的单位

10. 某灯泡厂为了掌握该厂的产品质量，拟进行一次全厂的质量大检查，这种检查应当选择（　　）。

A. 统计报表　　B. 重点调查　　C. 全面调查　　D. 抽样调查

11. 统计报表报送周期不同，报表所反映项目的详细程度也有所不同。一般来说，周期越短，则填报的指标项目（　　）。

A. 越多　　B. 可能多也可能少　　C. 越少　　D. 是固定的

12. 非全面调查中最完善、最有计量科学根据的方式是（　　）。

A. 重点调查　　B. 典型调查　　C. 抽样调查　　D. 非全面统计报表

13. 下述属于全面调查的是（　　）。

A. 就全国钢铁生产中的大型钢铁企业进行调查

B. 对全国的人口进行普查

C. 到某棉花生产地了解棉花的收购情况

D. 抽取一部分单位对已有资料进行复查

14. 下列调查中属于经常性调查的是（　　）。

A. 每隔若干年进行一次的工业普查

B. 对 2011 年大学毕业生分配状况的调查

C. 对近年来物价变动情况进行的一次摸底调查

D. 按旬上报钢铁生产量

15. 下列调查中，调查单位与填报单位一致的是（　　）。

A. 企业设备调查　　B. 人口普查

C. 农村耕畜调查　　D. 工业企业现状调查

16. 在统计资料的搜集中，调查项目的承担者是（　　）。

A. 调查对象　　B. 填报单位　　C. 汇总单位　　D. 调查单位

17. 在国有企业大型设备的普查中，每一个国有企业是（　　）。

A. 调查对象　　B. 调查单位　　C. 填报单位　　D. 调查项目

18. 某工业企业年报呈报时间规定在次年 1 月 31 日，则调查期限为（　　）。

A. 1 年零 1 个月　　B. 1 年　　C. 1 个月　　D. 1 天

19. 对 2010 年 11 月 1 日零时的全国人口全面调查，这是（　　）。

A. 定期调查方式　　B. 统计报表制度　　C. 普查　　D. 以上都不是

20. 某商业企业为了推广先进的经营管理经验，决定进行一次典型调查，所选择的调查单位应是（　　）。

A. 先进的典型　　B. 中等的典型　　C. 后进的典型　　D. 各类的典型

二、多项选择题

1. 普查是（　　）。

A. 非全面调查　　B. 专门调查　　C. 全面调查

D. 经常性调查　　E. 一次性调查

2. 非全面调查形式有（　　）。

A. 重点调查　　B. 抽样调查　　C. 典型调查

D. 非全面统计报表　　E. 统计报表

3. 我国第六次人口普查的标准时间是 2010 年 11 月 1 日零时，下列情况应统计人口数的有（　　）。

A. 2010 年 11 月 2 日出生的婴儿数　　B. 2010 年 10 月 29 日出生的婴儿数

C. 2010 年 10 月 29 日死亡的人数　　D. 2010 年 11 月 1 日 1 时死亡的人数

E. 2010 年 10 月 29 日出生，11 月 1 日 6 时死亡的婴儿数

4. 在全国工业企业普查中，（　　）。

A. 全国工业企业是调查对象　　B. 每个工业企业是调查单位

C. 每个工业企业是填报单位　　D. 全国工业企业数是统计指标

E. 每个工业企业的职工人数是统计指标

5. 下列统计资料的搜集中，调查单位与报告单位一致的是（　　）。

A. 工业企业设备普查　　B. 零售商店调查

C. 人口普查　　D. 高校学生健康状况调查

E. 工业企业普查

6. 属于一次性调查的有（　　）。

A. 人口普查　　B. 大型基本建设项目投资效果调查

C. 职工家庭收支变化调查　　D. 单位产品成本变动调查

E. 全国实有耕地面积调查

7. 在统计资料搜集中属于全面调查的有（　　）。

A. 抽样调查　　B. 普查　　C. 典型调查

D. 全面统计报表　　E. 统计分析

8. 在全国人口普查中，（　　）。

A. 全国人口数是总体　　B. 每个人是总体单位

C. 调查单位是户　　D. 男性是品质标志

E. 年龄是数量标志

9. 搜集统计资料的方法一般可以分为（　　）。

A. 大量观察法　B. 报告法　C. 直接观察法
D. 采访法　E. 问卷法

10. 制订一个周密的统计资料搜集方案，应确定的内容包括（　　）。

A. 调查目的和任务　B. 调查对象和调查单位
C. 调查项目　D. 调查时间
E. 调查工作的组织实施计划

11. 在对商业企业的抽样调查中，抽取的每一个商业企业是（　　）。

A. 调查主体　B. 调查对象　C. 调查单位
D. 调查项目　E. 填报单位

12. 统计报表必须按照统一的（　　）。

A. 原始记录　B. 表式　C. 指标
D. 报送时间　E. 报送程序

13. 全面统计报表是一种（　　）。

A. 全面调查　B. 经常性调查　C. 一次性调查
D. 快速调查方法　E. 按报告法搜集资料的方法

14. 统计资料汇总前审核的主要内容包括（　　）。

A. 资料的系统性　B. 资料的广泛性　C. 资料的准确性
D. 资料的及时性　E. 资料的完整性

15. 统计报表的资料来源有（　　）。

A. 原始记录　B. 基层单位内部报表
C. 基层单位统计报表　D. 统计台账

三、判断题

1. 全面调查与非全面调查的区分标志是看调查得到的是否是全面资料。（　　）
2. 统计资料搜集中的调查对象就是统计研究的总体。（　　）
3. 统计资料搜集中的调查单位和填报单位是一致的。（　　）
4. 普查的标准时间是指对调查单位进行观察登记的时间。（　　）
5. 一次性调查是指对现象仅做一次调查，以后永远不再调查了。（　　）
6. 典型调查中的典型单位必须是在总体中具有举足轻重作用的单位。（　　）
7. 抽样调查中的随机原则是指总体中的每一个单位在未抽样前都有同等被抽中的机会。（　　）
8. 重点调查的重点单位是标志值较大的单位。（　　）
9. “调查时间”指的是统计资料搜集工作的起点时间。（　　）
10. 重点调查是在调查对象中选择一部分样本单位进行的一种全面调查。（　　）

四、简答题

1. 什么是调查方案？统计资料的搜集方案一般包括哪几个方面的内容？

2. 什么是统计报表制度？实行统计报表制度的基础工作是什么？

3. 什么是普查、重点调查、典型调查和抽样调查？它们各有什么特点？

4. 什么是重点单位？什么是典型单位？　两者的区别是什么？

5. 指出下列调查属于什么种类。

（1）在全国范围内进行人口登记。

（2）从一批商品中抽取部分进行检查，以判断整批商品的质量。

（3）各大型工业企业定期向上级主管部门提交工业总产值和产品产量的报告。

（4）挑选部分企业进行调查，以深化了解企业改革试点中的成果及问题。

6. 指出下列调查中的调查对象、调查单位、填报单位，并指出调查单位和填报单位在哪些调查中是一致的，在哪些调查中是不一致的。

（1）大型国有企业经济效益调查。

（2）机械工业企业生产设备普查。

（3）城市个体企业经济状况调查。

（4）家电商店家电零售物价调查。

任务三　统计资料的整理

学习目标

【知识目标】

- 了解统计资料整理的概念
- 了解统计资料整理的基本步骤和方法
- 熟悉分配数列的编制方法及具体应用
- 掌握统计分组的应用
- 重点掌握分配数列的概念、种类及构成要素

【技能目标】

- 能够熟练掌握分配数列的概念、分类及编制方式
- 能够熟练掌握统计图、统计表的设计

任务描述

2014 年，我国固定资产投资增速放缓，按照 3 大产业将固定资产投资额及增长速度进行分类，第一产业投资 11 983 亿元，比 2013 年增长 33.9%；第二产业投资 208 107 亿元，比 2013 年增长

13.2%；第三产业投资 281 915 亿元，比 2013 年增长 16.8%。民间固定资产投资 321 576 亿元，比 2013 年增长 18.1%，占固定资产投资（不含农户）的比重为 64.1%。按照 3 大产业的具体行业，进一步将固定资产投资额及其增长速度分类研究，如表 3-1 所示。

表 3-1 2014 年各行业固定资产投资（不含农户）及其增长速度

行　业	投资额（亿元）	比上年增长（%）
总　计	502 005	15.7
农、林、牧、渔业	14 697	31.3
采矿业	14 681	0.7
制造业	166 918	13.5
电力、热力、燃气及水生产和供应业	22 916	17.1
建筑业	4 450	27.2
批发和零售业	15 669	25.7
交通运输、仓储和邮政业	42 984	18.6
住宿和餐饮业	6 237	4.2
信息传输、软件和信息技术服务业	4 187	38.6
金融业	1 360	10.5
房地产业	123 690	11.1
租赁和商务服务业	7 970	36.2
科学研究和技术服务业	4 205	34.7
水利、环境和公共设施管理业	46 274	23.6
居民服务、修理和其他服务业	2 262	14.2
教育	6 678	24.0
卫生和社会工作	3 983	27.6
文化、体育和娱乐业	6 192	18.9
公共管理、社会保障和社会组织	6 652	13.6

本案例先将我国固定资产投资额的相关资料按照产业性质分为了 3 组，后又将 3 大产业进行具体的行业分类，将 19 种行业的投资额及增速以统计表的形式整理出来。如何将杂乱无章的数据资料整理成系统、有序、能够为统计分析所用的资料是本任务所介绍的内容。

相关知识

一、统计资料整理的基本内容

（一）统计资料整理的概念

统计资料的整理简称统计整理，是指根据统计研究的任务和要求，对调查所得的大量原始统计资料进行科学的加工和汇总，为统计分析提供系统化和条理化的综合统计资料的工作过程。统计整理也包括对已系统化资料的再加工。统计资料整理是整个统计工作的中间环节，是统计调查的继续，也是统计分析的前提。统计整理工作的好与否，直接关系到整个统计研究的结果。因此，搞好统计整理对于统计研究具有重要意义。

统计搜集资料搜集到的是分散和不系统的原始资料，只能反映被调查单位的个别情况和事物的表面现象，不能说明被研究对象总体的本质特征和内在联系。通过统计整理，可得到系统性、综合性的统计资料，进行科学的统计分析，综合说明被研究事物对象的全貌和本质，揭示社会经济发展趋势和规律。所以，做好统计整理工作，在整个统计工作中具有重要的地位和作用。

（二）统计资料整理的步骤

统计资料整理，是一项量大而又复杂的工作，必须按照科学的组织形式和步骤进行。统计资料整理的一般步骤如下。

1. 设计整理方案

统计整理方案是进行资料整理之前对整个资料整理工作所做的科学安排，是统计整理的指导性文件。设计统计整理方案的关键问题有两个：一是确定对总体单位的处理办法，即对总体单位是否分组、如何分组，科学的分组体系，直接关系到统计研究的结果；二是确定用什么指标说明各组和总体的特征，即确定指标体系。这两部分内容通常用整理表或综合表来表示。所以，在一定意义上，整理方案又是一系列汇总表式的总称。此外，统计整理方案中还包括整理工作的组织计划，如组织领导相关人员及其培训，汇总的形式和方法，整理工作完成的期限，汇总资料的报送等。

2. 原始资料的审核

为了保证统计资料的准确性，必须在汇总整理之前进行严格审核。这是因为统计调查资料来自各个方面，经过很多环节，差错在所难免，汇总前如不进行严格审核，势必影响汇总结果的准确性。原始资料的审核，主要是检查资料的完整性、准确性和及时性 3 个方面。对资料完整性的审核，主要是检查核对调查单位有无遗漏，调查单位的资料是否搜集齐全，调查表中所列项目是否填写齐全、清楚等。对资料准确性的审核主要包括逻辑检查和计算检查两个方面。在逻辑检查中，主要是检查资料内容是否合理，指标之间是否相互矛盾。如在人口调查中，某人年龄为“8 岁”而职业是“教师”，显然两者之间必有一个错误。计算检查主要是资料数字计算的检查，如各部分相加是否等于总计，计量单位是否符合规定，计算方法是否正确等。发现问题需要查询时，最好深入到基层单位，进行查证核实。

3. 统计资料的汇总

统计资料的汇总是一项较为繁重的工作，也是统计资料整理的中心环节，其具体做法是根据汇总表中的分组要求和统计指标，将各原始资料进行归类和计算，得出各项指标的分组数值和总计数值。

统计资料汇总的组织形式一般分为两种。一种是逐级汇总，对原始资料自下而上地汇总本单位、本系统或本地区的统计资料，如人口调查、耕地调查等多采用此种汇总整理的形式。这种资料汇总形式的优点是可以就地在较小范围内对数字资料进行整理，整理的资料也可以满足企事业单位和各级政府及部门的需要。缺点是汇总层次多，反复转录易出差错。另一种是集中汇总整理，把全部原始资料集中在统计部门或业务主管部门，直接进行汇总整理。集中汇总整理适用于重要或时效性非常强的调查。集中汇总整理的优点是取得资料比较迅速，便于采用微机处理和储存，准确性高，但也存在对原始资料的差错不易及时发现，一经汇总更难查出的缺点。在实际统计工作中，有时把两种汇总形式结合起来进行综合汇总，可兼取两种形式的优点，弥补不足。

4. 汇总整理

将汇总整理的结果编制成统计表和统计图，若需上报，经主管人员签字后方可上报。

（三）统计资料的汇总方法

统计汇总主要有手工汇总法和电子计算机汇总法两种。

1. 手工汇总法

手工汇总法也称手工整理法，它是以人工利用一些简单工具对统计资料进行整理，其整理速度慢、时效性差，也比较容易出现差错，仅在资料较少、人力又许可的条件下采用。常用的手工汇总方法有画记法、过录法、折叠法和卡片法4种。

（1）画记法。画记法就是按照事先分好的组用点线符号（如用“正”字）画记，以计算各组的单位数和合计总数。这种方法简单易行，但容易出现错漏，也不能汇总各组和总体单位的标志值，一般在总体单位资料不多的情况下采用。

（2）过录法。过录法就是将调查资料先过录到事先设计好的整理表上，并计算出各种合计数，然后再将其结果填入正式的统计汇总表中。用这种方法汇总的内容比较全面，也便于校对检查，但工作量大，费时费力。

（3）折叠法。折叠法就是将所有调查表中需要汇总的项目和数值折在一边，一张接一张地叠在一起进行汇总计算。这种方法简便易行，但汇总时必须细致，并应随时进行检查。

（4）卡片法。卡片法就是将每个总体单位需要汇总的项目和数值摘录到事先准备好的卡片上，然后根据卡片进行分组和汇总计算。在调查资料多、统计分组细的情况下，宜采用卡片法进行汇总。

2. 计算机汇总

计算机汇总即利用计算机软件进行汇总，如SPSS软件、Office中的Excel软件等。计算机汇总是统计汇总的发展趋势，只要将原始数据输入计算机，汇总数据便会按照操作命令和要求自动汇总出来，而且速度快、计算精确、传送方便。

下面以Excel 2003软件为例，说明简单的数据汇总方法。

（1）在Excel工作表中输入需要的数据。

（2）选中工作表中的数据区域，将光标放在空白单元格内，单击工具栏中的“∑”按钮中的向下按钮，便可出现求和、平均值、计数、最大值、最小值和其他函数等选项，如图3-1所示。根据需要选中其中项，便可自动生成相应的数值。若只是汇总整个数据区域中的部分数据，则将这部分数据选中，然后单击工具栏中的“∑”按钮中的向下按钮，再从中选择求和、平均值、计数、最大值、最小值和其他函数中的需要项即可，如图3-1所示。

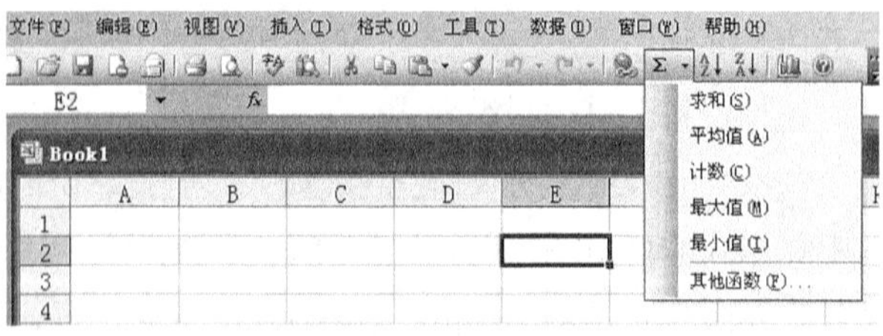

图3-1　统计汇总项目示意图

二、统计分组

(一)统计分组的概念

统计分组就是根据统计研究的目的和被研究现象的本质特征，将统计总体按照一定的标志划分为若干性质不同的部分或组。

统计总体是由性质相同的许多单位组成的，这就是统计总体的同质性特征。但同质性又是相对的，总体各单位之间还存在着质或量上的差别。因此，统计总体可进一步区分为性质不同的几个部分。统计分组可以这样来理解：一是对总体而言是“分”，即将总体区分为性质不同的若干部分；二是对总体单位而言是“合”，即将性质相同或相近的单位组合在一起。例如，把所有的工业企业组成一个总体，又可把这个总体按所有制形式不同，划分为国有企业、集体企业、合资企业等组。每一组内企业的所有制性质相同；而组与组之间，各种所有制又存在着性质上的差别。因此，统计分组是在统计总体内部进行的一种定性分类。

(二)统计分组的作用

科学的统计分组是统计整理和分析的基础，是研究社会现象的重要方法。其主要作用如下。

1. 划分社会经济现象的类型

社会经济现象是错综复杂的，具有各种不同的类型。通过统计分组，可以从数量方面说明不同类型现象的数量特征，表明不同类型现象的本质和发展规律。例如，将某工业管理局所属企业按经济类型分组，可分为全民所有制、集体所有制和其他经济类型，通过各组的产值、职工人数、劳动生产率、成本降低率、资金利润率等指标，就可以揭示不同类型企业各自的特征，以便进一步研究其发展规律。表 3-2 为 2014 年我国固定资产投资（不含农户）的总额表。

由此可见，我国在固定资产投资（不含农户）总额中，第三产业固定资产投资占 56.15%，起主导作用；第二产业次之，占 41.46%；第一产业所占份额最小，仅为 2.39%。

表 3-2　　2014 年我国固定资产投资(不含农户）总额

按三大产业分组	投资总额（亿元）	所占比重（%）
第一产业	11 983	2.39
第二产业	208 107	41.46
第三产业	281 915	56.15
合计	502 005	100.00

2. 反映现象的内部结构及其比例关系

将所研究现象按某一标志进行分组，计算出各组在总体中的比重，用以说明总体内部的构成。同时将总体各组之间进行对比，就可以反映各组之间的比例关系。例如，我国 2014 年年末人口数及其构成，如表 3-3 所示。

表 3-3　　我国 2014 年年末人口数及其构成

指　标		年末数（万人）	比重（%）
全国总人口数		136 782	100
其中：	城镇	74 916	54.77
	乡村	61 866	45.23
其中：	男性	70 079	51.2
	女性	66 703	48.8
其中：	0～15 岁（含不满 16 周岁）	23 957	17.5
	6～59 岁（含不满 60 周岁）	91 583	67.0
	60 周岁及以上	21 242	15.5
其中：	65 周岁及以上	13 755	10.1

从表 3-3 中可以看出我国 2014 年年末人口数及其构成情况。表中的数据表明不同人口所占的比重。

3. *分析现象之间的依存关系*

现象之间不是孤立的，而是相互依存和相互联系的，这种依存关系，常常表现为因果关系。统计中把那些表现为事物发展变化原因的标志称为影响标志，而把表现为事物发展结果的标志称为结果标志。利用统计分组分析现象之间的依存关系，首先用影响标志对总体进行分组，然后计算出结果标志的数值，从而分析两个标志的联系程度和方向。例如，工时利用率与生产计划完成指标的依存关系，如表 3-4 所示。

表 3-4　　工时利用率与生产计划完成指标的关系

按工时利用率分组（%）	班组个数	各组生产计划完成率（%）
80 以下	3	85.0
80～85	12	92.5
85～90	16	105.3
90 以上	5	110.0
合计	36	–

表 3-4 表明：工时利用率越高，生产计划完成得就越好；反之，工时利用率越低，生产计划完成得就越差。这体现了生产计划完成指标对工时利用率的数量依存关系。

必须指出，统计分组的 3 个作用并不是完全孤立的，而常常是相互补充的，可以结合起来运用。例如，划分类型后即可表示结构，有了结构就可以进行依存关系的分析。

（三）分组标志的选择

分组标志就是用来作为分组依据的标准。统计分组的关键在于选择分组标志和划分各组界限，选择分组标志是统计分组的核心问题，因为分组标志与分组的目的有直接关系。任何一个统计总体都可以采用许多分组标志分组。分组时所采用的分组标志不同，其分组的结果及由此得出的结论也会不相同。这是因为分组标志一经选定必然表现出总体在这个标志上的差异情况，但同时又掩盖了在其他标志上的差异。如果分组标志选择不恰当，不但无法表现出总体的基本特征，甚至会把不同质的事物混在一起，从而掩盖和歪曲现象的本质特征。划分各组界限，就是要在分组标志的变异范围内，划定各相邻组间的性质界限和数量界限。那么如何正确选择分组标志呢？可以从以下 3 个方面进行分组标志的选择。

1. 根据统计研究的目的选择分组标志

正确选择分组标志是统计分组的关键。分组标志的选择是统计分组的核心。分组标志选择得恰当与否，直接影响到分组的科学性。例如，要研究总体某一方面的特征，就应该选择反映该特征的标志作为分组标志。统计总体中的个体有许多标志，选择什么标志作为分组标志，要根据统计研究的目的来确定。例如，要了解某单位职工的学历状况，就应选择“文化程度”为分组标志；要了解学生的学习情况，要以“成绩”为分组标志，而不能用“性别”“年龄”“收入”为分组标志，因为这些内容与要了解的内容无关。

因此，根据研究目的正确选择分组标志是保证统计分组具有科学性的关键，是保证统计研究获得正确结论的前提。

2. 选择最能够反映现象本质的标志作为分组标志

明确了统计研究的目的，还不等于能够选择好分组标志。因为说明同一问题的可能有若干个相关标志。在进行分组时，要根据事物内部矛盾的分析，选择最能反映事物本质特征的标志。例如，研究城镇居民家庭生活水平状况，而反映居民家庭生活水平的标志有家庭人口数、就业人口数、每一就业者负担人数（含本人）、家庭年收入、平均每人年收入等。其中，最能反映居民家庭生活水平状况的标志是平均每人年收入，所以应选择这一标志作为分组标志。

3. 考虑现象所处的历史条件和经济状况以及标志内涵的变化来选择分组标志

社会经济现象随着时间、地点、条件的变化而发生变化，其标志的内涵也会发生变化。同一分组，在过去适用，现在就不一定适用；在这一场合适用，在另一场合就不一定适用。例如，在计划经济时期，企业按所有制形式分组一般是分为全民所有制企业、集体所有制企业、私营企业和其他企业 4 组，而现在按企业登记注册类型可分为国有企业、集体企业、股份合作制企业、联营企业、有限责任公司、股份有限公司、私营企业、港澳台商投资企业、外商投资企业、个体企业等类型。又如，对最低生活水平的确定，就不能沿用 20 世纪 50～60 年代的标准，而应根据目前的生活水平状况制定标准，然后再进行分组。此外，行业的划分也发生了很大变化。

结合研究对象所处的历史条件、经济条件选择分组标志，这样可以保证分组标志在不同时间、不同场合的适用性。

（四）统计分组的分类

1. 根据分组标志的特征分类

统计分组可分为品质标志分组与数量标志分组。

（1）按品质标志分组。按品质标志分组就是按事物的本质属性分组。这种分组的特点是往往分组标志一经确定，组名称和组数也就随之确定，而且各单位应该分在哪一组，比较明确、稳定，不存在组与组之间界限区分的问题。例如，人口按性别分为男、女两组，企业按隶属关系分为中央企业、地方企业两组等。但有时按品质标志分组，组与组之间的界限不太明确，组限不宜划分。例如，居民按城市和乡村两组划分，在客观上还存在一些具备城市形态又具备乡村形态的地区，类似的情况还存在于部门分类、职业分类、商品的经济用途分类等分类中。在统计实践中，对于较复杂现象的统计分类，通常规定统一的划分标准或分类目录，以统一全国的分组口径。例如，《关于城乡划分标准的规定》《国际经济部门分类目录》《人口职业分类》《主要商品分类目录》等。

（2）按数量标志分组。按数量标志分组，即按事物的数量特征分组。根据变量的特点及总体单位数的多少又可进一步划分为以下两类。

① 单项式分组，就是以每一变量值依次作为一组的统计分组。当变量值的变动幅度较小，而且为离散性变量时，则可采用这种分组。其特点是组数等于变量值的项数，组与组之间界限十分明确。

② 组距式分组，就是以变量值的一定范围依次为一组所进行的统计分组。当变量值的变动幅度较大、个数较多时应采用该方法，此方法对连续型变量与离散型变量均适合。

2. 根据采用分组标志的多少分类

统计分组可以划分为简单分组与复合分组。

（1）简单分组。简单分组就是对被研究现象只按一个标志进行的分组，如将工业企业职工分别按年龄、工龄、文化程度等标志进行分组。简单分组只能说明被研究现象某一方面的差别情况，而不能反映其他方面的差异，这是这种分组的局限所在。

（2）复合分组。复合分组就是采用两个或两个以上的标志结合起来进行分组。例如，将工业企业先按所有制这个标志进行分组，在此基础上，再按企业规模这个标志分组。采用复合分组，可以对被研究的现象做更深入的分析。但也不宜采用过多的标志进行复合分组，因为组数过多，反而难以显示出事物的本质特征。由于客观事物是非常复杂的，有时需要从不同角度来分析研究，才能认识事物的本质，因此，常常要采用一系列相互联系、相互补充的分组来进行分析。这一系列相互联系的分组，称为分组体系。例如，对企业职工的分析，就常按工作性质、年龄、文化程度等标志进行许多分组，组成分组体系，从各个方面反映企业职工的各种特征，进而对企业职工获得比较全面的认识。

（五）统计分组的步骤

随着社会科技的不断发展，统计学科在各门学科中的地位越来越高，因此，我们必须重视统计分组的步骤。统计分组大概分为以下几个步骤。

1. 确定统计分组的内容和分组体系

在统计分组设计之初，首先要根据研究的目的确定分组的内容，即设立什么样的分组。例如，要研究人口的民族构成，即设立各民族的分组；若研究人口的文化构成，便设立不同文化程度的分组。只有确定了需要设立什么样的分组，才能进一步考虑分组设计中的其他问题。根据一项研究目的的要求，只设立一种分组往往是不够的，对于一个比较复杂的总体现象往往需要许多种分组，从而形成两个以上的分组体系。例如，人口统计中，设立按性别、年龄、民族、职业、文化等分组，形成一个人口统计的分组体系。

设计统计分组体系，有两种形式：对同一个总体进行多个简单分组，然后将这些平行排列起来，形成平行分组体系；对同一个总体进行多个复合分组，则形成复合分组体系。

2. 选择分组标志

有些统计分组在其内容要求确定之后，分组标志也就确定了。有些统计分组则不那么简单，只有正确选择分组标志才能反映现象的本质特征。例如，对城乡人口的划分，过去曾经有过以是否吃商品粮为划分标志，也有以是否有城市户口为划分标志的，有的甚至以是否从事农业生产为划分标志，其实这些都不准确。城乡人口划分应该是一个居住所在地的概念，即在城镇居住的人口是城镇人口，在乡村居住的人口是乡村人口。因为在乡村中也有城镇户口的人口，也有不从事农业生产的人口；反之也一样。

3. 划定组间界限

分组标志选定以后，就要根据事物的特征严格划清分组界限，不能混淆。划分组间界限，既要有科学性，又要有适用性和可行性。例如，工业与农业的划分，有严格的科学依据，农业是人类劳动通过生物过程从自然界获取产品，工业是通过物理化学过程获取产品等。同时，对某些具体问题也常进行灵活处理，如过去将村办工业包括在农副业中，那是因为当时村办工业规模小，基本上是手工劳动，数量也比较小。后来村办工业发展很快，有些企业规模越来越大，设备也比较先进，就再也不能划入农副业，而应划入工业了。

不论是按品质标志分组，还是按数量标志分组，都会遇到一些复杂情况，需要做出具体的划分规定。例如，在进行产品分类时，塑料鞋是划入塑料制品类，还是划入服装鞋帽类；在进行企业规模按职工人数分组时，人数恰好 100 人的企业是划入“50～100 人”的一组，还是划入“100～200 人”的一组，都必须具体规定。

三、分配数列

（一）分配数列的概念

在统计分组的基础上，把总体的所有单位按组归并排列，形成总体中各个单位在各组间的分布，称为分配数列，也称分布数列或次数分布。分配数列在各组中的总体单位数，称为次数或频数。各组单位数与总体单位数的比值，称为比率或频率。

分配数列包括两个要素：一是总体按某标志所分的组；二是各组所占有的总体单位数。

分配数列在统计研究中具有重要意义。分配数列是统计分组结果的主要表现形式，也是统计分析的一种重要方法。它可以表明总体单位在各组的分布特征、结构状况，并在这个基础上来进一步研究标志的构成、平均水平及其变动规律性。

（二）分配数列的类型

分配数列根据分组标志的性质不同，分为品质数列和变量数列。

1. 品质数列

按品质标志分组所编制的分配数列叫品质分配数列，简称品质数列。品质数列由各组名称和次数组成。各组系数可以用绝对数表示，即频数；也可以用相对数表示，即频率。某公司职工的性别分布情况如表 3-5 所示。

表 3-5　某公司职工的性别分布情况

性　别	职工数（人）	职工人数比重（%）
男性	560	56.0
女性	440	44.0
合计	1 000	100.0

由表 3-5 可看出，该公司的性别构成特点是：男职工所占比重大于女职工。对于品质分配数列，只要分组标志选择得好，分组标准定得恰当，则事物性质的差异表现得就比较明确，总体中各组的划分较容易。因而品质分配数列一般比较稳定，能准确地反映总体的分布特征。

2. 变量数列

按数量标志分组所编制的分配数列叫变量数列。变量数列又可分为单项式变量数列和组距式变量数列。

（1）单项式变量数列。按每个变量值分别列组，所编制的变量数列叫单项式变量数列，又称单项数列。这样的数列组数等于数量标志所包含的变量值的数目。某车间工人看管机器台数分布如表 3-6 所示。

表 3-6　　某车间工人看管机器台数分布

按工人看管机器分组	工人人数（人）	工人数比重（%）
5	18	22.5
6	26	32.5
8	24	30.0
10	12	15.0
合计	80	100.0

单项变量数列一般在变量值不多且变量值的变动范围不大的条件下采用。

（2）组距式变量数列。用表示一定变量范围（或距离），以起止的两个变量分别列组所编制的变量数列叫组距式变量数列，又称组距数列。某企业职工月工资情况如表 3-7 所示。

表 3-7　　某企业职工月工资情况

按工资水平分组（元）	工人人数（人）	比重（%）
500～650	190	19
650～800	330	33
800～950	400	40
950 以上	80	8
合计	1 000	100

变量数列也是由各组名称和次数组成的。频率大小既可以表明各组标志值对总体的相对作用程度，也可以表明各组标志值出现的概率大小。

组距式变量数列一般在变量个数较多、变量值的变动范围较大的条件下采用。

注

在组距数列中，要弄清以下几个概念。

① 组限。表示各组界限的变量值叫组限。组限又分上限和下限。下限是每组最小的变量值，上限是每组最大的变量值。表 3-7 中“500～650 元”一组，500 元和 650 元是组限，500 元为下限，650 元为上限。

② 组距。每组下限与上限之间的距离叫组距，它等于上限与下限之差，即

$$组距 = 上限 - 下限$$

③ 开口组与闭口组。编制组距式变量数列时，往往使用最小组缺下限或最大组缺上限，这样不确定组距的组，称为开口组。各组都有上限和下限的组，称为闭口组。

④ 组中值。每组下限与上限之间的中点数值叫组中值。

$$\text{闭组组口的中值}=\frac{\text{上限}+\text{下限}}{2}$$

$$\text{缺下限的开口组的组中值}=\text{上限}-\frac{\text{邻组组距}}{2}$$

$$\text{缺上限的开口组的组中值}=\text{下限}+\frac{\text{邻组组距}}{2}$$

必须指出，组中值代表各组内的一般水平，这种代表有一定的假定性，即假定次数在组内分布是均匀的。

⑤ 等距数列与异距数列。各组的组距都相等的变量数列称为等距数列。各组的组距不相等的变量数列称为异距数列。

（三）变量数列的编制

变量数列有单项数列和组距数列两种。在编制变量数列时，首先要确定变量数列的形式。当分组标志的标志值个数不多时，一般编制单项变量数列；当分组标志的标志值较多，且属连续性变量（离散变量亦可）时，一般编制组距变量数列。

下面举例说明变量数列的编制步骤。

设某班学生统计学考试分数数据排列如下（单位：分）：44、50、56、60、62 、63、65、65、69、69、69、70、73、74、76、77、78、78、79、80、83、84、85、85、86、87、88、89、90、91、91、92、93、94、94。

1. 计算全距

全距=最大值−最小值=94−44=50

2. 确定组数和组距

一般是依据对总体内部情况进行定性分析，然后具体确定。但组数的多少和组距的大小是相互制约的。组数越多，组距就越小；反之，组数越少，组距就越大。对于组数和组距，先确定哪一个，不能机械地规定，而应视具体情况确定。确定组数和组距应注意以下问题。

① 要能明显地反映出总体的分布特征。

② 要尽可能分出组与组性质上的差异。

如果对上述资料进行分析，决定先确定组数，则可依变量值的变动范围（全距）除以组数，即可得到组距。

设 R 为全距，N 为组数，I 为组距，则组距的计算公式为 $I=\frac{R}{N}$。一般情况下，组距通常取 5 或 10 的倍数；组数不少于 5 组，不多于 15 组。上例中 R=50。设 N=5，则 $I=\frac{50}{5}=10$。

3. 确定组限

当组数、组距确定以后，还需划定各组的数量界限，才可编制组距变量数列。组限的确定，除了应区分事物的性质和反映总体的分布特征外，还应注意下列几点。

（1）第一组的下限不大于资料中的最小变量值，最后一组的上限大于最大变量值。

（2）确定组限的形式。由于变量有连续型变量和离散型变量之分，其组限的划分要求也不同。对于连续型变量，划分组限时相邻的组限必须重合，而习惯上规定，各组不包括其上限变量值的单位，即所谓“上组限不在内”的原则。对于离散型变量，划分组限时相邻组的组限必须间断。但在实际工作中，为了保证不重复、不遗漏总体单位，对于离散变量也常常采用连续型变量的组限表示方法。

（3）确定开口组和闭口组。当变量出现极大值或极小值时，可采用开口组。

4. 计算各组次数

将总体各单位分配到各组，计算出各组的次数，便得组距变量数列。

将上述资料编制成组距变量数列表，如表 3-8 所示。

表 3-8　　该班统计学考试成绩表

按考试分数分组（分）	工人人数（人）	比重（%）
60 以下	3	8.57
60～70	8	22.86
70～80	8	22.86
80～90	9	25.71
90 以上	7	20.00
合计	35	100.00

（四）累计频数和累计频率

累计频数是指首先列出各组的组限，然后依次累计到本组为止的各组频数。累计频数可以是向上累计频数，也可以是向下累计频数。

向上累计，又称以下累计，或称较小制累计，是将各组次数和比率由变量值低的组向变量值高的组逐组累计。组距数列中的向上累计，表明各组上限以下总共所包含的总体次数和比率有多少。

向下累计，又称以上累计，或称较大制累计，是将各组次数和比率由变量值高的组向变量值低的组逐组累计。组距数列中的向下累计，表明各组下限以上总共所包含的总体次数和比率有多少。

累计频率指累计频数除以频数总和。

累计次数的特点是：同一数值的向上累计和向下累计次数之和等于总体总次数，而累计比率之和等于 1（或 100%）。

四、统计图表

（一）统计表

1. 统计表的意义

统计资料整理的结果可以用不同的形式表现出来，而统计表则是应用最广泛的一种。统计表是以纵横交叉的线条所绘制的表格来表现统计资料的一种形式。广义的统计表应包括统计工作各个阶段所用的一切表格。狭义的统计表则是侧重表现统计整理结果所用的表格。

统计表的意义体现在以下几个方面。

（1）统计表能够系统组织和合理安排大量的统计资料，使大量的统计资料系统化、条理化，因而能更清晰地表述统计资料的内容。

（2）统计表能反映总体特征及各部分之间的联系，便于比较各项目（指标）之间的关系，而且也便于计算。

（3）采用统计表格表述统计资料比用叙述的方法表述统计资料显得紧凑、简明，使人一目了然。

（4）利用统计表易于检查数字的完整性（是否有遗漏）和正确性。

2. 统计表的构成和内容

（1）统计表的形式。从形式上看，统计表是由纵横交叉的线条绘制而成的一种表格形式，最上边的一条叫上基线，最下边的一条线叫下基线，其余的为分格线。上基线和下基线比分格线要粗。

（2）统计表的结构。从结构上看，统计表是由总标题、横栏标题（横标目）、纵栏标题（纵标目）和指标数值（数字资料）等要素组成的。总标题是统计表的名称和统计表的内容概括，一般写在表的上端正中位置。横行标题是统计表横行的名称，表明总体及其分组状况，一般写在表的左方。纵栏标题是说明总体指标系列的名称，一般写在表的上方。指标数值是统计表横标目和纵标目的内容，它以统计指标量的规定性说明统计总体的属性和特征，分别写在各横行和纵行交叉处的方格内。此外，有些统计表还附有必要的附注或说明。

（3）统计表的内容。从内容上看，统计表可分为主词和宾词两部分。主词是统计研究的主体，是统计表所要表明的总体或总体的各个组。宾词是表明总体特征的统计指标，包括指标名称和指标数值。统计表主词一般放在表的左端，列于横栏；宾词放在表的右端，列于纵栏。但有时为了更好地编排表的内容，也可以出现主词放在表的上方，宾词放在表的下端的情况。1997～1998年城镇居民家庭抽样调查资料如表3-9所示。

表3-9　　1997～1998年城镇居民家庭抽样调查资料*

	项　目	单　位	1997年	1998年	列　标　题
行标题	一、调查户数	户	37 890	39 080	数字资料
	二、平均每户家庭人口数	人	3.19	3.16.01	
	三、平均每户就业人口数	人	1.83	1.80	
	四、平均每人全部收入	元	5 458.34	5 458.34	
	五、平均每人实际支出	元	5 322.95	5 322.95	
	消费性支出**	元	4 331.61	4 331.61	
	非消费性支出	元	987.17	987.17	
	六、平均每人居住面积	m^2	12.40	12.40	

主词　　　　宾　词

资料来源：中国统计摘要（1999）. 北京：中国统计出版社，1999：79.

*　本表为城市和县城的城镇居民家庭抽样调查材料。

**　消费性支出项目包括食品、衣着、家庭设备用品及服务、医疗保险、交通和通信、娱乐教育文化服务、居住、杂项商品和服务。

附加

3. 统计表的种类

根据统计表的主词是否分组，以及分组的种类，可将统计表分为 3 类。

（1）简单表。简单表是指对主词未经任何分组的统计表。简单表又分为两种情况：一是主词按总体单位的名称排列的统计表，直接说明总体单位的某种情况，2014 年我国对主要国家和地区货物进出口额如表 3-10 所示；二是主词按时间顺序排列的统计表，用以分析现象发展变化的情况，2010—2014 年国家全民劳动生产率如表 3-11 所示。

表 3-10　　2014 年对主要国家和地区货物进出口额

国家和地区	出口额（亿元）	进口额（亿元）
欧盟	22 787	15 031
美国	24 328	9 764
东盟	16 712	12 794
中国香港	22 307	792
日本	9 187	10 027
韩国	6 162	11 677
中国台湾	2 843	9 337
俄罗斯	3 297	2 555
印度	3 331	1 005

（2）简单分组表。这是对总体仅按某一标志进行分组的统计表。简单分组表可以揭示不同现象的不同特征，分析现象之间的相互依存关系。2014 年国内生产总值构成如表 3-12 所示。

表 3-11　2010—2014 年国家全民劳动生产率

年份	国家全民劳动生产率（元/人）
2010	53 827
2011	58 705
2012	63 005
2013	67 602
2014	72 313

表 3-12　　2014 年国内生产总值构成

按产业分组	比重（%）
第一产业	9.2
第二产业	42.6
第三产业	48.2
合计	100.0

（3）复合分组表。这是总体按两个或两个以上的标志进行重叠分组的统计表。复合分组表能把几个标志结合起来，更深入地分析比较复杂的社会现象。2014 年我国人口数及构成如表 3-13 所示。

表 3-13　　2014 年我国人口数及构成

分类		人口数（万人）	比例（%）
按性别分	男	70 079	51.2
	女	66 703	48.8
按城乡分	城镇	74 916	54.77
	乡村	61 866	45.23

复合表能更深刻、更详细地反映客观现象，但使用复合表应恰如其分，并不是分组越细越好。因为复合表中多进行一次分组，组数将成倍增加，分组太细反而不利于研究现象的特征。

4. 编制统计表应注意的问题

统计表编制得科学与否，直接关系到统计表作用的发挥。因此，编制统计表应遵循简明、清晰、准确、醒目的原则。在编制统计表时，应注意以下几个问题。

（1）统计表的总标题、纵横标题要简明扼要，要用最简练的文字表达统计表的内容。

（2）统计表的格式不能过于复杂，应简明、清晰。编制符合分组时，分组标志不宜使用过多，如需要反映的内容较多，一张表容不下，可编制成两张统计表。

（3）表中的计量单位要注明。当表中计量单位一致时，应将其写在表的右上角。需要分别注明计量单位时，可在横行标题的右侧专辟一栏，填写计量单位。纵行计量单位可在纵栏标题的右边或下边用括号标出。

（4）统计表中的数字填写要工整、清楚，字码要整齐对位。表中某栏数字为零时填写“0”，不应有数字时用短线“－”表示；暂缺的数字用符号“…”表示；不需要填写的数字用符号“×”表示；相同的数字照写，不能用“同左”“同上”等字样表示。

（5）必要时可在表的下方加上注释，特别要注意注明资料来源，以表示对他人劳动成果的尊重，也方便读者查阅使用。

（6）统计表的形式要美观。表的长宽比例要恰当；基线和表格线要清晰；表的左右两端不画线，习惯上称之为开口表。在复合分组时，若采用的分组标志比较多，纵横栏目较多，可进行编号，以便看起来更清楚。

（二）统计图

1. 统计图的意义和种类

统计图是指利用各种图形来表现统计资料的形式。它是以点的多寡、线的长短、面积或体积的大小、颜色的浓淡、线条的疏密或曲线的倾斜度及象形图示等来说明问题、表现统计资料的。它具有直观、形象、具体、生动、使人一目了然的优点；能够在人们的头脑中留下鲜明、概括、深刻的印象；易被广大人民群众理解和掌握。利用统计图来表现和分析统计资料的方法称为统计图示法，它具有简明、直观、形象、感染力强等优点。

（1）统计图的主要作用包括比较同类指标，表明总体结构及其变化，反映社会经济现象的动态，分析现象之间的依存关系，揭示总体单位的分配情况，说明计划的执行情况，反映现象在地域上的分布情况。

（2）统计图的种类。统计图的种类很多，主要有条形图、圆形图、方形图、曲线图、象形图和统计地图等。各种图形各有其不同的特点、作用，但是无论绘制哪一种统计图，都有不少共同遵守的原则。例如，对图示资料和图形的选择必须十分慎重，看它是否符合党的方针政策的要求，是否准确；对图示用的线条、色彩、字体、图案和宣传画等，要兼顾科学性和艺术性。另外，在需要时，也可以将统计图与统计表结合起来使用，以取得更好的效果。

2. 统计图的构成要素

一张完整的统计图，一般应由以下几个部分构成。

（1）图示。图示即根据统计资料所绘成的各种图形。它们是统计图的主体部分。

（2）图题。图题即统计图的标题、名称。它可以简明扼要地说明统计图所要表明的内容。统计图的标题既可以放在图的上方，也可以放在图的下方，放在上方是为了突出标题，通常用大号字；放在下面是为了突出图形，通常用小号字。

（3）尺度。尺度即测定数字大小的标尺。它通常包括尺度线、比度、读数。

（4）图线。图线即构成统计图的线。它包括以下 4 种。

① 基线，统计图的基本线，也是多数统计图的横轴。

② 轮廓线，测定图形范围的线。

③ 指导线，由各比度点所引出的线，又可分为纵指导线和横指导线两种。

④ 破格线，用来调整图画尺度的线条，通常用双重水波纹线条表示删除或者略。

（5）标目。标目是在纵轴的外侧面和横轴的下面，用来说明纵、横轴分别代表的事物及其计量单位的小标题。

（6）图例。图例是对图示中各种线条、形象、颜色等所做的简要说明和注释。

（7）文字说明。文字说明是对图示资料的来源，包括范围、计算口径和方法等所做的简要说明。

（8）底纹和插图。底纹和插图是为加强图示效果而加的图画、照片等。

（9）图号。图号是统计图按照类别或次序的编号。

3. 几种常用的统计图

（1）条形图。条形图是宽度相等，以高度或长度的差异来比较统计指标数值大小的一种图形。条形图是一种简明、醒目、常用的图形。条形图的形式，可以纵排，通称柱形图或直条图；也可以横排，通称带形图或横条图。纵排或横排的条形图，在说明统计资料时，又可分为简单条形图、复合条形图、分段条形图等。图 3-2 所示就是简单条形图。

（2）平面图。平面图是以几何图形（正方形、长方形及圆形等）面积的大小来表示统计资料的一种图形。平面图可以用来比较统计指标，也可以用来说明总体结构及其时间上的变化，还可以用来表述由两个因素构成的复杂经济现象。在实际工作中，平面图有正方形图、方块图、圆形图、长方形图等，其中圆形图最为常用。

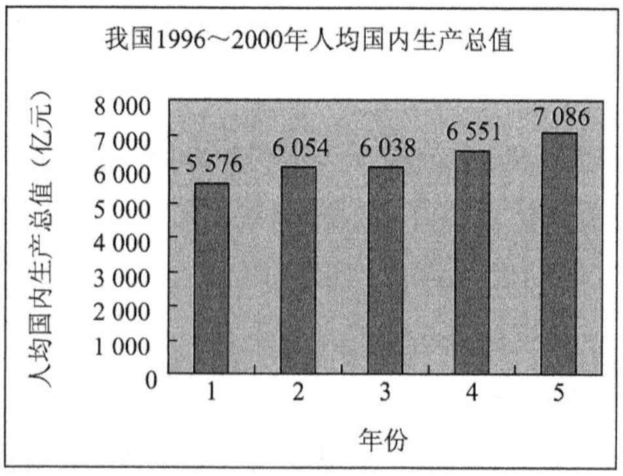

图 3-2　简单条形图

① 圆形图的绘制方法是根据圆面积等于半径的平方乘以圆周率的原理，首先将图示各项资料数值开平方，将开得的平方根按照适当的比例确定圆半径的长度，即可绘制各个圆面积。

② 圆形结构图的绘制方法是根据圆扇形面积与圆心角成正比，每 1%圆面积对应 3.6°，因而把总体构成各部分的比重分别乘以 3.6°，即得各组成部分所应占的圆心角的度数。据此，利用量角器便可画出总体各组成部分所应占的扇形面积。2003 年我国按经济类型划分的固定资产投资构成图如图 3-3 所示。

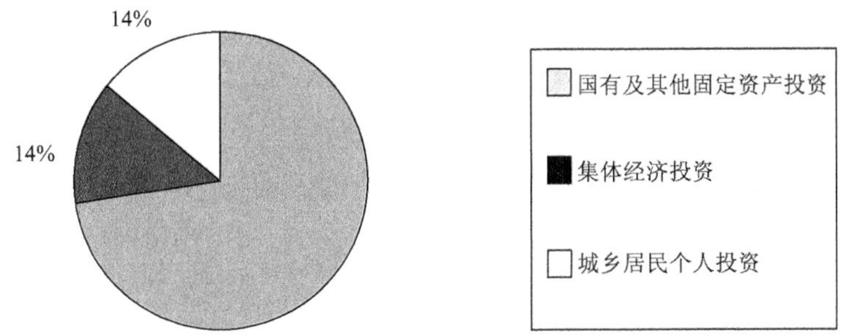

图 3-3　2003 年我国按经济类型划分的固定资产投资构成图

（3）曲线图。曲线图通常简称为线图。它是利用图中曲线的升降起伏来说明被研究对象的发展变化、分配趋势等情况的一种图形。根据图示资料的性质和作用的差别，曲线可分为动态曲线图、依存关系曲线图、分配曲线图、计划执行情况曲线图。图 3-4 所示为几种常用的曲线图。

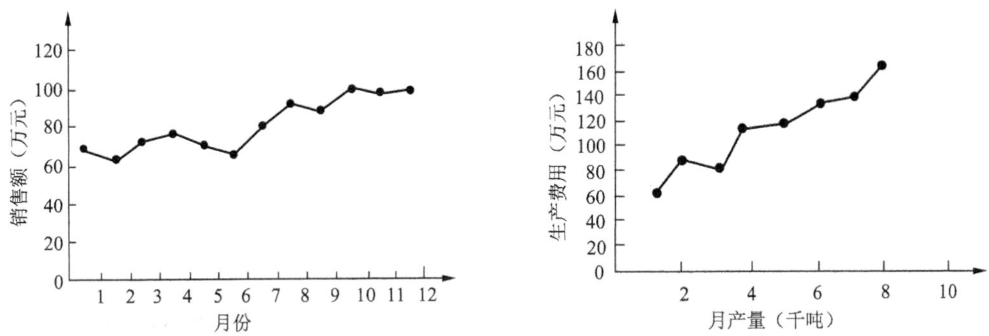

图 3-4　常用的曲线图

（4）象形图和统计地图。象形图是以图示现象本身的现象画的长度、大小或者多少来表现统计指标数值的一种图形，通常采用的象形图主要有条形象形图、平面象形图、单位象形图、主体象形图等。统计中的象形图实质上是一些几何图形的变形。因此，除图示资料的形象化以外，它的基本绘制方法与前面介绍的几种图形是一样的。

统计地图是以地图为背景，对社会经济现象有关地区的资料进行的图示。

4. 统计图的绘制

统计图的绘制有手工绘制和计算机绘制两种。下面主要介绍在计算机中利用 Excel 2003 软件绘制统计图的方法。

（1）在 Excel 工作表中输入需要的数据，如图 3-5 所示。

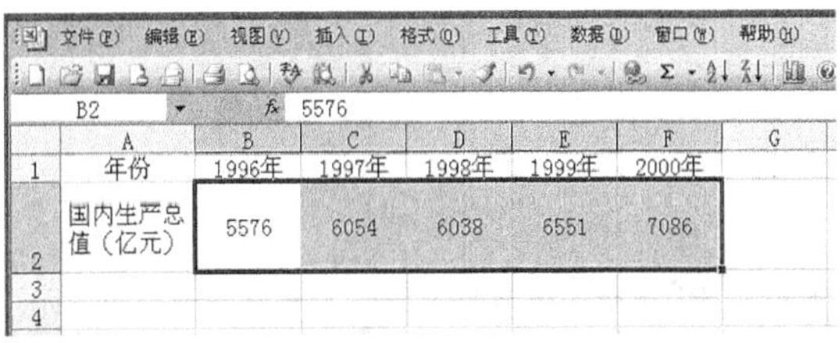

图 3-5　我国 1996～2000 年各年人均国内生产总值

（2）将光标停留在数据区域内，若统计图只是根据整个数据区域中的部分数据制作，则将这部分数据选中，如图 3-5 中的 B2:F2 区域。

（3）在“插入”菜单中单击“图表”选项，便出现一个“图表向导”对话框，如图 3-6 所示。

（4）“图表向导”对话框共有 4 个按步骤的子对话框，即操作共分 4 步。

第一步，在“图表类型”对话框的“标准类型”选项卡中选择图表类型。图表类型中共有 14 种类型（柱形图、条形图、折线图、饼图、XY 散点图、面积图、圆形图等），可根据需要选择相应的类型，如图 3-6 所示。一般情况下，动态分析选用折线图，结构分析选用饼图，水平对比选用条形图，股市分析选用股份图等。然后，根据需要选择“子图表类型”。根据图 3-5 中 B2:F2 区域资料，可选图表类型中的柱形图，再选子图表类型中的第一个图表类型。

第二步，单击对话框中的“下一步”按钮，出现“图表数据源”对话框，内有“数据区”和“系列”两个选项卡，如图 3-7 所示。该对话框是用来改变和调整数据的，包括改变数据区域和数据名称。

图 3-6 “图表类型”对话框

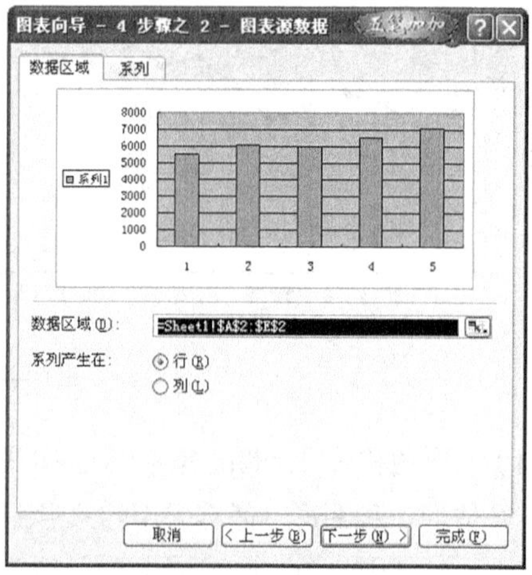

图 3-7 “图表数据源”对话框

第三步，单击“下一步”按钮，出现“图表选项”对话框，内有“标题”“坐标轴”“网格线”“图例”“数据标志”和“数据表”6 个选项卡。这些选项卡能进一步对统计图进行设置，包括总标题设计、是否显示横轴、纵轴、是否显示网格线、是否要图例、图内是否要标明数据、数据来源是否要包括在内等。根据图 3-5 中 B2:F2 区域资料形成图 3-7，加入图表标题、分类标题、不要网络线、不显示图例、显示数据、不显示数据来源等，形成图示如图 3-8 所示。

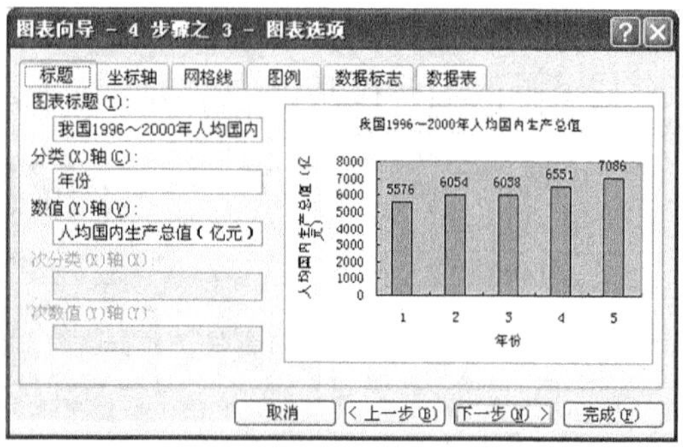

图 3-8 “图表选项”对话框

第四步，单击“下一步”按钮，出现“图表位置”对话框，如图 3-9 所示，可根据需要进行设置。

（5）以上 4 个步骤完成后，单击“完成”按钮，统计图便在工作表中显示出来，如图 3-10 所示。

（6）在工作表中，可根据需要对统计图进行修正，直至达到要求为止。图 3-10 经过修正后形成图 3-2 所示的图形。

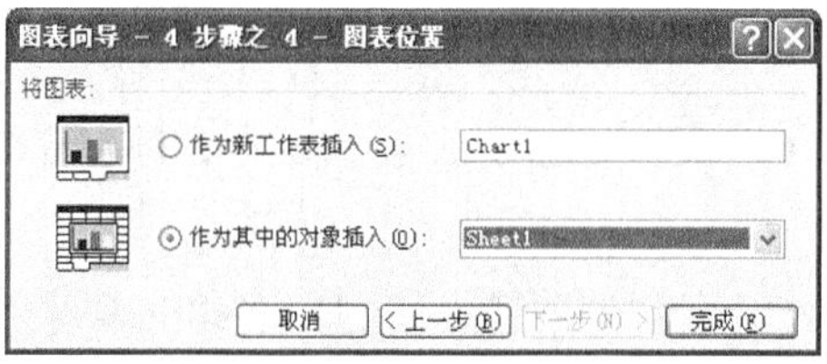

图 3-9　“图表位置”对话框

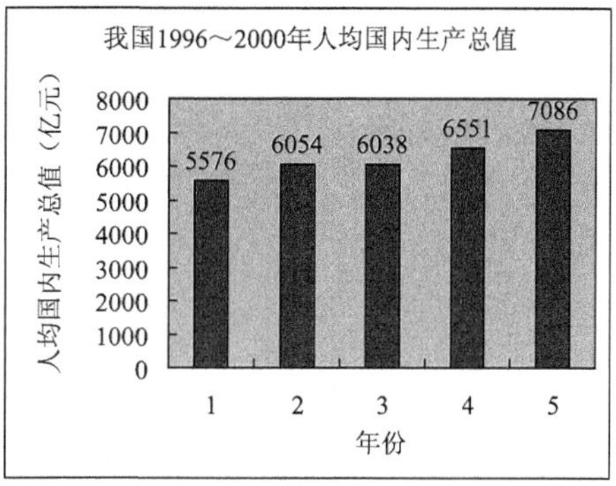

图 3-10　我国 1996～2000 年人均国内生产总值统计图

归纳总结

统计整理工作直接关系到整个统计研究的结果。统计分组的关键在于选择分组标志和划分各组界限，其中选择分组标志是统计分组的核心问题。分配数列是统计分组结果的主要表现形式，也是统计分析的一种重要方法。统计图表能够系统组织和合理安排大量的统计资料，同时也是积累分析统计资料的主要手段。

能力训练

一、单项选择题

1. 12 名工人看管机器台数资料如下：2、5、4、4、3、3、4、3、4、4、2、2，按以上资料编制分配数列，应采用（　　）。

A. 单项式分组　　B. 等距分组

C. 不等距分组　　D. 以上几种分组均可

2. 在统计分组中，凡是遇到某单位的标志值刚好等于相邻两组上、下限数值时，一般是（　　）。

A. 将此值归入上限所在的组　　B. 将此值归入下限所在的组

C. 将此值归入上、下限所在的组均可　　D. 另立一组

3. 将统计总体按照一定标志区分为若干个组成部分的统计方法是（　　）。

A. 统计整理　　B. 统计分析　　C. 统计调查　　D. 统计分组

4. 统计整理的资料（　　）。

A. 只包括原始资料　　B. 只包括次级资料

C. 包括原始资料和次级资料　　D. 是统计分析的结果

5. 反映总体单位本质属性的标志是（　　）。

A. 主要标志　　B. 品质标志　　C. 辅助标志　　D. 数量标志

6. 采用两个或两个以上标志对社会经济现象总体分组的统计方法是（　　）。

A. 品质标志分组　　B. 复合标志分组　　C. 混合标志分组　　D. 数量标志分组

7. 统计分配数列（　　）。

A. 都是变量数列　　B. 都是品质数列

C. 是变量数列或品质数列　　D. 是统计分组

8. 按国民收入水平分组是按（　　）。

A. 品质标志分组　　B. 数量标志分组　　C. 复合标志分组　　D. 混合标志分组

9. 统计分组首先要考虑的是（　　）。

A. 按什么标志分组　　B. 分成哪几组　　C. 各组的数量界限　　D. 各组的差异大小

10. 区分简单分组和复合分组的依据是（　　）。

A. 分组组数的多少　　B. 现象的复杂程度

C. 选择分组标志数量的多少　　D. 总体单位数的多少

11. 统计上所说的现象的内部结构，具体表现为（　　）。

A. 现象所分的各个组　　B. 各组现象的总体单位数

C. 各组现象的性质　　D. 现象各组成分在总体中所占的比例

12. 用向上累计法累计到变量值为 280 分一组时，其累计数为 250 人，这说明（　　）。

A. 有 250 人是 280 分以上

B. 有 250 人是 280 分以下

C. 有 250 人是 280 分

D. 有 250 人是 280 分以上，另有 250 人是 280 分以下

13. 区分简单表和分组表是看（　　）。

A. 对主词是否分组　　B. 对宾词是否分组

C. 对主词按几个标志分组　　D. 宾词部分有几栏（行）数值

14. 统计表中，当某格不应该有数值时，其填写方法是（　　）。

A. “0”　　B. “－”　　C. “…”　　D. 前面 3 种都可以

二、多项选择题

1. 编制组距数列时，组限的确定原则是（　　）。

A. 最小组的下限应大于最小变量值　　B. 最小组的下限应略小于最小变量值

C. 最大组的上限应小于最大变量值　　D. 最大组的上限应大于最大变量值

E. 最小组的下限和最大组的上限应分别等于最小和最大变量值

2. 统计整理是（　　）。

A. 统计调查的继续　　B. 统计设计的继续

C. 统计调查的基础　　D. 统计分析的前提

E. 对个体量观察到总体量认识的连接点

3. 统计分组（　　）。

A. 是一种统计方法　　B. 对总体而言是“合”

C. 对总体而言是“分”　　D. 对个体而言是“合”

E. 对个体而言是“分”

4. 统计分组的关键在于（　　）。

A. 按品质标志分组　　B. 按数量标志分组　　C. 选择分组标志

D. 划分各组界限　　E. 按主要标志分组

5. 按分组标志特征不同，分配数列可以分为（　　）。

A. 等距数列　　B. 异距数列　　C. 品质数列

D. 变量数列　　E. 次数与频率

6. 分配数列的两个组成要素为（　　）。

A. 品质标志和数量标志　　B. 次数和频率

C. 分组　　D. 次数　　E. 分组标志

7. 统计分组（　　）。

A. 是全面研究社会经济现象的重要方法　　B. 可将复杂社会经济现象分类

C. 可分析总体内部结构　　D. 可采用多种标志分组

E. 可揭示现象间的依存关系

8. 分组标志（　　）。

A. 是对总体划分的标准　　B. 要根据统计研究的目的选择

C. 要适应被研究对象的特征选择　　D. 必须是数量标志

E. 选择时必须考虑历史资料的可比性

三、判断题

1. 数量指标反映现象的数量特征，而质量指标反映现象的品质特征。（　　）

2. 凡是相对指标和平均指标，从其作用上看都属于质量指标。（　　）

3. 统计资料搜集中的调查对象就是统计研究的总体。（　　）

4. 通过统计分组，应使同一组内的各单位性质相同，不同组的单位性质相异。（　　）

5. 统计资料整理是统计资料搜集的前提，也是统计分析的结果，在整个统计工作中具有重要作用。（　　）

6. 简单分组形成的统计表称为简单表。（　　）

7. 复合分组形成的统计表称为复合表。（　　）

8. 凡是将总体按某个标志分组形成的数列，都称为变量数列。（　　）

9. 变量数列的两个要素是各组变量值和各组分配次数。（　　）

10. 单项数列只有一栏数值。 （　　）

11. 无论是单项数列，还是组距数列，总体均已按某变量分组。 （　　）

12. 总体是同质的，因而总体分组后，各组也没有什么质的差别。 （　　）

13. 总体既可按可变标志分组，也可按不变标志分组。 （　　）

四、简答题

1. 什么是统计整理？统计整理的主要步骤是什么？
2. 什么是统计分组？统计分组有什么作用？
3. 如何正确选择分组标志？
4. 什么是简单分组和复合分组？
5. 什么是变量数列？它有几种类型？它的构成要素是什么？
6. 编制组距数列的一般步骤是什么？
7. 什么是统计表？统计表从形式和内容上看由哪些部分组成？

模块三

统计资料分析所需要的基本指标

任务四　总量分析和相对分析

学习目标

【知识目标】

- 了解总量指标的基本概念和作用
- 了解相对指标的基本概念和作用
- 熟悉应用相对指标应注意的 4 个问题
- 掌握总量指标和相对指标的分类及各自的应用场合
- 重点掌握 6 种相对指标的计算方法，即计划完成相对指标、比例相对指标、比较相对指标、结构相对指标、强度相对指标和动态相对指标的计算方法

【技能目标】

- 能够熟练掌握计划完成相对指标的计算方法
- 能够熟练掌握各种相对指标之间的区别与联系

任务描述

2014年年末全国大陆总人口为136 782万人，比2013年年末增加710万人，其中城镇常住人口为74 916万人，占总人口比重为54.77%。全年出生人口1 687万人，出生率为12.37‰；死亡人口977万人，死亡率为7.16‰；自然增长率为5.21‰。全国人户分离的人口为2.98亿人，其中流动人口为2.53亿人。

以上数据采用了大量的统计指标，反应我国人口现状。这些数据都是什么指标？它们是如何计算的？通过本任务的学习，我们将得到答案。

相关知识

一、总量指标

（一）总量指标的意义

1. 总量指标的概念

总量指标是用来反映客观现象总体在一定时间、地点、条件下的总规模、总水平或工作总量的综合指标，也称为绝对指标，其数值用绝对数表示。例如，2014年中国GDP总量为636 463亿元；2014年粮食总产量为60 709.9万吨；我国2014年年末人口数为136 782万人等，都是总量指标。

总量指标的概念可以从两个角度来理解。从数学角度看，总量指标是现象总量的增减量，是由总体单位个数的加总或标志值的加总形成的，两个总量指标数值相加或相减得到的结果也还是总量指标。从经济意义角度看，总量指标是现象总体的总量，反映经济现象规模和总量的指标值的大小与总体范围的大小直接相关，总体范围越大，总量指标值越大。

2. 总量指标的作用

（1）总量指标是对现象最基本的描述，是认识客观现象的起点。由于社会经济现象基本情况往往表现为总量，即总规模、总水平。要想了解一个国家的国情和国力，一个地区或一个企业人力、物力、财力的基本状况必须通过总量指标。2010—2014年我国国内游客及国内旅游总花费情况如表4-1所示。

表4-1　　2010—2014年我国国内游客及旅游总花费统计表

时间	国内游客（百万人次）	国内旅游总花费（亿元）	国内旅游人均花费（元）
2010年	2 103	12 579.8	598.2
2011年	2 641	19 305.4	731
2012年	2 957	22 706.2	767.9
2013年	3 262	26 276.1	805.5
2014年	3 611	30 311.9	839.4

（2）总量指标是制定政策，编制计划，实行社会经济管理的基本依据。要实现国民经济的协

调发展和企业生产经营活动的正常进行，需要掌握宏观经济和微观经济运行的环境、条件、投入、产出等各方面的数量状况，研究各方面的数量关系。而总量指标是能够最具体、最实际地反映客观数量的。

（3）总量指标是计算一系列派生指标的基础指标。所谓派生指标是指不需要通过对原始数据的整理汇总，只需对已经掌握的指标再进一步加工计算而得到的指标，如相对指标和平均指标。而总量指标的计算是否科学、结果是否正确，直接关系到相对指标和平均指标的准确与否。

3. 总量指标的计量形式

总量指标的计量形式都是有名数，都有计量单位。根据总量指标所反映现象的性质不同，其计量单位一般有实物单位、货币单位和劳动单位 3 种。

（1）实物单位。实物单位是根据实物本身的物理特点和化学性质而采用的计量单位，一般包括自然单位、度量衡单位、复合单位和标准实物单位 4 种形式。

① 自然单位。自然单位是根据现象的自然属性来表示的单位，如人口以“人”、汽车以“辆”、牲畜以“头”为单位等。

② 度量衡单位。度量衡单位是根据长度、面积、重量等度量衡制度规定的单位来计量的，如千克、吨、米、平方米等。

③ 复合单位。复合单位是将两种计量单位组合在一起进行计量的单位，如货物周转量用“吨公里”计量，电的度数用“千瓦时”计量等。实际上，复合单位是自然单位和度量衡单位的派生单位。

④ 标准实物单位。标准实物单位是按照统一的折算标准来计量实物数量的一种实物单位。在人们利用实物单位计算产品产量时，对于同一类产品，由于品种、规格、能力或化学成分不同，其使用价值就不同，因而产品混合量往往不能准确地反映生产成果，所以就需要按照某一统一的标准来计量实物单位。例如，发热量不同的煤以每公斤发热量 7 000 大卡（1 卡=4.184 焦耳）的煤为标准实物单位。

（2）货币单位。货币单位，又称价值单位。它是以价值为尺度来计量社会物质财富或劳动成果的一种计量单位。常用的货币单位有元、百元、千元、万元、亿元等。例如，国内生产总值、工农业总产值、利税总额、工资总额等。货币单位最大的特点是，它能使不能直接相加的实物量过渡到能够相加的货币量，具有广泛的综合性能。

（3）劳动单位。劳动单位是以劳动时间为单位计算产品产量或完成的工作量的一种计量单位，常以复合单位的形式出现，如工时、工日等。

（二）总量指标的种类

1. 总量指标按其反映的内容分类

按其反映的内容分类，总量指标可分为总体单位总量和总体标志总量。

（1）总体单位总量是总体单位数之和，是表明总体单位数多少的指标。例如，研究某市工业企业生产情况，每一个工业企业为一个总体单位，全部工业企业数就是总体单位总量。又如，对某地区居民消费情况进行调查，该地区的居民人口数便是总体单位总量。由此可见，对于一个研究目的，总体单位总量只有一个。

（2）总体标志总量是总体各单位某一数量标志的标志值之和。仍以研究某市工业企业生产情况为例，每一个工业企业的职工人数是一个数量标志，则该市所有企业职工总数就是总体标志总量。此外，该市的年工业总产值、工业利税总额等指标也都是总体标志总量。可见，对于一个研究目的，总体标志总量可以有若干个。

总体单位总量和总体标志总量两者并非固定不变，而是会随统计研究目的的变动而不同。例如，当以全部工业企业为总体时，每个工业企业是总体单位，所有工业企业数是总体单位总量，所有企业的工人总数是总体标志总量；而当以全部职工为总体时，每个职工是总体单位，这时的工人总数为总体单位总量。

2. 总量指标按其反映的时间状况分类

按其反映的时间状况分类，总量指标可分为时期指标和时点指标。

（1）时期指标。时期指标是反映社会经济现象在一段时期内发展过程的总量，是社会经济现象在一段时间内累积的结果，又称为流量指标。例如，2014 年中国 GDP 总量为 636 463 亿元，是指在 2014 年这一年的时间里，我国国民经济各行业每天所创造增加值的总和。又如产品产量、农业总产值、粮食总产量等。时期指标具有以下特点。

① 时期指标可以累积相加。连续的、各不同时期的总量指标相加，会得到一个新的、更长时期的累计总量，表示现象较长时期总的发展水平。

② 时期指标数值的大小与时期长短有直接关系。一般情况下，时期指标包含的时期越长，指标数值就越大；时期越短，指标数值就越小。

③ 时期指标数值是连续登记、累积的结果。例如，某企业某年销售额是将一年 12 个月的销售额累积得到的。

（2）时点指标。时点指标是反映社会经济现象在某一时刻（或瞬间）的总量。例如，2014 年年末我国总人口为 136 782 万人，这只说明 2014 年年末我国人口的数量情况。这个数值只能是取现象在某一时点上的数量状况。时点指标具有如下特点。

① 时点指标不能累积相加，相加后不具有实际意义。例如，人口数每时每刻都在变动，每一时刻的人口数只反映人口在该时点上的数量水平。若把不同时点上的人口数相加，不仅不符合实际，也是毫无意义的。

② 时点指标数值的大小与时点间隔、时间长短没有直接关系。例如，年末职工人数不一定比年初的职工人数多，月末的商品库存额不一定比月初的库存额大。

③ 时点指标数值是按时间断计数的，是通过一次性调查取得的，不具有连续性特点。

3. 总量指标按其计量单位分类

总量指标可分为实物量指标、价值量指标和劳动量指标。

（1）实物量指标是以实物单位计量的总量指标，如人口数、土地面积等。

（2）价值量指标是以货币单位计算的总量指标，如国内生产总值、工人工资总额等。

（3）劳动量指标是以劳动单位计量的总量指标，如工时消耗量、用工总量等。

（三）总量指标的计算

总量指标是通过对总体单位数或总体单位某一数量标志值加总得到的，其计算相对简单，但在计算和应用总量指标时应注意以下几点。

（1）对总量指标的实质，包括其含义、范围进行严格的确定。在统计反映这些事物规模或水平的总量指标时，如果不明确规定统计的内容、范围及与其他有关指标之间的界限，就不可能在数量上得到正确的统计结果。

（2）计算实物总量指标时，要注意现象的同类型。在进行总量指标的计算时，应先确定被加总数值的性质、经济意义是一致的，否则不能相加。

（3）要有统一的计量单位。从经济学角度看，若要对指标值加总，一定要确定被加总的数值的计量单位是一致的，否则也不能加总。

综上所述，研究总量指标的计算问题，主要不是数学问题，而是要解决其在经济学上的诸多问题。

二、相对指标

（一）相对指标的意义

1. 相对指标的概念

总量指标反映的只是总体的绝对数量的多少，通常表现为统计汇总的阶段性成果，而社会经济现象的数量，不仅表现为总体规模或总水平，还需要在占有大量总量指标的基础上运用各种统计方法进行统计分析，解释事物之间的联系和发展的规律性，表现现象的相对水平、速度等数量对比关系。

相对指标又称相对数，就是社会经济现象中两个互相联系的指标数值之比，用来反映有联系的事物之间的数量对比关系，如现象总体间的结构、比例、程度、发展速度等关系。例如，人口密度、产量计划完成程度、农业总产值的发展速度等均是相对指标。

2. 相对指标的作用

相对指标把两个具体数值抽象化，使人们对现象之间所存在的固有联系有较为深刻的认识，这种对比分析方法是统计分析的基本方法。相对指标是经济管理、指标考核及进行各种经济活动分析的重要工具，其主要作用可以归纳如下。

（1）相对指标能清晰地反映社会经济现象之间的相对水平、普遍程度、比例关系等，揭示事物的本质。例如，2014 年我国 GDP 总量达到 636 463 亿元，占世界 GDP 总量的 12.9%左右，这个指标充分反映了我国的 GDP 占世界 GDP 总量的比重。

（2）相对指标将现象绝对量的具体差异抽象化，使一些不能直接用总量指标进行对比的现象变得可以进行对比。例如，甲、乙两个企业，由于其产品、生产规模、技术力量等条件不同，它们的销售额、总成本、利润总额等指标不可比，但计算它们的销售额计划完成相对指标、销售利润率、成本利润率等相对指标，可使其找到共同的比较基础，用以比较两个企业的计划完成情况和经济效益的高低。

（3）相对指标是进行宏观经济管理和评价企业经济活动状态的重要指标。例如，在宏观经济管理中，广泛运用各种相对指标检查、监督和分析国民经济的速度、比例、效益。企业生产经营活动中，作为评价、考核企业经营状况的各项技术经济指标也大都是相对指标。

3. 相对指标的表现形式

根据对比的两个指标的计量单位是否相同，相对指标产生了两种表现形式，即无名数和有名数。

（1）无名数。无名数是一种抽象化的数值，是指无量纲的计量单位。当相对指标的子项和母项的计量单位相同时，其计量形式是无名数，一般用倍数、系数、百分数、千分数和万分数等表示。

① 倍数和系数。倍数和系数都是将对比基数抽象为1而计算的相对数。当分子数值比分母数值大得多时，常用倍数表示，如甲企业工业总产值是乙企业的5.67倍。当分子的数值与分母数值差别不大时，常用系数表示，系数可以大于1，也可以小于1，如固定资产磨损系数、变异系数、相关系数等。

② 成数。成数是将对比的基数抽象为10计算出来的相对指标。例如，某地区今年的粮食产量因虫灾减产2成，即今年粮食产量比正常产量减少20%。

③ 百分数。百分数是把对比的基数抽象化为100计算的相对数，也称百分比，用符号“%”表示。百分数是相对数中应用最广泛的计量单位，如产品合格率、利润率、计划完成程度相对数等。

④ 千分数。千分数是将对比基数抽象为1 000而计算出来的，用符号“‰”表示，如人口出生率、人口死亡率等。一般来说，若相对数分子与分母相差不大时，采用百分数较合适；若分子与分母相差较大时，则采用千分数形式；若分子与分母相差特别大时，还可以采用万分数的形式。

（2）有名数。有名数是指有量纲的计量单位，是因对比的分子指标和分母指标的计量单位不同而产生的，一般为复名数，可表明事物的密度、普遍程度和强度等，如人口密度用“人/平方公里”表示，人均粮食产量用“千克/人”表示等。

（二）相对指标的种类与计算方法

相对指标是由两个有联系的数值对比的结果，根据统计研究的目的、任务及对比基础的不同，相对指标可分为计划完成相对指标、结构相对指标、比例相对指标、比较相对指标、强度相对指标和动态相对指标6种，前5种为静态相对指标。

1. 计划完成相对指标

（1）计划完成相对指标的含义。计划完成相对指标又称计划完成相对数或计划完成程度，是指现象在某一段时间内的实际完成数与计划数的对比，用以说明完成计划的程度，来检查、监督计划执行情况的统计指标。计划完成相对指标通常用百分数表示。其计算公式为

$$\text{计划完成相对指标}=\frac{\text{实际完成数}}{\text{计划数}}\times 100\% \tag{4-1}$$

【例4-1】某地区2015年计划造林800亩，实际造林840亩，则

$$\text{计划完成相对指标}=\frac{840}{800}\times 100\%=105\%$$

计算结果表明，该地区2015年造林计划指标完成程度为105%，超额5%完成。

【例 4-2】某企业年初计划规定产品单位成本为 1 000 元，本年内实际单位成本达到 1 100 元，则

$$产品成本计划完成相对指标=\frac{1100}{1\,000}\times100\%=110\%$$

计算结果表明，该企业本年度产品单位成本计划没有完成，实际比计划多消耗成本 10%。

要判断计划是否完成，实际完成数超过计划数好还是低于计划数好，要根据计划指标的性质和内容而定。产量、产值等计划指标是按最低限规定的，完成计划数越多越好，计算出的计划完成相对指标大于 100%时为完成计划；单位成本、原材料消耗、流通费用等计划指标是按最高限额规定的，实际完成数越小越好，计算出的计划完成相对指标小于 100%为完成计划。

（2）计划完成相对指标的计算。计划指标数值是计算计划完成相对指标的基数，其表现形式有绝对数、相对数和平均数 3 种，根据计划指标数值的 3 种形式，计划完成相对指标的计算形式也可以分为以下 3 种。

① 计划数为绝对数。计划任务指标为绝对数是最常见的形式之一，此时实际完成数也一定是绝对数，计算计划完成相对指标可采用公式（4-1）。即

$$计划完成相对指标=\frac{实际完成数}{计划数}\times100\%$$

② 计划数为相对数。在经济管理中，有些计划任务是以增长或减少的百分数的形式给出的，此时计算计划完成相对指标，要注意将公式（4-1）中的分子、分母分别包含原来的基数 1 或者 100%。公式成为

$$计划完成相对指标=\frac{1\pm实际增长（或减少）百分数}{1\pm计划增长（或减少）百分数}\times100\% \qquad（4\text{-}2）$$

【例 4-3】某企业生产某种产品，计划要求本年度单位成本比上年降低 5%，实际比上年降低了 8%，则

$$成本减低率计划完成相对指标=\frac{1-8\%}{1-5\%}\times100\%=96.84\%$$

计算结果表明，该企业成本减低率超额 3.16%完成计划任务。

在实际工作中，可以用实际完成百分比数与计划数相减来反映计划完成的情况。

以【例 4-3】为例，计划要求产品单位成本本年比上年降低 5%，实际比上年降低了 8%，则

8%–5%=3%

这说明成本实际降低幅度比计划要求多降低了 3 个百分点。

此时相减所得的结果并不是计划完成程度，而是实际数比计划数增加或减少的百分点。

③ 计划数为平均数。计划指标为平均数时，计算计划完成相对指标用实际完成的平均水平与计划平均水平相比较。它一般适用于考核以平均指标表示的各项经济技术指标的计划完成情况，如企业生产经营中的劳动生产率、单位产品成本、平均工资等。其计算公式为

$$计划完成相对指标=\frac{实际平均水平}{计划平均水平}\times100\% \qquad（4\text{-}3）$$

【例 4–4】某企业 2015 年计划甲产品单位成本为 10 元/件，实际为 9.5 元/件，则

$$计划完成相对指标=\frac{9.5}{10}\times100\%=95\%$$

计算结果说明，该企业甲产品实现了降低单位成本的计划，实际比计划降低了 5%。

（3）长期计划执行情况检查。在分析国民经济发展的长期计划（5 年或 10 年）时，由于计划任务的要求和制订方法的不同，检查分析其计划执行情况的方式也不同。两种规定计划任务的方式分别是：对于趋势较稳定、变动幅度不大的现象，规定计划期末应达到的水平；对于趋势不稳定，变动幅度较大的现象，则规定全期应完成的累计总数。前者应采用水平法来检查其计划执行情况，后者应采用累积法。

① 水平法。水平法适用于中长期计划中只规定最后一年应达到的水平的情况。使用该法计算长期计划的完成程度是将最后一年实际达到的水平与最后一年的计划任务数对比。其计算公式为

$$计划完成相对指标=\frac{最末年实际完成数}{最末年计划数}\times100\% \tag{4-4}$$

计算提前完成计划时间的方法：只要有连续 12 个月（可以跨年度）的实际完成水平达到了最后一年的计划任务数，就算完成了计划，之后的时间即为提前完成任务的时间。

【例 4–5】某种产品按五年计划规定，最后一年产量应达到 200 万吨，计划执行情况如表 4-2 所示。

表 4-2　　某产品五年计划执行情况　　单位：万吨

时间	第一年	第二年	第三年		第四年				第五年				五年合计
			上半年	下半年	一季度	二季度	三季度	四季度	一季度	二季度	三季度	四季度	
产量	110	122	66	74	37	40	40	49	53	58	65	72	786

求：（1）计算该产品计划完成程度。

（2）计算提前完成计划的时间。

解：（1）

$$计划完成相对指标=\frac{最末年实际完成数}{最末年计划数}\times100\%$$

$$=\frac{53+58+65+72}{200}\times100\%=124\%$$

（2）从第四年第三季度至第五年第二季度产量之和=40+49+53+58=200（万吨），所以提前完成计划时间=60–54（提前完成计划的整数月份）=6 个月。

② 累计法。累计法适用于中长期计划中规定各年累计应达到的水平的情况。使用该法计算长期计划的完成程度是将整个计划期间实际完成的累计数与计划任务数对比。其计算公式为

$$计划完成相对指标=\frac{计划期间实际完成累计数}{计划规定的累计数}\times100\% \tag{4-5}$$

计算提前完成计划时间的方法：将实际数从计划期开始累计，一直累计达到计划任务数的时

间为止，剩余的时间便是提前完成计划的时间。

【例 4–6】 某市 5 年计划规定整个计划期间基建投资总额达到 500 亿元，实际执行情况如表 4-3 所示。

表 4-3　　某市 5 年基建投资情况

时间	第一年	第二年	第三年	第四年	第五年				五年合计
					一季度	二季度	三季度	四季度	
投资额	140	135	70	80	0	20	55	25	525

计算该市 5 年基建投资额计划完成相对指标和提前完成时间。

解：（1）计划完成相对指标 $=\dfrac{525}{500}\times100\%=105\%$

（2）从第一年第一季度起至第五年第三季度投资额之和为 500 亿元，则提前完成计划时间 =60–57=3 个月。

2. 结构相对指标

结构相对指标又称结构相对数，它在总体分组的基础上，以总体内部各部分数值与总体数值之比，反映各部分在总体中所占的比重，并从宏观上反映了总体的内部结构。其公式如下。

$$\text{结构相对指标}=\frac{\text{总体某部分的数值}}{\text{总体全部数值}}\times100\% \tag{4-6}$$

研究结构相对指标时，要注意其具备的几个特点：结构相对指标的分子与分母，可以是部分总体单位数与全部总体单位数值比，也可以是部分单位的标志总量与全部单位的标志总量之比，但分子与分母属于同一总体且不可逆。由于结构相对指标反映了总体的内部构成，所以各部分的结构相对指标之和等于 1 或 100%。

【例 4–7】 2014 年我国国民生产总值为 636 463 亿元，其中第一、第二、第三产业产值分别为 58 555 亿元、271 133 亿元、306 775 亿元，则各产业所占比重分别为

$$\text{第一产业所占比重}=\frac{58\ 555}{636\ 463}\times100\%-9.2\%$$

$$\text{第二产业所占比重}=\frac{271\ 133}{636\ 463}\times100\%=42.6\%$$

$$\text{第三产业所占比重}=\frac{306\ 775}{636\ 463}\times100\%=48.2\%$$

结构相对指标的作用如下。

（1）结构相对指标可以反映总体内部结构特征，从结构上揭示事物的性质和特征。例如，通过计算在国民经济中 3 大产业所占比重的情况，可以看出这个国家的经济发展程度。

（2）通过不同时期结构相对指标的变动，可以看出事物内部结构的变化过程及其发展趋势。例如，从某企业产品在市场上的占有率的变化，可以看出此企业产品在市场上的竞争力的变化。

（3）根据观察总体各部分比重是否合理，可以了解事物质量的好坏、合理与否等。例如，企

业常常通过分析库存结构来判断现有库存商品的质量好坏。

3. 比例相对指标

社会经济现象内部的各要素之间相互联系，在客观上保持适当的比例。比例相对指标就是将总体内不同部分的数值进行对比，用以表明社会经济现象内部各要素之间的相互对比关系，又称比例相对数。比例相对指标一般用倍数或百分数表示，也可以用比例式表示。比例相对指标可以用两个总量指标、相对指标或平均指标对比求得，但用以对比的分子、分母应属同一时间、同一总体、同一类型，分子、分母位置可互换。其公式如下。

$$\text{比例相对指标}=\frac{\text{总体某一部分的数值}}{\text{该总体中另一部分数值}}\times 100\% \tag{4-7}$$

【例 4–8】2014 年年末我国总人口数为 136 782 万人，男性人口数为 70 079，女性人口数为 6 6703，则

$$\text{男女性别比例}=\frac{\text{男性人口数}}{\text{女性人口数}}=\frac{70\,079}{66\,703}=105.06\%$$

计算结果表明 2014 年全国总人口男女性别比为 105.06%。

4. 比较相对指标

比较相对指标又叫比较相对数，是同一时期、同种现象的指标值在不同空间或不同部分之间的对比，反映同类事物在不同条件下的数量差异程度和不平衡性。比较相对指标一般用百分数、倍数、系数等来表示。其公式如下。

$$\text{比较相对指标}=\frac{\text{某总体某类指标数值}}{\text{另一总体同类指标数值}}\times 100\% \tag{4-8}$$

例如，我国平均每人占有耕地 1.57 亩（1 亩=666.7 平方米），加拿大平均每人占有耕地 26.8 亩，则加拿大平均每人占有耕地面积是我国的 17.07 倍。

比较相对指标的特点如下。

（1）比较相对指标可以用两个总量指标、相对指标或平均指标对比求得。

（2）比较相对数的分子、分母可以互换，且互换后意义不变。

（3）比较相对数中分子与分母所属统计指标的含义、口径、计算方法和计量单位必须一致。

5. 强度相对指标

强度相对指标又称强度相对数，是两个性质不同但有密切联系的总量指标的比值，用来分析不同事物之间的数量对比关系，表明某一现象发展的强度、密度和普遍程度。其公式如下。

$$\text{强度相对指标}=\frac{\text{某一总量指标数值}}{\text{另一有联系的总量指标数值}}\times 100\% \tag{4-9}$$

【例 4–9】我国土地面积为 960 万平方千米，2014 年年末人口总数为 136 782 万人，则 2014 年我国人口密度为

$$\text{人口密度}=\frac{136\,782}{960}=142.48\text{（人/平方千米）}$$

计算结果表明 2014 年我国人口密度约为每平方千米 142.48 人。

由于强度相对指标是由两个性质不同但有联系的总量指标数值对比而来的，所以其表现形式既可以是有名数，也可以是无名数。

（1）有名数表示。由分子、分母原有计量单位组成的复合单位表示时，强度相对指标用有名数表示，如人口密度用“人/平方公里”表示。强度相对指标用有名数表示时，常会出现“人均”字样，如人均收入、人均绿地面积等。这从意义上看与平均数很相似，但从指标性质上看却属于强度相对指标。

（2）无名数表示。当强度相对指标分子与分母的计量单位相同时，可以用无名数表示，即用百分数、千分数等表示，如人口自然增长率、成本利润率等。强度相对指标用无名数表示时，由于计量单位相同，分子看起来像是分母的一部分，有时会被看成结构相对数，实际上它们的分子、分母是两个不同性质的现象数量，需要读者在判断相对数种类时特别注意。

强度相对指标是统计中重要的分析指标，同时也是企业进行经济效益分析时最常用的指标。它可以说明一个国家、地区或部门的经济实力及为社会服务的能力，反映社会经济现象间的密切程度或现象的普遍程度，以及社会生产活动的条件和效果。

6. 动态相对指标

动态相对指标又称动态相对数或发展速度，是将同类现象的数值在两个不同时期进行的对比，用来反映同类现象在不同时期的变动程度，一般用百分数或倍数表示。其公式如下。

$$\text{动态相对指标}=\frac{\text{报告期指标数值}}{\text{基期指标数值}}\times 100\% \tag{4-10}$$

通常情况下把作为比较基础的时期称为基期，而把同基期对比的时期称为报告期或计算期。

【例 4-10】某大学在校生人数 2010 年为 10 000 人，2015 年为 20 000 人，则该校在校生人数 2015 年是 2010 年的 200%。计算方法为

$$\text{动态相对指标}=\frac{20\ 000}{10\ 000}\times 100\%=200\%$$

动态相对指标对于分析研究现象的发展变化过程具有重要意义，将在时间数列分析中详加阐述。

（三）应用相对指标应注意的问题

以上 6 种相对指标是从不同角度来反映社会经济现象间数量对比关系的，为了正确运用相对指标，使之充分发挥作用，在计算和运用相对指标时应注意以下问题。

1. 要保持对比数值的可比性

相对指标是运用由两个有联系的数值对比的方法揭示现象之间的联系程度，反映现象之间的差异程度。对比的两个指标是否可比是计算结果能否正确反映现象之间数量联系的重要条件。所以，在计算和运用相对指标时要严格保持其分子、分母的可比性。所谓指标的可比性就是指用来对比的分子、分母指标在范围、内容、计算方法和价格等方面必须完全一致，或者符合对比要求。

范围的可比性是指总体范围的可比。例如，甲企业于 2015 年年初收购了乙企业，如果现要将甲企业营业额与以前相比较，则首先要将总体范围调整一致。

内容的可比性是指要注意有些指标虽然名称相同但内容不同，不宜直接进行比较。例如，同样是国民收入指标，我国的国民收入是指物质生产部门创造的净产值，而美国的国民收入是指所

有部门创造的增加值中去掉间接税后的价值，所以二者不能直接对比。

计算方法的可比性是指有些指标有多种计算方法，而不同的计算方法得到不同的结果。例如，比较两个企业的劳动生产率水平，如果一个企业的劳动生产率是产品产量与全体职工人数相比的全员劳动生产率，而另一个企业的劳动生产率是产品产量与生产工人数相比的生产工人劳动生产率，则这两种劳动生产率由于计算方法不一致，就不能直接对比。

价格的可比性是指我国的产值计算有两种价格：可比价格和不变价格。而不变价格也只是在某一段时期不变。因此，在用产值衡量某个总体的经济增长情况时，首先要用不变价格计算的产值进行比较，而若对比的产值是采用两个不同时期的不变价格计算时，还要将二者的价格调整为同一时期的价格，才能进行比较。

2. 相对指标要与总量指标结合运用

相对指标是两个数值对比得到的结果，其数值大小取决于对比的分子、分母的比例而不在于其总量的大小，所以即使不大的总量指标也可以得到相当可观的相对数。相对指标把两个对比的具体数值抽象化了，掩盖了现象绝对水平的差别。所以，在很多情况下，运用相对指标分析问题时，一定要与总量指标结合运用，既要看到事物的相对变动，也要看到事物的绝对变化，客观、公正地评价一个事物，做出正确、有效的判断。

例如，A 市财政收入 2015 年比 2014 年增长 10%，B 市财政收入 2015 年比 2014 年增长 15%，若两个数字之间直接比较，并不能说明 A 市的经济发展水平比 B 市差，同时还需要考虑两市 2014 年财政收入的绝对数额。

3. 要把各种相对指标结合起来运用

一种相对指标只能说明事物的某一方面的情况和特征，而要全面、深刻地反映事物的情况和特征，就需要将各种相对指标结合起来运用。

例如，为评价某企业的生产情况，可以计算计划完成相对指标，说明其计划执行的情况；可以用报告期水平与上期水平或历史最高水平相比较计算动态相对指标，说明其发展变动情况及与历史最高水平的差距；可以用本企业本期指标数值与同行业先进水平或平均水平对比，分析本企业所处的水平，寻找差距，采取措施，挖掘潜力；还可以计算结构相对指标和强度相对指标，分析总体的结构构成状况等。通过多种对比，全方位地反映该企业的生产状况，获得有关企业全面、正确的评价结论。

归纳总结

总量指标与相对指标是在统计资料搜集与整理的基础上，系统地学习了统计资料分析所需要的基本指标中的两大重要指标。统计调查取得的原始资料经过分组、汇总和计算，得到对客观现象总体进行简单描述和比较的统计数字，即总量指标和相对指标。数据汇总整理的结果是总量指标，总量指标反映了具体条件下客观存在的现象的综合数量特征和性质。在总量指标的基础上，计算相对指标，相对指标反映现象的发展程度、结构、强度、普遍程度或比例关系等数量特征。通过本任务的学习，要求学生熟练掌握总量指标的含义、种类及计算；掌握相对指标的概念及表现形式，各种相对指标的计算。掌握这些指标的计算原则、计算方法，明确它们之间的联系与区别，是应用它们进行统计资料的整理与分析的重要保证。

能力训练

一、单项选择题

1. 总量指标按其反映内容的不同，可以分为（　　）。

A. 数量指标和质量指标　　B. 时期指标和时点指标

C. 总体单位总量和总体标志总量　　D. 实物指标和价值指标

2. 若以我国工业企业为研究对象，则总体单位总量为（　　）。

A. 工业企业总数　　B. 工业企业职工总数

C. 工业设备台数　　D. 工业增加值

3. 下列指标中属于时期指标的是（　　）。

A. 商品库存量　　B. 商品销售额　　C. 职工人数　　D. 商品库存额

4. 下列指标中属于时点指标的是（　　）。

A. 国内生产总值　　B. 劳动生产率

C. 固定资产投资额　　D. 居民储蓄存款余额

5. 下列指标中属于时期指标的是（　　）。

A. 人口出生数　　B. 人口总数　　C. 人口自然增长率　　D. 育龄妇女数

6. 下列指标中，（　　）不是时期指标。

A. 森林面积　　B. 新增林地面积　　C. 减少林地面积　　D. 净增林地面积

7. 计划规定商品销售额较去年增长 5%，实际增长 8%，则商品销售额计划完成情况相对指标的算式为（　　）。

A. $\frac{5\%}{8\%}$　　B. $\frac{8\%}{5\%}$　　C. $\frac{105\%}{108\%}$　　D. $\frac{108\%}{105\%}$

8. 宏发公司 2014 年第二季度完成销售额 551 万元，第三季度完成销售额 600 万元，完成计划的 96%。则第三季度计划比第二季度增加销售额（　　）万元。

A. 4　　B. 49　　C. 74　　D. 84

9. 某橡胶厂强化承包责任制，2012～2014 年，全厂共实现利税 10 164 万元，上交国家、企业留利和用于职工福利分别占 84.3%、12.7%和 3%，后 3 项指标是（　　）。

A. 计划完成相对指标　B. 结构相对指标　　C. 比例相对指标　　D. 动态相对指标

10. 下列指标中属于比例相对指标的是（　　）。

A. 工人出勤率　　B. 每百元产值利税额

C. 3 大产业的比例关系　　D. 净产值占总产值的比重

11. 下列指标中属于总量指标的是（　　）。

A. 学生人数　　B. 产品合格率　　C. 人均粮食产量　　D. 资金利税率

12. 用水平法检查长期计划的执行情况是用于（　　）。

A. 规定计划期初应达到的水平　　B. 规定计划期内某一期应达到的水平

C. 规定计划期末应达到的水平　　D. 规定整个计划期累计应达到的水平

13. 在相对指标中，属于不同总体数值对比的指标有（　　）。

A. 动态相对指标　B. 结构相对指标　C. 比例相对指标　D. 强度相对指标

14. 某省工商银行储蓄存款余额 2015 年 2 月末已突破 100 亿元，这是（　　）。

A. 时期指标　B. 时点指标　C. 平均指标　D. 总体总量

15. 若某钢厂制订的五年计划为“计划期末年产量达到 1 000 万吨”，而该企业在这 5 年中的年产量（万吨）分别为：900、980、1 000、1 190、850，则该企业的计划完成情况是（　　）。

A. 正好提前两年完成计划

B. 未完成计划

C. 至少提前两年完成计划，但具体时间由于资料不足无法计算

D. 以上说法都不对

二、多项选择题

1. 总量指标的计量单位有（　　）。

A. 实物单位　B. 劳动单位　C. 货币单位

D. 倍数、系数和成数　E. 百分数和千分数

2. 总量指标的重要作用在于它是（　　）。

A. 对现象总体认识的起点　B. 实行社会管理的依据之一

C. 计算相对指标的基础　D. 没有任何误差的统计指标

E. 计算平均指标的基础

3. 某企业计划 2015 年成本降低率为 4%，实际降低了 5%，则以下说法正确的是（　　）。

A. 该企业的计划完成程度为 $\frac{5\%}{4\%}=125\%$　B. 该企业的计划完成程度为 $\frac{95\%}{96\%}=98.96\%$

C. 该企业的计划完成程度为 $\frac{105\%}{104\%}=100.96\%$

D. 该企业未完成计划任务　E. 该企业完成了计划任务

4. 下列指标属于比较相对数的是（　　）。

A. 中国人口是美国的 4.2 倍　B. 男生数占全班学生总数的 40%

C. 某厂 2015 年产量为解放初期的 10 倍　D. 甲厂产值为乙厂产值的 60%

E. 某商店费用额与销售额相比，为销售额的 8%

5. 下列指标中，属于强度相对指标的有（　　）。

A. 人均国内生产总值　B. 人口密度

C. 人均钢产量　D. 商品流通费用率

E. 人口自然增长率

6. 下列指标中，属于时期指标的有（　　）。
A. 工业总产值　　B. 商品销售额　　C. 职工人数
D. 商品库存额　　E. 生猪存栏数

7. 下列指标中，属于时点指标的有（　　）。
A. 某地区年末人口数　　B. 某地区年内人口出生数
C. 某地区高校在校学生数　　D. 某地区固定资产投资数
E. 某地区每年初拖拉机台数

8. 下列指标中，属于结构相对指标的有（　　）。
A. 出生率　　B. 出勤率　　C. 死亡率
D. 男性比率　　E. 女性比率

9. 在相对指标中，分子和分母可以互换的指标有（　　）。
A. 比较相对指标　　B. 强度相对指标　　C. 比例相对指标
D. 结构相对指标　　E. 动态相对指标

三、判断题

1. 总量指标是反映社会经济现象总体规模或水平的一种综合指标。（　　）
2. 某材料上月末库存量和本月末库存量两个指标都是时点指标。（　　）
3. 相对指标是两个有联系的指标数值之比，所以它们之间必须是同质的。（　　）
4. 通过计划完成相对指标的计算结果，要判断计划是否完成，实际完成数超过计划数好还是低于计划数好，要根据计划指标的性质和内容而定。（　　）
5. 全国平均每平方公里有 107 人是平均指标。（　　）
6. 北京市人口数相当于 5 个左右的西藏人口数，这是比较相对指标。（　　）
7. 将不同地区、部门、单位之间同类指标进行对比所得的综合指标称为比例相对指标。（　　）
8. 结构相对指标的分子与分母是可以互换的。（　　）
9. 总体单位总量和总体标志总量会随着统计研究目的的变动而不同。（　　）
10. 我国现在一年的钢产量相当于 1949 年全年钢产量的 460 倍，这是动态相对指标。（　　）

四、简答题

1. 什么是总量指标？总量指标在统计研究中的重要意义何在？
2. 什么是时期指标？什么是时点指标？其各自的特点是什么？
3. 总量指标的计量单位有哪些？
4. 常用的相对指标有哪几种？各有何特点？
5. 计算和应用相对指标应注意的问题是什么？

五、计算分析题

1. 根据某企业 2015 年生产情况计算。

（1）生产某种产品的单位成本计划在 2014 年的基础上降低 6%，实际降低了 7.6%，求成本降低计划完成程度相对指标。

（2）计划规定劳动生产率比上年提高 10%，实际提高了 15%，求劳动生产率提高计划完成程度相对指标。

2. 某钢铁厂五年计划规定五年累计完成 1 200 万吨，其中最后一年产量达到 300 万吨，实际完成情况如习题表 4-1 所示。

习题表 4-1　某钢铁厂五年计划的实际完成数资料　单位：万吨

时间	第一年	第二年	第三年	第四年				第五年			
				一季度	二季度	三季度	四季度	一季度	二季度	三季度	四季度
产钢量	200	230	260	65	65	70	75	75	80	80	75

求：（1）用水平法计算计划完成情况和提前完成任务时间。

（2）用累积法计算计划完成情况和提前完成任务时间。

3. 某工业公司所属企业产值分析如习题表 4-2 所示。

习题表 4-2　某工业公司所属企业产值分析表

企业	计划产值（万元）	本年产值（万元）	上年产值（万元）	完成计划（%）	本年产值		
					与上年比较（%）	各个企业占公司产值的比重（%）	各个企业本年实际总产值与甲企业实际产值比（%）
栏	（1）	（2）	（3）	（4）	（5）	（6）	（7）
甲企业	150	165	132	A	E	I	M
乙企业	200	210	175	B	F	J	N
丙企业	250	225	200	C	G	K	O
合计	600	600	507	D	H	L	—

根据习题表 4-2 资料回答下列问题。

① 计算习题表 4-2 中 A～O 所缺数字，并写出计算过程。

② 说明所计算相对数的名称。

第（4）栏为（　　）相对数；

第（5）栏为（　　）相对数；

第（6）栏为（　　）相对数；

第（7）栏为（　　）相对数。

任务五　总体分布集中趋势分析

学习目标

【知识目标】

- 了解平均指标的基本概念、作用和分类
- 了解算术平均数、调和平均数、几何平均数、众数和中位数的定义和分类
- 熟悉众数、中位数和算术平均数的关系
- 掌握众数及中位数的计算方法及具体应用
- 重点掌握算术平均数、调和平均数、几何平均数的计算方法与具体应用

【技能目标】

- 能够熟练掌握算术平均数和调和平均数的区别与联系
- 能够熟练掌握几何平均数的实际应用

任务描述

王明、张超两名运动员都是射击运动员，现在要从两人中挑选一名代表参加比赛，于是对两名运动员进行射击测试。两人分别射击 10 次，王明的成绩为 9.6、9.6、9.5、9.5、9.5、9.4、9.4、9.3、9.3、9.3，而张超的成绩为 10.0、10.0、9.9、9.9、9.9、9.4、8.8、8.5、8.5、8.1。我们怎样从两位运动员的成绩分析出谁更适合参加这次比赛呢?

本任务案例通过一个实际问题指出了平均指标的重要性。平均指标是统计分析中最常见的统计指标之一。何为平均指标? 平均指标的种类与计算是什么? 这些将在本任务中具体讲解。

相关知识

一、平均指标的意义

（一）平均指标的概念

数据分布的集中趋势是指总体中各单位的次数分布从两边向某一中心值集中靠拢的趋势。对集中趋势的研究就是要寻找总体一般水平的中心值或代表值。今天我们要学习的平均指标就反映了总体分布的集中趋势。

平均指标是表明同质总体内某一数量标志在一定时间、地点、条件下所达到的一般水平。它的数值表现就是平均数，所以平均指标通常被称为统计平均数。

在研究大量社会经济现象的数量特征时，要把所研究的同类现象作为一个总体，构成总体的各个单位同一数量标志的数值却不尽相同。要反映总体的一般水平，不能用个别单位的标志值表

示，而需要有一个代表值，而平均指标就是作为这个代表值出现的。例如，可以用平均成绩来代表某班同学成绩的一般水平，可以用平均价格来代表市场上某商品价格的一般水平，等等。

平均指标是反映总体各单位某项数量标志值的一般水平或代表性数值，所以它具有以下 3 个特点。

（1）平均指标是一个代表性的数值，说明总体各单位标志值的一般水平。统计总体具有差异性的特点，各单位标志值的大小不同，所以可以利用平均指标来代表某标志值的一般水平。

（2）平均指标是一个抽象化的数值，它把总体各单位不同标志值的差异抽象化了。统计总体内各单位的标志值存在着差异，通过计算平均指标找到一个能够代表现象一般水平的代表值，这样标志值之间的差异就被掩盖了。

（3）平均指标只能就同类现象进行计算。由于平均指标是表明同质总体内某一标志的一般水平，所以对它进行计算的前提就是总体的同质性，即计算现象必须是具有相同性质的许多单位构成的总体。

（二）平均指标的作用

平均指标在社会经济工作中应用广泛，所以在认识社会经济现象总体数量特征方面有着重要作用。

1. 消除总体数量差异使其具有可比性

平均指标反映了社会经济现象某一数量特征的一般水平，并将总体各单位标志值的差异抽象化。可以看到，此时计算出的平均指标不受总体单位数的影响，便于对不同总体之间的一般水平进行比较，尤其便于对规模大小不一样的总体水平进行比较。因此，利用平均指标可以对不同总体的同类现象进行不同空间、不同时间上的比较，以反映社会经济现象空间和时间上的差异，同时比较水平的高低、质量的优劣等。例如，评价生产同类产品的两个企业产品成本水平时，由于企业产量规模大小不一，如果使用总成本直接对比就不能说明两个企业产品成本水平的差距，但是如果用平均单位成本这一指标比较，就可以反映不同企业成品水平的差异。又如，比较同一企业不同时期产品成本水平时，由于不同时期产品产量不同，不能用总成本直接比较，只能用不同时期的单位成本进行对比才能说明问题。

2. 平均指标可作为对事物进行评价的客观标准

由于平均指标反映了总体各单位之间集中趋势的分布情况以及各数据向其中心聚集的程度，所以以此为基础和依据确定的相关标准既能使绝大部分企业或者个人经过努力达到，又保证了一定的先进性。例如，用平均成绩可以衡量某学生学习情况的好坏，用平均劳动生产率可以衡量某企业生产效率的高低等。

3. 平均指标可以用来分析现象之间的依存关系

在统计分组的基础上，结合应用平均指标，可分析现象间的依存关系。例如，将职工按收入水平分组，然后计算各组职工平均储蓄额，就可以反映出储蓄水平与职工收入水平之间的依存关系了。

4. 平均指标在抽样推断中是一个重要指标

在现实工作中，许多总量指标是不容易得到的，通过计算平均指标进行数量上的估计推算，就可以利用部分总体单位的平均指标来推断和估计全部总体单位的平均数或标志总量。例如，在某地区居民收入抽样调查中，利用样本居民的平均收入，我们可以推断整个地区居民的平均收入。

（三）平均指标的种类

1. 按所反映现象的时间状态分类

平均指标可分为静态平均数和动态平均数。

（1）静态平均数是反映现象在同一时间条件下总体单位标志值一般水平的平均指标。例如，在掌握本学期某同学全部成绩的基础上，计算其平均成绩以反映他在本学期的学习状况。

（2）动态平均数是反映同一事物在不同时间条件下具体表现的一般水平的平均指标。如已知某商店 2010～2014 年各年商品销售额，计算平均年商品销售额。动态平均数将在时间数列一章详细讲解。

2. 按计算和确定的方法分类

平均指标可分为算术平均数、调和平均数、几何平均数、众数和中位数 5 种。这 5 种平均数计算方法、含义和应用条件也不相同。其中，算术平均数、调和平均数和几何平均数是根据总体单位的变量值计算的，所以称为数值平均数，也称为均值，是数值型数据；而众数和中位数是根据指标值所处的位置来确定的，所以称为位置平均数。而众数是根据出现次数的多少确定的，所以属于分类数据；中位数是将一组数据排序后，处于中间位置上的变量值，所以属于顺序数据。

二、算术平均数

（一）算术平均数的基本形式

算术平均数是社会经济工作中最常用的一种平均指标，也是统计分析中最基本的指标之一，在时间数列、指数分析、抽样推断、相关分析及假设检验中都起着十分重要的作用。平均指标是表示社会经济现象总体单位某一标志值的平均水平，它的计算方法与社会经济现象中许多客观存在的数量关系相符合，因而是最适合计算标志值平均水平的方法。

算术平均数的基本形式是将总体各单位某一数量指标值的总和（即标志总量）与其相应的总体单位数（即总体单位总量）相除得到的平均数。算术平均数能够反映该数量标志在总体中的一般水平。其基本公式如下。

$$\text{算术平均数}=\frac{\text{总体标志总量}}{\text{总体单位总量}} \tag{5-1}$$

【例 5-1】某企业某月工人工资总额为 260 000 元，工人人数为 200 人，则该月工人的平均工资为

$$\text{职工平均工资}=\frac{260\ 000}{200}=1300\text{（元人）}$$

运用算术平均数计算平均指标时，总体标志总量与总体单位总量必须属于同一个总体，分子、分母在内容上必须保持总体范围的一致性，这样计算出来的平均指标才具有科学性。如在【例

5-1】中的工资总额260 000元就是该企业200名职工的工资总和。

在理解算术平均数时，要特别注意它与强度相对指标的区别。强度相对指标在很多时候有“平均”的意义，如人均收入等，但它并不是平均数，而是相对指标。两者有严格的区别。在定义上，强度相对指标说明的是某一现象在另一现象中发展的强度、密度或普遍程度；而平均指标说明的是现象发展的一般水平。在计算上，算术平均数是一个同质总体的标志总量和单位总量之比，分子和分母在经济内容上有着从属关系，分母的改变会影响到分子；而许多强度相对指标虽有平均的意思，但其分子、分母可来自于不同总体，分子与分母不存在从属的关系，分母的改变也不一定会影响到分子，分子和分母仅是一种经济关系。例如，人均粮食产量是全国粮食产量与全国人口数之比，反映了粮食生产与人口间的密切关系，但全国粮食产量和全国人口数是来自于不同总体的两个总量指标，粮食产量并非是全国每个人都具有的标志，由此计算出的指标只能是强度相对数而不是算术平均数。

（二）算术平均数的计算

实际工作中，由于掌握的资料不同、繁简程度不同，算术平均数可分为简单算术平均数和加权算术平均数。

1. 简单算术平均数

如果所掌握的资料是未分组的原始资料，则将总体各单位标志值的原始资料直接加总，除以单位个数，求得的平均数为简单算术平均数。其计算公式如下。

$$x=\frac{x_1+x_2+\cdots+x_n}{n}=\frac{\sum x}{n} \tag{5-2}$$

式中：$\bar{x}$为算术平均数；x_1，x_2，…，x_n为总体各单位的标志值；n为总体单位个数$\sum$为加总符号。

【例5–2】某小组有6位同学，统计学考试成绩分别为70分、78分、82分、85分、90分、98分，则该组6名同学的平均成绩为

$$\bar{x}=\frac{70+78+82+85+90+98}{6}=\frac{583}{6}=83.8\text{（分）}$$

2. 加权算术平均数

如果所掌握的资料是已经分组的，用各组的指标值乘以相应的单位数求出各组标志总量，并加总得到总体标志总量；同时将各组的次数相加，得到总体单位总量；然后用总体标志总量除以总体单位总量即为加权算术平均数。其计算公式如下。

$$\bar{x}=\frac{x_1f_1+x_2f_2+\cdots+x_nf_n}{f_1+f_2+\cdots+f_n}=\frac{\sum x\cdot f}{\sum f} \tag{5-3}$$

式中：$\bar{x}$为算术平均数；x_1，x_2，…，x_n为总体各单位的标志值；n为总体单位个数；f为各组次数（权数）；$\sum$为加总符号。

根据计算加权算术平均数运用的变量数列资料的不同，计算算术平均数的方法也可分为两种形式，即由单项式变量数列计算算术平均数和由组距式变量数列计算算术平均数。

（1）由单项式变量数列计算算术平均数。当得到的资料是以单项式数列出现时，计算其加权

平均数直接使用公式（5-3）即可。

【例 5–3】某车间有 50 名工人，他们每日生产某零件的数量资料如表 5-1 所示。

表 5-1　　某车间工人日产量

按日产量分组（件）x	工人人数（人）f	各组产量（件）xf
19	5	95
20	15	300
21	17	357
22	11	242
23	2	46
合计	50	1 040

计算该车间工人平均日产量为

$$\bar{x}=\frac{\sum x\cdot f}{\sum f}=\frac{1\,040}{50}=20.8\text{（件/人）}$$

由【例 5-3】可知，分组条件下算术平均数受两个因素的影响：一是各组标志值 x 的大小，二是各组标志值出现次数的多少。某组变量值出现的次数越多，平均数受该组的影响就越大，反之亦然。可见，各组标志值出现次数的多少在计算平均数过程中起着权衡轻重的作用，所以又称为权数。加入权数计算的算术平均数，称为加权算术平均数。

（2）由组距式变量数列计算算术平均数。当掌握的资料是组距式数列时，应该用各组的实际平均数乘以相应的权数来计算。但在实际情况下，很少计算各组平均数，而是先计算各组的组中值作为各组标志值的代表，然后按照加权平均数的基本公式进行计算。以组中值作为各组标志值的代表是带有假定性的，所以据此计算出的算术平均数是一个近似值。

【例 5–4】某班 40 名同学的统计学成绩原始资料分组整理如表 5-2 所示。

表 5-2　　某班 40 名同学统计学考试成绩汇总表

成绩（分）	组中值 x	人数（人）f	xf
50～60	55	2	110
60～70	65	7	455
70～80	75	11	825
80～90	85	12	1 020
90～100	95	8	760
合计	—	40	3 170

计算全班同学的平均成绩为

$$\bar{x}=\frac{\sum x\cdot f}{\sum f}=\frac{3\,170}{40}=79.25\text{（分）}$$

学习加权算术平均数时应注意以下 3 个问题，这有助于我们更深刻地理解加权算术平均数的意义，并使其在社会经济生活中得到更广泛的应用。

① 加权算术平均数公式的变形。权数除了用总体各组单位数（即频数）的形式表示外，还可以用比重（即频率）的形式表示。因此，加权算术平均数公式便有了另一种形式。其计算公式

如下。

$$\bar{x}=x_1\frac{f_1}{\sum f}+x_2\frac{f_2}{\sum f}+\cdots+x_n\frac{f_n}{\sum f}=\sum x\frac{f}{\sum f} \tag{5-4}$$

【例 5–5】以【例 5-3】的资料为例，假设该车间工人的日产零件数的频率分布如表 5-3 所示。

表 5-3　　某车间工人日产零件数的频率分布

按日产量分组（件）x	各组工人数占总人数比重（%）$\frac{f}{\sum f}$	$x\frac{f}{\sum f}$
19	10	1.9
20	30	6
21	34	7.14
22	22	4.84
23	4	0.92
合计	100	20.8

计算平均每人日产量为

$$\bar{x}=\sum x\frac{f}{\sum f}=19\times10\%+20\times30\%+21\times34\%+22\times22\%+23\times4\%=20.8\text{（件/人）}$$

从【例 5-5】中可以看出，日产零件数 19 件取了 10%计入平均数，日产零件数 20 件取了 30%计入平均数……所取的比重越大，该标志值占据平均数的地位越大。计算结果与【例 5-3】采用绝对数权数计算的加权算术平均数完全相同，由此可见，公式（5-4）与加权算术平均数的基本计算公式在本质上是一致的，只是表现形式有所不同，但各组单位数占总体单位数的比重是计算加权算术平均数的实质权数。

② 加权算术平均数的特例。观察公式（5-4），当各组的单位数或所占的比重完全相同时，权数对各组的作用都一样，对每组变量值发生同等影响，它不再起权衡轻重的作用，这时用加权算术平均数计算的结果与简单算术平均数相等，所以简单算术平均数可以看成是加权算术平均数在其各组次数相等时的特例。

当各组次数 f 相等时，即 $f_1=f_2=\cdots=f_n$ 时

$$\bar{x}=\sum x\frac{f}{\sum f}=\frac{f\sum x}{nf}=\frac{\sum x}{n}$$

在【例 5-3】中，如果各组的人数都是 10 人，则平均日产零件数为

$$\bar{x}=\frac{\sum x}{n}=\frac{19+20+21+22+23}{5}=21\text{（件）}$$

③ 加权算术平均数的应用。在计算加权算术平均数时，权数的选择必须慎重，一定要使标志值和权数的乘积为标志总量且具有实际经济意义。一般情况下，在分组资料中变量值的次数就是权数。当平均的变量是相对数或平均数时，次数作为权数是不合适的，要看具体情况确定权数。

【例 5–6】已知某地 20 个企业的销售利润率的分组资料如表 5-4 所示。

表 5-4　　某地 20 个企业的销售利润率资料

销售利润率（%）x	企　业　数	销售收入（元）f	利润额（元）xf
10	4	2 000	200
15	8	8 000	1 200
20	6	15 000	3 000
25	2	5 000	1 250
合计	20	30 000	5 650

该地区 20 个企业的平均销售利润率为

$$\bar{x}=\frac{\sum x\cdot f}{\sum f}=\frac{5\ 650}{30\ 000}=18.83\%$$

【例 5-6】中的平均对象是各企业的销售利润率，是相对指标。由于各企业规模大小不同，收入多少也有差别，所以选择企业数作为权数f并不能使其与销售利润率的乘积具有实际经济意义。所以，我们选择销售收入作为权数来计算，才适合这一指标的性质并使其与销售利润率的乘积具有实际经济意义。

【例 5–7】某公司所属 4 个企业生产某产品的单位成本资料如表 5-5 所示。

表 5-5　　某公司 4 个企业的相关资料

企　　业	单位成本（元）x	产量（件）f	总成本（元）xf
甲	500	3 000	1 500 000
乙	520	2 500	1 300 000
丙	550	1 000	550 000
丁	575	500	287 500
合计	—	7 000	3 637 500

4 个企业的平均单位成本为

$$\bar{x}=\frac{\sum x\cdot f}{\sum f}=\frac{3\ 637\ 500}{7\ 000}=520\text{（元）}$$

【例 5-7】中的平均对象是产品的单位成本，是平均指标。只有选择产量作为权数计算其平均数才适合这一指标的性质，并使其与所平均的变量相乘具有实际经济意义。

通过以上两个例题我们可以看出，当平均的变量是销售利润率时，选择销售收入作为权数，销售收入是销售利润率的分母；当平均的变量是单位成本时，选择产量作为权数，产量是单位成本的分母。由此可得出结论，当平均的变量是比值时，应当选择比值变量的分母作为权数计算其平均数。

3. 算术平均数的数学性质

为了加深理解和正确运用算术平均数，简化计算过程，并说明标准差的计算，有必要了解以下几个算术平均数的数学性质。

【性质一】算术平均数与总体单位数的乘积等于各变量值的总和。

未分组资料：$\bar{x}\cdot n=\sum x$

已分组资料：$\bar{x}\cdot\sum f=\sum xf$

这个性质说明，平均数是所有变量值的代表数值，并且根据平均数与次数，可以推算出总体标志总量。

【性质二】如果每个变量值都加或减任意数值 A，则平均数也要增加或减少这个数 A。

未分组资料：$\bar{x}\pm A=\dfrac{\sum(x\pm A)}{n}$

已分组资料：$\bar{x}\pm A=\dfrac{\sum(x\pm A)\cdot f}{\sum f}$

【性质三】如果每个变量值都乘以或除以任意数值 A，则平均数也乘以或除以任意数值 A。

未分组资料：$\bar{x}\cdot A=\dfrac{\sum A\cdot x}{n}$　　$\dfrac{\bar{x}}{A}=\dfrac{\sum\frac{x}{A}}{n}$

已分组资料：$\bar{x}\cdot A=\dfrac{\sum Ax\cdot f}{\sum f}$　　$\dfrac{\bar{x}}{A}=\dfrac{\sum\frac{x}{A}\cdot f}{\sum f}$

【性质四】各个变量值与算术平均数的离差之和等于零。

未分组资料：$\sum(x-\bar{x})=0$

已分组资料：$\sum(x-\bar{x})\cdot f=0$

【性质五】各个变量值与算术平均数的离差平方之和等于最小值。

未分组资料：$\sum(x-\bar{x})^2=$最小值

已分组资料：$\sum(x-\bar{x})^2\cdot f=$最小值

三、调和平均数和几何平均数

（一）调和平均数

调和平均数是算术平均数的一种变形，是计算同质总体各单位标志值平均水平的另一种表现形式。

1. 调和平均数的计算公式

调和平均数是标志值的倒数的算术平均数的倒数，又称为倒数平均数。根据掌握资料的不同，调和平均数可分为简单调和平均数和加权调和平均数。

（1）简单调和平均数。简单调和平均数是先计算总体单位标志值倒数的简单算术平均数，然后求其倒数。简单调和平均数主要用于未分组资料。设某总体有 n 个单位，它们的变量值分别为 x_1，x_2，…，x_n，根据调和平均数的定义，计算步骤如下。

① 取变量值的倒数 $\dfrac{1}{x_1}$，$\dfrac{1}{x_2}$，…，$\dfrac{1}{x_n}$

② 求变量值倒数的算术平均数$\dfrac{\dfrac{1}{x_1}+\dfrac{1}{x_2}+\cdots+\dfrac{1}{x_n}}{n}=\dfrac{\sum\dfrac{1}{x}}{n}$

③ 取其算术平均数的倒数$\dfrac{n}{\sum\dfrac{1}{x}}$

所以，简单调和平均数的基本计算公式如下。

$$\bar{x}=\frac{n}{\sum\frac{1}{x}} \tag{5-5}$$

式中：$\bar{x}$ 为调和平均数；x 为总体各单位的标志值；n 为总体单位个数。

【例 5-8】早市上某种蔬菜的价格为 0.5 元/斤（1 斤=500 克），中午市场价格为 0.4 元/斤，晚上市场价格为 0.25 元/斤，现早、中、晚各在市场上买 1 元钱的菜，则平均价格

$$\bar{x}=\frac{n}{\sum\frac{1}{x}}=\frac{3}{\frac{1}{0.5}+\frac{1}{0.4}+\frac{1}{0.25}}=0.35\text{（元/斤）}$$

（2）加权调和平均数。如果资料已经分组，就要用加权调和平均数的计算方法计算变量值的平均数。计算公式的推导过程与简单调和平均数大致相同。其计算公式如下。

$$\bar{x}=\frac{\sum m}{\sum\frac{m}{x}} \tag{5-6}$$

式中：$\bar{x}$ 为调和平均数；x 为总体各单位的标志值；m 为权数；n 为分组个数。

2. 调和平均数的应用

调和平均数实际是算术平均数的一种变形，它仍然是总体标志总量除以总体单位总量。调和平均数和算术平均数在经济意义上是一致的，但在社会经济统计过程中，由于受到资料的限制，计算算术平均数有时很难，此时计算平均指标就可以考虑采用调和平均数法。

在实际工作中，究竟采用算术平均数还是调和平均数，要根据已知条件来判断。已知各组变量值和各组单位数或次数时，采用算术平均数公式；已知各组变量值和各组标志总量，不知各组单位数时，采用调和平均数公式。加权调和平均数与加权算术平均数的关系如下。

$$\bar{x}=\frac{\sum m}{\sum\frac{m}{x}}=\frac{\sum xf}{\sum\frac{xf}{x}}=\frac{\sum xf}{\sum f} \tag{5-7}$$

根据公式（5-7）可知，针对同一资料，如果变量 x 为绝对数，加权算术平均数以各组单位数为权数 f，加权调和平均数以各组标志总量为权数 m，两者计算结果相同；如果变量 x 为相对数或平均数，加权算术平均数以相对数或平均数的分母作为权数 f，加权调和平均数以相对数或平均数的分子作为权数 m，两者计算结果也相同。下面举例说明。

（1）由绝对数计算平均数。

【例 5–9】某车间有 50 名工人，他们每日生产某零件的数量资料如表 5-6 所示。

表 5-6　　某车间工人日产量

按日产量分组（件）x	各组产量（件）m	工人人数（人）m/x
19	95	5
20	300	15
21	357	17
22	242	11
23	46	2
合计	1 040	50

计算该车间工人的平均日产量为

$$\bar{x}=\frac{\sum m}{\sum \frac{m}{x}}=\frac{95+300+357+242+46}{\frac{95}{19}+\frac{300}{20}+\frac{357}{21}+\frac{242}{22}+\frac{46}{23}}=\frac{1\,040}{50}=20.8\text{（件/人）}$$

在【例 5-3】中，给定的资料是各组的变量值即日产零件数和各组的次数即工人人数，所以我们用加权算术平均数的方法计算其平均数；而在【例 5-9】中，给定的资料是各组的变量值即日产零件数和各组的标志总量即各组零件总数，此时我们选择加权调和平均数的方法计算其平均数，两种方法的计算结果一致。这是因为各组总产量 m 等于日产零件数 x 与各组人数 f 的乘积，即 $m=xf$。可见，调和平均数与算术平均数在本质上是一致的，调和平均数是算术平均数的一种变形，根据已知条件的不同，我们选择不同的方式求解平均数。

（2）由相对数计算平均数。

【例 5–10】已知某地 20 个企业的销售利润率的分组资料如表 5-7 所示。

表 5-7　　某地 20 个企业的销售利润率资料

销售利润率（%）x	企业数	利润额（元）m	销售收入（元）m/x
10	4	200	2 000
15	8	1 200	8 000
20	6	3 000	15 000
25	2	1 250	5 000
合计	20	5 650	30 000

该地区 20 个企业的平均销售利润率为

$$\bar{x}=\frac{\sum m}{\sum \frac{m}{x}}=\frac{5\,650}{30\,000}=18.83\%$$

在【例 5-6】中，给定的资料是比值变量即销售利润率和比值的分母即销售收入，所以用加权算术平均数的方法计算其平均数；而在【例 5-10】中，给定的资料是比值变量，即销售利润率和比值的分子即各组利润额，所以用加权调和平均数的方法计算其平均数，两种方法的计算结果一致，均为 18.83%。

（3）由平均数计算平均数。

【例 5-11】以【例 5-7】资料为例，某公司所属 4 个企业生产某产品的单位成本资料如表 5-8 所示。

表 5-8　　某公司 4 个企业的相关资料

企业	单位成本（元）x	总成本（元）m	产量（件）m/x
甲	500	1 500 000	3 000
乙	520	1 300 000	2 500
丙	550	550 000	1 000
丁	575	287 500	500
合计	—	3 637 500	7 000

4 个企业的平均单位成本为

$$\bar{x}=\frac{\sum m}{\sum \frac{m}{x}}=\frac{3\,637\,500}{7\,000}=520\text{（元）}$$

在【例 5-7】中，给定的资料是比值变量即单位成本和比值的分母即产量，所以用加权算术平均数的方法计算其平均数；而在【例 5-11】中，给定的资料是比值变量即单位成本和比值的分子即总成本，所以用加权调和平均数的方法计算其平均数，两种方法的计算结果一致，均为 520 元。

通过以上 3 个例子，我们可以得到一个结论，在计算加权调和平均数时，如果所平均变量的权数 m 均相等，就可以采用简单调和平均数代表加权调和平均数，即我们可以把简单调和平均数看成是加权调和平均数在其权数相等时的一个特例。

即当 $m_1=m_2=\cdots=m_n$ 时，

$$\bar{x}=\frac{\sum m}{\sum \frac{m}{x}}=\frac{nm}{m\sum \frac{1}{x}}=\frac{n}{\sum \frac{1}{x}}$$

以【例 5-11】资料为例，如果甲、乙、丙、丁 4 个企业的总成本相等，则平均单位成本就可以用简单调和平均数的方法来计算。

$$\bar{x}=\frac{n}{\sum \frac{1}{x}}=\frac{4}{\frac{1}{500}+\frac{1}{520}+\frac{1}{550}+\frac{1}{575}}=540\text{（元）}$$

（二）几何平均数

几何平均数是平均指标的另一种表现形式，主要适用于特殊数据的平均数的计算，如发展速度的平均。它应用时应满足两个条件：① 若干个比率或速度的连乘积等于总比率或总速度；② 相乘的各比率或速度不得为负值。

几何平均数又称几何均值，是 n 个变量值连乘积的 n 次方程。它也可以分为简单几何平均数和加权几何平均数两种。

1. 简单几何平均数

简单几何平均数适用于计算未分组资料的平均比率或平均速度，其计算公式为

$$\overline{x}=\sqrt[n]{x_1\cdot x_2\cdots x_n}=\sqrt[n]{\prod x} \qquad (5\text{-}8)$$

式中：$\overline{x}$ 为几何平均数；x 为各比率；n 为变量值的个数；$\prod$ 为连乘符号。

【例 5–12】某机械厂有流水连续作业的 4 个车间：毛坯车间、粗加工车间、精加工车间和装配车间。就制品合格率而言，本月毛坯车间为 96%，粗加工车间为 93%，精加工车间为 90%，装配车间为 86%，求该厂产品的平均合格率。

设各车间的产品合格率分别为 x_1，x_2，x_3，x_4，则

$$x_1=\frac{\text{毛坯车间制品合格品数量}}{\text{全部加工的制品数量}}$$

$$x_2=\frac{\text{粗加工车间制品合格品数量}}{\text{毛坯车间制品合格品数量}}$$

$$x_3=\frac{\text{精加工车间制品合格品数量}}{\text{粗加工车间制品合格品数量}}$$

$$x_4=\frac{\text{装配车间制品合格品数量}}{\text{精加工车间制品合格品数量}}$$

$$x_1\cdot x_2\cdot x_3\cdot x_4=\frac{\text{装配车间制品合格品数量}}{\text{全部加工的制品数量}}$$

通过以上分析可以看出，该厂平均合格率的计算符合应用几何平均数的条件，即各车间制品合格率的乘积等于该企业产品合格率。所以该厂平均合格率

$$\overline{x}=\sqrt[n]{\prod x}=\sqrt[4]{0.96\times0.93\times0.90\times0.86}=0.9117 \text{ 或 } 91.17\%$$

2. 加权几何平均数

加权几何平均数适用于计算分组资料的平均比率或平均速度。其计算公式如下。

$$\overline{x}=\sqrt[\sum f]{x_1^{f_1}\cdot x_2^{f_2}\cdots x_n^{f_n}}=\sqrt[\sum f]{\prod x^f} \qquad (5\text{-}9)$$

式中：f 为变量值出现的次数；n 为变量值的个数；其他符号与前面相同。

【例 5–13】某企业一笔长期贷款按复利计算利息，10 年间年利率为 9%的有 3 年，年利率为 11%的有 4 年，年利率为 12%的有 2 年，年利率为 13%的有 1 年。试计算 10 年间该笔贷款的平均年利率。

$$\overline{x}=\sqrt[\sum f]{x_1^{f_1}\cdot x_2^{f_2}\cdots x_n^{f_n}}=\sqrt[3+4+2+1]{1.09^3\times1.11^4\times1.12^2\times1.13^1}=\sqrt[10]{2.786\,672}=110.79\%$$

110.79%–1=10.79%

因此，该笔贷款 10 年间平均年利率为 10.79%。

四、众数和中位数

众数和中位数是两个特殊的平均数。算术平均数和调和平均数是根据总体各单位标志值经过数值计算得出的，故称数值平均数。而众数和中位数是根据特殊位置上的变量值得到平均水平，因此它们被称为位置平均数。

（一）众数

1. 众数的概念

众数是社会经济现象中最常遇到的数，即总体中出现次数最多的那个变量值。在统计研究中，有时可利用众数来代替算术平均数，用以说明现象某个数量标志的一般水平。例如，为了掌握市场上某种商品的价格水平，不必计算该产品全部价格的平均数，只需采用该商品在市场上最普遍的成交价格来代表该商品的价格水平；又如用众数尺寸代表消费者所需的衣服或鞋帽尺寸的一般水平等。众数的计算有一定的条件：一是如果一个总体中各个变量值出现的次数相同或差不多，那么就没有众数；二是在为数不多或一个无明显集中趋势的资料中，众数的测定也没有意义。

2. 众数的计算

根据所掌握的资料，众数的计算方法有两种：由单项数列计算众数和由组距数列计算众数。

（1）由单项数列计算众数。根据单项数列计算众数比较简单，即出现次数最多的变量值就是众数。

【例 5-14】某商店某月各种型号的衬衫销售量如表 5-9 所示。

表 5-9　　某商店某月各种型号的衬衫销售量

型号（码）	37	38.5	40	41.5	42	合计
销售量（件）	350	780	1 020	508	217	2 875

表 5-9 中衬衫销售量最多的是 1 020 件，它所对应的变量值是 40 码，即出现次数最多，所以 40 码就是众数，代表了 2 875 件衬衫的一般水平。40 码衬衫可以作为衬衫厂编制生产计划和指导工作的参考依据。

（2）由组距数列计算众数。根据组距数列计算众数时，先确定次数最多的一组为众数组，然后根据下限公式或上限公式进行计算。

下限公式：

$$M_0 = L + \frac{f_0 - f_{-1}}{(f_0 - f_{-1}) + (f_0 - f_{+1})} \times i \tag{5-10}$$

上限公式：

$$M_0 = U - \frac{f_0 - f_{+1}}{(f_0 - f_{-1}) + (f_0 - f_{+1})} \times i \tag{5-11}$$

式中：M_0 为众数；L 为众数组的下限；U 为众数组的上限；f_0 为众数组次数；f_{-1} 为众数组前一组次数；f_{+1} 为众数组后一组次数；i 为众数组的组距。

【例 5-15】某地农民的年人均纯收入情况如表 5-10 所示。

表 5-10　　某地农民年人均纯收入资料

农民家庭年人均纯收入（元）	农民家庭数（户）	累计次数（户）	
		向下累计	向上累计
1 000～1 200	240	3 000	240
1 200～1 400	480	2 760	720

续表

农民家庭 年人均纯收入（元）	农民家庭数（户）	累计次数（户）	
		向下累计	向上累计
1 400～1 600	1 050	2 280	1 770
1 600～1 800	600	1 230	2 370
1 800～2 000	270	630	2 640
2 000～2 200	210	360	2 850
2 200～2 400	120	150	2 970
2 400～2 600	30	30	3 000
合计	3 000	—	—

计算此地区农民年均纯收入的众数。

若求众数，首先确定众数组。该例次数最多的对应组 1 400～1 600 即为众数组。然后根据下限公式或上限公式计算众数。计算如下。

由已知条件可知，L=1 400，U=1 600，f_0=1 050，f_{-1}=480，f_{+1}=600，i=200

代入下限公式（5-10），则

$$M_0 = 1400 + \frac{1\,050 - 480}{(1\,050 - 480) + (1\,050 - 600)} \times 200 = 1\,511.8 \text{（元）}$$

代入上限公式（5-11），则

$$M_0 = 1600 - \frac{1\,050 - 600}{(1\,050 - 480) + (1\,050 - 600)} \times 200 = 1\,511.8 \text{（元）}$$

从计算结果来看，下限公式和上限公式的计算结果是一样的，计算组距数列的众数时可选其一。

（二）中位数

1. 中位数的概念

如果将总体单位的某一数量标志的各个数值按大小顺序排列，居于中间位置的那个数值就是中位数。根据中位数，我们可以知道有一半总体单位的标志值大于这个水平，另有一半总体单位的标志值小于这个水平。因此，中位数可以说明现象的一般水平。

2. 中位数的计算

（1）根据未分组资料计算中位数。在标志值未分组的情况下，确定中位数的方法是：先把各单位的标志值按大小顺序排列，然后用 $\frac{n+1}{2}$（n 代表总体单位数）求中位数在数列中的位置，处于这个位置上的变量值就是中位数。

如果研究总体的单位数是奇数，则居于中间位置的标志值就是中位数。例如，有 7 位销售人员销售某种产品的日销售量分别为 200、220、230、250、260、280、300 件，则中位数的项数为 $\frac{7+1}{2}$=4，表示数列的第 4 项，即日销售量 250 件为中位数。

如果标志值的项数是偶数，则居于中间位置的两个标志值的算术平均数是中位数。例如，有

6 位销售人员销售某种产品的日销售量分别为：200、220、230、250、260、280 件，则中位数的项数为 $\frac{6+1}{2}=3.5$，表示中位数是第 3、4 这两项的算术平均数，即中位数为 $\frac{230+250}{2}=240$（件）。

（2）根据分组资料计算中位数。在标志值分组的情况下，有由单项数列计算中位数和由组距数列计算中位数两种方法。

① 单项数列的中位数。单项数列求中位数的方法是先根据 $\frac{\sum f}{2}$（f 为各组单位数）找到中位数的位置，再根据累计次数来确定中位数。

【例 5–16】某企业工人生产某种产品所需要的时间统计资料如表 5-11 所示。

计算该企业某产品所需要时间的中位数。

因为累计次数 $\sum f=60$，所以中位数的位置是 $\frac{\sum f}{2}=60/2=30$。

表 5-11　　某企业工人生产某种产品所需要的时间分布数列

生产单位产品所需要时间（分）	工人人数（人）	累计人数（人）
15	3	3
16	5	8
17	10	18
18	20	38
19	12	50
20	10	60
合计	60	—

可见，第 30 位次落在第 4 组内，所以第 4 组的标志值 18 分钟为中位数。

② 组距数列的中位数。组距数列确定中位数时，首先根据上述中点位置公式 $\frac{\sum f}{2}$（f 为各组单位数）确定中位数所在的组，然后根据下限公式或上限公式计算中位数的近似值。

下限公式：

$$M_e=L+\frac{\frac{\sum f}{2}-S_{m-1}}{f_m}\times i \tag{5-12}$$

上限公式：

$$M_e=U-\frac{\frac{\sum f}{2}-S_{m+1}}{f_m}\times i \tag{5-13}$$

式中：M_e 为中位数；L 为中位数所在组的下限；U 为中位数所在组的上限；f_m 为中位数所在组次数；S_{m-1} 为中位数所在组以前各组的累计次数；S_{m+1} 为中位数所在组以后各组的累计次数；i 为中位数所在组的组距。

【例 5-17】以例 5-15 资料为例确定中位数，如表 5-12 所示。

表 5-12　　某地农民年人均纯收入资料

农民家庭年人均纯收入（元）	农民家庭数（户）	累计次数（户）	
		向下累计	向上累计
1 000～1 200	240	3 000	240
1 200～1 400	480	2 760	720
1 400～1 600	1 050	2 280	1 770
1 600～1 800	600	1 230	2 370
1 800～2 000	270	630	2 640
2 000～2 200	210	360	2 850
2 200～2 400	120	150	2 970
2 400～2 600	30	30	3 000
合计	3 000	—	—

$$中位数位次=\frac{\sum f}{2}=\frac{3\,000}{2}=1\,500（户）$$

从表 5-12 中的累计次数可以看出，中位数所在组是第 3 组，即年人均纯收入为 1 400～1 600 元的组内。

根据已知条件可知，L=1 400，U=1 600，f_m=1 050，S_{m-1}=720，S_{m+1}=1 230，i=200

代入中位数下限公式，则

$$M_e=1\,400+\frac{\frac{3\,000}{2}-720}{1\,050}\times 200=1\,548.57（元）$$

代入中位数上限公式，则

$$M_e=1\,600-\frac{\frac{3\,000}{2}-1\,230}{1\,050}\times 200=1\,548.57（元）$$

从计算结果看，下限公式和上限公式的计算结果是一样的，确定组距数列的中位数时可选其一。

（三）众数、中位数和算术平均数的关系

算术平均数、众数和中位数都是反映总体一般水平的平均指标，彼此之间存在着一定关系。从统计数据分布特征来看，众数始终是统计数据分布的最高峰值，中位数是处于统计数据中间位置上的数值，而算术平均数是全部数据的均值。因此，对于对称分布的统计数据而言，众数、中位数和算术平均数必定相等，即 $\bar{x}=M_0=M_e$；如果统计数据是左偏分布，说明数据存在极小值，必然拉动均值向极小值一方靠拢，而众数和中位数由于是位置平均数，不受极值的影响，因此 3 者之间的关系表现为 $\bar{x}<M_0<M_e$；如果数据是右偏分布，说明数据存在极大值，必然拉动算术平均数向极大值一方靠拢，则 $\bar{x}>M_0>M_e$。上述关系如图 5-1 所示。

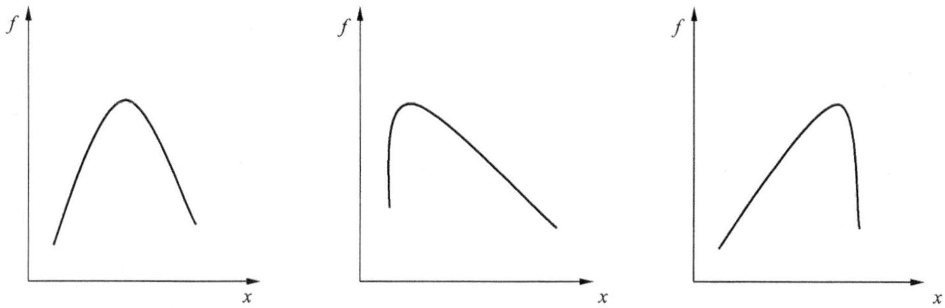

$\bar{x}=M_0=M_e$　对称分析　　$\bar{x}>M_e>M_0$　右偏分析　　$\bar{x}<M_e<M_0$　左偏分析

图 5-1　位置平均数与算术平均数的关系

五、应用平均指标应注意的问题

平均指标是应用科学抽象的方法，用一个指标来代表总体各单位标志值的一般水平。平均指标在统计分析中应用得十分广泛，要使其充分发挥作用，在应用上就必须注意下列 4 个问题。

（一）平均指标只能用于同质总体

平均指标只能用于同质总体是计算平均数的必要前提条件和基本原则。现象的同质性是指被研究总体的各单位是在某一相同性质基础上结合起来共同构成总体，各总体单位在某一标志上具有相同的性质。如果将不同性质的个体混合在一起计算平均数不仅不具有代表性，相反还会歪曲现象的真实情况，掩盖现象的本质。例如，粮食的单位面积产量和棉花的单位面积产量绝不能混在一起计算总平均单位面积产量。所以，只有在同质总体中计算平均数才具有实际意义，才能够代表总体的一般水平。

（二）结合统计分组，用组平均数补充说明总体平均数

根据同质总体计算的平均数称为总体平均数，它概括地说明了总体的一般水平，因而是一种比较笼统的平均数，很容易掩盖总体内部的差别。由于这些差别的影响，总平均数不能充分反映总体的数量特征，必须结合统计分组，用组平均数补充说明总体平均数，以反映现象内部构成变动对总体平均数的影响，从而使要说明的问题更加完整。

【例 5–18】某企业 2014 年和 2015 年职工工资资料如表 5-13 所示。

表 5-13　　某企业 2014 年和 2015 年职工工资

工人类别	2014 年			2015 年		
	工人人数（人）	工资总额（万元）	平均工资（元/人）	工人人数（人）	工资总额（万元）	平均工资（元/人）
技术工人	550	82.5	1 500	300	48	1 600
普通工人	450	45	1 000	700	77	1 100
合计	1 000	127.5	1 275	1 000	125	1 250

从【例 5-13】全部工人平均工资看，2014 年为 1 275 元/人，2015 年为 1 250 元/人，看上去该企业工人工资水平在下降，但实际上，从各组工人工资水平看，技术工人和普通工人的工资水平都有所提高。总平均工资之所以下降，是因为两年内工人的构成比重发生了变化。工资水平高的技术工人所占比重由 55%下降到 30%，而工资水平较低的普通工人所占的比重由 45%上升到 70%，由于权数的作用导致 2015 年总平均工资被拉低。可见，如果单纯用总平均工资反映该企业工人的工资水平，就会掩盖两组工人构成变化的差异。所以，总体内部的构成不同，对总体平均数的影响很大，需要用组平均数补充说明总体平均数。

（三）利用分配数列补充说明平均数

平均指标是抽象化的数字，它掩盖了数列中具体标志值的差异状况。所以，在分析社会经济现象时，不能只看现象的平均水平，还必须观察整个变量数列的状况，用分配数列补充说明总体平均数，可使我们对现象的认识更深入、更具体、更全面。

【例 5–19】某大型钢铁公司下属 10 个企业产值计划完成情况如表 5-14 所示。

表 5-14　　某钢铁公司下属企业产值计划完成情况

计划完成程度（%）	企业数	计划产值（万元）
90～100	2	300
100～110	5	1 000
110～120	3	550
合计	10	1 850

经过计算，该钢铁公司下属 10 个企业平均计划完成程度为 106.35%，超额 6.35%完成任务，计划完成情况较好。但如果结合分配数列来看，实际上，还有两个企业并没有完成计划任务，所以我们需要进一步研究未完成任务的情况。由此可见，平均数与分配数列结合分析，有助于认识总体的内部情况和一般水平。

（四）平均指标要与总量指标、相对指标结合运用

平均指标、总量指标和相对指标这 3 大指标性质各有不同，分别从不同角度说明现象的数量特征。在解决社会经济中的现实问题时，我们只有把 3 大指标结合起来运用，才能对现象进行全面、深刻的研究。

归纳总结

本任务系统地学习了 5 种平均指标。平均指标反映了数据分布的集中趋势，反映各数据向其中心靠拢或聚集的程度。

算术平均数是统计分析中最基本的指标之一，计算简便，容易理解。调和平均数是算术平均数的一种变形，两者在本质上是一致的，根据不同的已知条件，选择相应的计算方法计算平均数。几何平均数适用于变量的表现形式为比率且各比率的乘积等于总比率，适用范围有一定限制。众数与中位数是两种位置型平均数。

在实际工作中，要根据掌握资料和研究对象的特点，选择适当的方法计算平均数。要求学生熟练掌握 5 种平均数类型的适用范围和计算方法。

能力训练

一、单项选择题

1. 平均指标是指同类社会经济现象在一定时间、地点和条件下（　　）。

A. 可比的总体数量的相对水平　B. 复杂的总体数量的综合水平

C. 总体各单位数量差异程度的相对水平　D. 总体各单位数量差异抽象化的代表水平

2. 平均数反映了总体（　　）。

A. 分布的集中趋势　B. 分布的变动趋势　C. 分布的离中趋势　D. 分布的可比程度

3. 权数对算术平均数的影响作用，取决于（　　）。

A. 权数本身数值的大小　B. 标志值本身数值的大小

C. 权数是否相同　D. 作为权数的各组单位数占总体的比重大小

4. 由相对数计算其平均数，如果掌握资料为相对数的子项数值时，则用（　　）计算平均数。

A. 加权算术平均数　B. 加权调和平均数　C. 加权几何平均数　D. 均可

5. 已知某公司所属企业的销售利润率和销售收入，计算该公司的平均销售利润率应采用（　　）。

A. 简单算术平均数　B. 加权算术平均数　C. 加权调和平均数　D. 几何平均数

6. 已知 5 个水果商店苹果的单价和销售额，要求计算这 5 个商店苹果的平均单价，应采用（　　）。

A. 简单算术平均数　B. 加权算术平均数　C. 加权调和平均数　D. 几何平均数

7. 某工厂有两个车间，2014 年甲车间工人平均工资为 1 200 元，乙车间工人平均工资为 1 350 元，到 2015 年两车间工资水平未变，但甲车间工人比重提高了，乙车间工人比重下降了，在这两个车间工人平均工资水平没有变化的条件下，全厂工人总平均工资 2015 年与 2014 年相比（　　）。

A. 提高了　B. 降低了　C. 持平　D. 不一定

8. 某地区职工平均工资为 800 元，人均月收入为 650 元，下列说法正确的是（　　）。

A. 后者为平均数　B. 前者为平均数

C. 两者都是平均数　D. 两者都不是平均数

9. 众数就是所研究的变量数列中（　　）。

A. 具有最多次数的变量值　B. 具有平均次数的变量值

C. 出现最多的标志值的次数　D. 居于中间位置的标志值

10. 某年某市机械工业公司所属3个企业计划规定的产值分别为400万元、600万元、500万元。执行结果，计划完成程度分别为108%、106%、108%，则该公司3个企业平均计划完成程度为（　　）。

A. $\sqrt[3]{108\%\times106\%\times108\%}=107.33\%$

B. $\dfrac{106\%\times1+108\%\times2}{1+2}=107.33\%$

C. $\dfrac{400+600+500}{\dfrac{400}{108\%}+\dfrac{600}{106\%}+\dfrac{500}{108\%}}=107.19\%$

D. $\dfrac{108\%\times400+106\%\times600+108\%\times500}{400+600+500}=107.20\%$

11. 算术平均数的分子和分母是（　　）。

A. 同一总体的不同部分

B. 不同总体两个有联系的指标数值对比

C. 总体部分数值与总体数值对比

D. 总体单位数量标志值之和与同一总体的单位数对比

12. 某服装厂为了某类服装的代表性尺寸，最适合的指标是（　　）。

A. 算术平均数　　B. 几何平均数　　C. 众数　　D. 中位数

二、多项选择题

1. 中位数是一个（　　）。

A. 代表值　　B. 最多的变量值

C. 顺序排列位置在正中间的变量值

D. 有一半变量值比此数大，有一半变量值比此数小

E. 两个大小不等变量值中间的变量值

2. 数值平均数包括（　　）。

A. 算术平均数　　B. 调和平均数　　C. 几何平均数

D. 众数　　E. 中位数

3. 下列属于平均指标的有（　　）。

A. 全国人均粮食产量　　B. 每平方千米范围内的人口数

C. 某企业的工人劳动生产率　　D. 某企业各车间的平均产品合格率

E. 某种产品的平均等级

4. 在下列条件下，加权算术平均数等于简单算术平均数的是（　　）。

A. 各组次数相等　　B. 各组变量值不等

C. 变量数列为组距数列　　D. 各组次数都为1

E. 各组次数占总次数的比重相等

5. 平均指标的作用主要有（　　）。

A. 利用平均指标，可以对若干同类现象在不同单位、地区间进行比较研究

B. 利用平均指标，可研究某一总体某种数值的平均水平的变化

C. 利用平均指标，可以分析现象之间的依存关系

D. 平均指标可作为某些科学预测、决策和某些推算的依据

E. 利用平均指标，可以反映总体次数分布的集中趋势

6. 加权算术平均数和加权调和平均数计算方法的选择应根据已知资料的情况而定，（　　）。

A. 如果掌握基本形式的分母，用加权算术平均数计算

B. 如果掌握基本形式的分子，用加权算术平均数计算

C. 如果掌握基本形式的分母，用加权调和平均数计算

D. 如果掌握基本形式的分子，用加权调和平均数计算

E. 如无基本形式的分子、分母，则无法计算平均数

7. 计算几何平均数应满足的条件是（　　）。

A. 总比率等于各个比率之和　　B. 总比率等于各个比率的乘积

C. 总速度等于各个速度的乘积　　D. 变量值为绝对数

E. 变量值不得为负数

8. 下列各项中，可以应用加权算术平均法计算平均数的有（　　）。

A. 由各个工人的工资额计算平均工资

B. 由各种产品等级及各种产品产量求平均等级

C. 按工资分组的变量数列计算平均工资

D. 由工人总数和工资总额求平均工资

E. 由各个环比发展速度求平均发展速度

9. 下列数列中，可以计算算术平均数的有（　　）。

A. 变量数列　　B. 等距数列　　C. 品质数列

D. 组距数列　　E. 不等距数列

10. 正确运用平均指标应遵循的原则是（　　）。

A. 必须注意所研究社会经济现象的同质性

B. 必须注意用组平均数补充说明总平均数

C. 必须注意用分配数列补充说明平均数

D. 必须注意一般与个别相结合，把平均数和典型事例结合起来

E. 平均指标要与总量指标、相对指标结合运用

三、判断题

1. 平均数反映了总体分布的集中趋势，它是总体分布的重要特征值。（　　）

2. 权数对算术平均数的影响作用只表现为各组出现次数的多少，与各组次数占总次数的比重无关。（　　）

3. 几何平均数是计算平均比率和平均速度的比较适用的一种方法，符合人们的认识实际。（　）

4. 各变量值的次数相同时，众数不存在。（　）

5. 在资料已经分组，形成变量数列的条件下，计算算术平均数或调和平均数应采用简单式；反之，采用加权式。（　）

6. 按人口平均的粮食产量是个平均数。（　）

7. 用相对指标分子资料作权数计算平均数时，应采用加权算术平均法。（　）

8. 在用组距数列计算算术平均数时，要先计算出各组组中值作为变量值。（　）

9. 当各组的单位数相等时，各组单位数所占比重相等，权数的作用相等，加权算术平均数就等于简单算术平均数。（　）

10. 各单位标志值与其平均数的离差的平方和为最小值。（　）

四、简答题

1. 什么是平均指标？平均指标的特点和作用是什么？
2. 加权调和平均数和加权算术平均数的权数有何不同？
3. 算术平均数的基本要求是什么？算术平均数和强度相对指标的区别在哪里？
4. 什么是众数？什么是中位数？
5. 正确运用平均指标应遵循哪些原则？

五、计算分析题

1. 某商店某年某月职工奖金情况如习题表5-1所示。

习题表5-1　　某商店某年某月职工奖金资料

按月奖金分组（元）	职工人数（人）
600以下	5
600～800	18
800～1 000	15
1 000～1 200	7
1 200～1 400	3
1 400～1 600	2
合计	50

要求：计算50名职工的平均月奖金。

2. 某县2015年粮食产量资料如习题表5-2所示。

习题表 5-2　　某县 2015 年粮食产量资料

按单位面积产量分组（千克/公顷）	播种面积比重
3 000 以下	0.05
3 000～3 750	0.35
3 750～6 000	0.40
6 000 以上	0.20

根据习题表 5-2 计算该县粮食作物平均单位面积产量。

3. 2015 年某月 A、B 两市场甲、乙、丙 3 种商品的价格、销售量和销售额资料如习题表 5-3 所示。

习题表 5-3　　甲、乙、丙 3 种商品的相关资料表

商品名称	价格（元/件）	A 市场销售额（元）	B 市场销售量（件）
甲	105	73 500	1 200
乙	120	108 000	800
丙	137	150 700	700
合计	—	332 200	2 700

要求：分别计算甲、乙、丙 3 种商品在两个市场上的平均价格。

4. 设有甲、乙、丙 3 个企业生产计划完成情况及一等品率如习题表 5-4 所示。

习题表 5-4　　甲、乙、丙 3 个企业相关资料表

企　业	计划产量（件）	完成计划（%）	实际一等品率（%）
甲	500	103	96
乙	340	101	98
丙	250	98	95

试计算：

（1）甲、乙、丙 3 个企业产品产量平均计划完成百分比。

（2）甲、乙、丙 3 个企业产品的平均一等品率。

5. 设某市大学生体检身高资料如习题表 5-5 所示。

习题表 5-5　　某市大学生身高资料

按身高分组（厘米）	人数（人）
150～155	100
155～160	200
160～165	360
165～170	670
170～175	430
175～180	150
180 以上	50
合计	1 960

要求：计算该市大学生身高的众数和中位数。

6. 某地区20个商店2015年第四季度统计资料如习题表5-6所示。

习题表5-6　　某地区20个商店2015年第四季度相关统计资料

按销售计划完成程度分组（%）	商店数目	实际销售额（万元）	流通费用率（%）
80～90	3	45.9	14.8
90～100	4	68.4	13.2
100～110	8	34.4	12.0
110～120	5	94.3	11.0

要求：（1）计算该地20个商店平均完成计划程度指标。

（2）计算该地20个商店总的流通费用率（流通费用率=流通费用/实际销售额）。

任务六　总体分布离散趋势分析

学习目标

【知识目标】

- 了解标志变异指标的概念和作用
- 了解计算和应用变异指标应注意的问题
- 熟悉标志变异指标的种类
- 掌握变异指标的计算方法及其应用
- 重点掌握标准差的概念、作用、计算方法及应用场合

【技能目标】

- 能够熟练掌握全距、平均差、标准差与变异系数之间的区别与联系
- 能够熟练掌握标准差的计算方法与实际应用

任务描述

为了了解现阶段教师们对于工作的满意程度，国家教师协会对我国的教师进行了一项调查，表6-1是一个由10名教师组成的样本对工作、工资和升职机会的满意程度的评分（分值越大表明满意程度越高）。

表6-1　　满意程度评分

工　作	工　资	升职机会
71	49	58
84	53	63
84	74	37

续表

工　作	工　资	升职机会
87	66	49
88	49	42
90	27	67
85	89	46
79	59	41
77	90	51
71	36	55

下面我们利用各种统计指标来概括样本数据的特点。

平均指标：X（工作）=81.6，X（工资）=59.2，X（升职机会）=50.9

单从平均指标来看，可以认为教师们对他们所从事的这份职业相对来说是最满意的，而对升职机会却不尽满意，对于工资，满意度一般。但是这个平均指标的代表性如何，能否全面地反映这 10 个样本数据对于工作的满意程度，我们还需要进一步验证。

本任务主要介绍了标志变异指标。变异指标是总体各单位标志值分布的另一个重要的综合指标。就上述案例而言，我们要通过进一步计算变异指标来验证平均指标的代表性如何：变异指标越小，平均数的代表性就越好。

相关知识

一、标志变异指标的意义

（一）标志变异指标的概念

平均指标反应现象的集中趋势，反映的是各变量值向其中心值聚集的程度和一般水平。但是总体中的各单位标志值的差异还是存在的。随着研究的深入，还要将各单位标志值的差异体现出来，反映它们的离散程度，这是数据分布的另一个重要特征，因此需要计算标志变异指标。此外，将标志变异指标和平均指标结合起来运用，能使我们对现象的认识更深入、具体和全面。

所谓标志变异指标，是反映总体各单位某一数量标志值之间差异程度的指标，表明总体各单位标志值的离散程度，又称标志变动度。变异指标值越大，表明总体各单位标志的变异程度越大。

（二）标志变异指标的作用

（1）标志变异指标可以衡量平均指标的代表性。标志变异指标越大，说明总体各单位标志值的变异程度大，则平均指标的代表性就越小；相反，变异指标越小，说明总体各单位标志值的变异程度小，则平均指标的代表性就越大。

例如：某车间有两个生产小组，每组各有 5 名工人，每人每天生产产品件数如下。

甲组：18、19、20、21、22　（$\bar{x}=20$ 件）

乙组：10、15、20、25、30　（$\bar{x}=20$ 件）

虽然甲、乙两组每人平均日产量相等，但每人日产量的变异程度却明显不同。通过观察可以发现，甲组工人的日产量变动幅度较小，其平均数的代表性大；乙组工人的日产量差异较大，其平均数的代表性就小。

（2）标志变异指标可用来反映社会经济活动过程的均衡性和稳定性。标志变异指标值小，说明社会经济活动过程的均衡性和稳定性好，反之则差。例如，通过计算产品月销售量的标志变异指标，可反映产品销售量的波动程度，分析市场需求状况及特征。

（3）标志变异指标是进行抽样推断、相关分析、假设检验及统计预测的依据。关于这一作用，将在任务九以后详细论述。

（三）标志变异指标的种类

根据计算方法不同，可将标志变异指标分为不同类型。一类是将总体标志值按顺序排列之后取特定位置的标志值，求其离差，以表明次数分布的变化范围，如全距、四分位数指标等。另一类是求各标志值对平均数的离差来反映标志值相对于平均数的离差程度，如平均差、标准差或方差等。用上述标志变异指标还可以计算各种变异系数，对于具有不同平均水平的数列或总体，表示标志值离差的相对水平。

二、标志变异指标的计算

（一）全距

全距又称极差，是总体各单位标志值中最大值与最小值之差，常用 R 来表示。全距说明标志值的变动幅度和范围。其计算公式为

$$全距（R）=最大标志值-最小标志值 \tag{6-1}$$

【例 6-1】A 集团公司和 B 集团公司分别拥有 9 家公司，他们的产值资料如下所示（单位：万元）。

A 集团：26、27、28、29、30、31、32、33、34

B 集团：22、24、26、28、30、32、34、36、38

则 R（A）=34–26=8（万元）

R（B）=38–22=16（万元）

从全距可以看出，B 集团 9 家公司的产值差异大于 A 集团 9 家公司的产值差异，所以 A 集团具有更高的代表性。

一般而言，全距的值越小，则变量值越集中，表明标志值的变异程度小；反之则越大。

根据组距数列计算全距时，一般是以最后一组的上限与第一组的下限之差来计算。

全距的计算简便，常用于生产过程中产品质量的控制。在正常生产条件下，反映质量性能的各种指标（如零件尺寸大小、长度、寿命等）的误差经常在一定范围内波动，如果误差值超出了这个范围，则表明生产过程不正常，应对其加以调整。

但由于全距只决定于两个极端值而与其他中间值没有关系，只是个粗略值，所以容易受到极值的影响，得到的结论有时不够准确。

（二）平均差

平均差是总体各单位的标志值与其算术平均数的离差绝对值的算数平均数，常用 $A \cdot D$ 表示。

它能够综合反映总体中各单位标志值的变动差异程度，平均差越大，说明总体各单位标志值的变异程度越大；反之则说明越小。

其计算公式如下。

$$简单平均差\ A\cdot D=\frac{\sum|x-\overline{x}|}{n}\quad（未分组资料）\tag{6-2}$$

$$加权平均差\ A\cdot D=\frac{\sum|x-\overline{x}|f}{\sum f}\quad（已分组资料）\tag{6-3}$$

计算平均差时，先要计算出总体中各单位标志值的算术平均数，然后计算各标志值与算术平均数的离差绝对值之和，最后除以总体单位数即可求出平均差。

计算时取绝对值，是为了避免各种离差之和出现正负相互抵消。因为总体各单位标志值与算术平均数的离差之和为 0，即 $\sum(x-\overline{x})=0$ 或 $\sum(x-\overline{x})f=0$，不取绝对值就不能反映总体各单位标志值与算术平均数的离差的一般水平。

【例 6-2】某地农民的年人均收入水平资料如表 6-2 所示。

表 6-2　　某地农民的年人均收入水平资料

人均收入（元）	1 000～1 200	1 200～1 400	1 400～1 600	1 600～1 800	1 800～2 000
农民家庭数（户）	100	80	240	90	50

试求该地农民年人均收入水平的平均差。

解：推算过程如表 6-3 所示。

表 6-3　　推算过程

人均收入（元）	组中值 x	家庭数 f	xf	$x-\overline{x}$	$\|x-\overline{x}\|f$
1 000～1 200	1 100	100	110 000	−368	36 800
1 200～1 400	1 300	80	104 000	−168	13 440
1 400～1 600	1 500	240	360 000	32	7 680
1 600～1 800	1 700	90	153 000	232	20 880
1 800～2 000	1 900	50	95 000	432	21 600
总 计	—	560	822 000	—	100 400

人均收入水平为

$$\overline{x}=\frac{\sum xf}{\sum f}=1\,468\ （元）$$

人均收入水平的平均差为

$$A\cdot D=\frac{\sum|x-\overline{x}|f}{\sum f}=\frac{100\,400}{560}=179.29\ （元）$$

平均差实际上说明每个标志值对其平均值的平均偏离程度，它考虑到了每一个标志值的情况，因此能比较全面、准确地反映标志值的变异程度。但由于它在计算中取绝对值，从而不便于代数运算，应用范围受到限制，所以统计研究中较少使用。

（三）标准差

标准差是总体各单位标志值与其算术平均数的离差平方的平均数的平方根，又称均方差，一般用 σ 表示，是测定总体变异程度最常用的变异指标，称 σ^2 为方差。标准差的计算公式如下。

$$\text{简单标准差}\ \sigma=\sqrt{\frac{\sum(x-\bar{x})^2}{n}}\quad\text{（未分组资料）}\qquad(6\text{-}4)$$

$$\text{加权标准差}\ \sigma=\sqrt{\frac{\sum(x-\bar{x})^2 f}{\sum f}}\quad\text{（已分组资料）}\qquad(6\text{-}5)$$

计算标准差时，先要计算出总体各单位标志值的算术平均数，再计算出各标志值与算术平均数的离差平方之和，然后除以总体单位数再开方，就可求得标准差。

【例 6–3】以【例 6-2】资料为例，计算标准差。

解：$\bar{x}=\dfrac{\sum xf}{\sum f}=1\,468$（元）

推算过程如表 6-4 所示。

表 6-4　　推算过程

人均收入（元）	组中值 x	家庭数 f	xf	$x-\bar{x}$	$(x-\bar{x})^2f$
1 000～1 200	1 100	100	110 000	–368	13 542 400
1 200～1 400	1 300	80	104 000	–168	2 257 920
1 400～1 600	1 500	240	360 000	32	245 760
1 600～1 800	1 700	90	153 000	232	4 844 160
1 800～2 000	1 900	50	95 000	432	9 331 200
总 计	—	560	822 000	—	30 221 440

$$\sigma=\sqrt{\frac{\sum(x-\bar{x})^2 f}{\sum f}}=\frac{30\,221\,440}{560}=232.31\text{（元）}$$

【例 6–4】某车间有两个生产小组，每组各有 5 名工人，每人每天生产产品件数如下。

甲组：4、5、6、7、8

乙组：2、4、6、8、10

试确定哪一个生产小组的日产量具有较大的稳定性和代表性。

解：甲组平均日产量 $\bar{x}=\dfrac{\sum x}{n}=6$（件）

乙组平均日产量 $\bar{x}=\dfrac{\sum x}{n}=6$（件）

标准差计算过程如表 6-5 所示。

表 6-5　　标准差计算过程

甲组			乙组		
日产量 x	离差 $x-\bar{x}$	离差平方 $(x-\bar{x})^2$	日产量 x	离差 $x-\bar{x}$	离差平方 $(x-\bar{x})^2$
4	−2	4	2	−4	16
5	−1	1	4	−2	4
6	0	0	6	0	0
7	1	1	8	2	4
8	2	4	10	4	16
总计：30	—	10	30	—	40

甲组的标准差 $\sigma=\sqrt{\dfrac{\sum(x-\bar{x})^2}{n}}=\sqrt{\dfrac{10}{5}}=1.4$（件）

乙组的标准差 $\sigma=\sqrt{\dfrac{\sum(x-\bar{x})^2}{n}}=\sqrt{\dfrac{40}{5}}=2.8$（件）

甲组的标准差说明每个工人的日产量与平均日产量相差 1.4 件，乙组的标准差说明每个工人的日产量与平均日产量相差 2.8 件，所以甲组的平均日产量的代表性大。

为了计算方便，只需对标准差公式进行简单的代数变形，则可得到标准差的简捷计算公式如下所示。

$$
\begin{aligned}
\text{未分组资料：}\sigma&=\sqrt{\frac{\sum(x-\bar{x})^2}{n}}=\sqrt{\frac{\sum x^2-2\bar{x}\sum x+\sum\bar{x}^2}{n}}\\
&=\sqrt{\frac{\sum x^2}{n}-2\bar{x}^2+\bar{x}^2}=\sqrt{\frac{\sum x^2}{n}-\bar{x}^2}\\
&=\sqrt{\frac{\sum x^2}{n}-(\frac{\sum x}{n})^2}
\end{aligned}
\quad(6\text{-}6)
$$

$$
\begin{aligned}
\text{已分组资料：}\sigma&=\sqrt{\frac{\sum(x-\bar{x})^2 f}{\sum f}}=\sqrt{\frac{\sum x^2 f-2\bar{x}\sum xf+\sum\bar{x}^2 f}{\sum f}}\\
&=\sqrt{\frac{\sum x^2 f}{\sum f}-2\bar{x}^2+\bar{x}^2}=\sqrt{\frac{\sum x^2 f}{\sum f}-\bar{x}^2}\\
&=\sqrt{\frac{\sum x^2 f}{\sum f}-(\frac{\sum xf}{\sum f})^2}
\end{aligned}
\quad(6\text{-}7)
$$

另外，当已知各组变量值和相应频率时，其算术平均数用公式 $\bar{x}=\sum x\dfrac{f}{\sum f}$ 计算，此时标准差也可用公式 $\sigma=\sqrt{\sum(x-\bar{x})^2\dfrac{f}{\sum f}}$ 计算。

标准差的意义与平均差基本相同，也是计算总体单位标志值与其算术平均数的平均离差，考虑到总体所有单位标志值的变动情况。标准差实际上也是说明各个变量值对其平均数的平均偏离程度，只是在数学处理方法上与平均差有所不同。为了避免各单位标志值与其平均数的离差之和为 0，标准差是采用对离差取平方然后开方的办法来解决的，因此，它更适合代数运算的要求。在统计分析中，常用标准差来反映标志变异程度。

（四）变异系数

上述三种标志变异指标都带有与变量 x 相同的计量单位，并且平均差和标准差还要受平均值的影响。只有当不同总体的性质相同，平均数也相同的前提下，用全距、平均差和标准差比较其差异才有意义。当总体性质不同，平均数不相等时，比较总体差异程度必须消除平均水平高低的影响，这就需要计算变异系数。

各种变异指标都可以计算变异系数，它们分别是全距系数、平均差系数和标准差系数。

1. 全距系数

全距系数也称极差系数，用 R'表示，它是用数列中最大标志值与最小标志值的比值来表示的。其计算公式为

$$\text{全距系数}（R'）=\frac{\text{最大标志值}}{\text{最小标志值}} \tag{6-8}$$

【例 6-5】有甲、乙两个数列，它们的最大标志值、最小标志值、全距及全距系数如表 6-6 所示。

表 6-6　　甲、乙数列相关资料表

名称	最大标志值	最小标志值	全　距	全距系数（倍数）
甲数列	150	100	50	1.5
乙数列	600	500	100	1.2

从全距来看，乙数列的标志变异程度似乎大于甲数列，但乙数列的标志值水平高于甲数列，用全距没有可比性；从全距系数来看，乙数列的标志变异程度要小于甲数列。

2. 平均差系数

平均差系数是用平均差与相应的算术平均数对比求得的相对数，用 $V_{A\cdot D}$ 表示。计算公式为

$$V_{A\cdot D}=\frac{A\cdot D}{\bar{x}}\times 100\% \tag{6-9}$$

【例 6-6】甲、乙两个种植粮食实验小组，经计算，甲种植小组的平均亩产为 500 千克，平均差为 30 千克；乙种植小组的平均亩产为 750 千克，平均差为 37.5 千克。试判断哪个种植小组的粮食产量更稳定。

分析：因为甲种植小组的平均差小于乙种植小组的平均差，单从平均差来看，似乎甲种植小组的粮食产量更稳定。但是两个小组的平均亩产量不同，不能直接用平均差进行比较，应通过计算平均差系数。

解：

$$V_{A\cdot D\text{甲}}=\frac{30}{500}\times 100\%=6\%$$

$$V_{A\cdot D\text{乙}}=\frac{37.5}{750}\times 100\%=5\%$$

所以，乙小组的粮食产量更稳定。

3. 标准差系数

标准差系数是用标准差与相应的算术平均数对比求得的相对数，用V_σ表示。计算公式为

$$V_\sigma = \frac{\sigma}{\bar{x}} \times 100\% \tag{6-10}$$

【例 6–7】为比较两个不同城市居民家庭收入的差异程度，现从甲市抽取 100 户，得其平均年收入是 42 000 元，年收入的标准差是 38 060 元；从乙市抽取 150 户，得其平均年收入是 62 000 元，年收入的标准差是 50 980 元。试比较这两个城市家庭年收入的稳定性。

分析：由于两个不同城市家庭的平均年收入不同，不能用标准差反映两个城市家庭年收入的差异程度，可分别计算标准差系数用于比较。

解：

甲市：$V_\sigma = \frac{\sigma}{\bar{x}} \times 100\% = \frac{38\,060}{42\,000} \times 100\% = 90.62\%$

乙市：$V_\sigma = \frac{\sigma}{\bar{x}} \times 100\% = \frac{50\,980}{62\,000} \times 100\% = 82.23\%$

由于$V_{乙} < V_{甲}$，乙市家庭的收入差异程度低于甲市家庭的收入差异程度，所以乙市家庭收入稳定。

归纳总结

平均指标描述的是总体的集中趋势，而标志变异指标描述的是总体的离中趋势。本任务主要介绍了几种常用的标志变异指标：全距、平均差、标准差和变异系数，以及它们各自的计算方法。当平均数相等时，用全距、平均差和标准差比较其差异程度，多数求标准差来衡量；当平均数不相等时，用变异系数来比较其差异程度。标志变异指标越小，说明平均指标的代表性越大，总体内部的均衡性和稳定性就越好；标志变异指标越大，说明平均指标的代表性越小，总体内部的均衡性和稳定性就越差。

能力训练

一、单项选择题

1. 标志变异指标中易受极端数值影响的是（　　）。

　A. 平均差　　B. 离散系数　　C. 标准差　　D. 全距

2. 标准差与平均差的主要区别在于（　　）。

　A. 计算结果意义不同　　B. 计算资料条件不同

　C. 数学处理方法不同　　D. 评价结论不同

3. 平均差的主要缺点是（　　）。

　A. 受极端值的影响　　B. 与标准差相比计算复杂

C. 不符合代数方法的演算　　D. 计算结果含义不明

4. 已知，$\bar{x}_{甲}<\bar{x}_{乙}$，$\sigma_{甲}=\sigma_{乙}$，则两个平均数代表性（　　）。

A. 一样大　　B. 甲大　　C. 乙大　　D. 无法评价

5. 标志变异指标是反映同质总体的（　　）。

A. 集中程度　　B. 离中程度　　C. 一般水平　　D. 典型状态

6. 在计算平均差时，对每个离差取绝对值是为了（　　）。

A. 离差有正负平衡　　B. 消除正负离差抵消

C. 方便数学运算　　D. 计算简便

7. 用标准差比较分析两个同类总体平均指标的代表性的前提条件是（　　）。

A. 两个总体的标准差应相等　　B. 两个总体的平均数应相等

C. 两个总体的单位数应相等　　D. 两个总体的离差之和应相等

8. 如果两个总体平均数不相等，比较其离差程度的指标是（　　）。

A. 全距　　B. 平均差　　C. 标准差　　D. 标准差系数

9. 两组工人加工同样的零件，甲组工人每人加工的零件数分别为：25、26、28、29、32；乙组工人每人加工的零件数分别为：22、25、27、30、36。两组工人加工零件数的变异指标（　　）。

A. 甲组较大　　B. 乙组较大　　C. 一样　　D. 无法比较

10. 甲数列的标准差为 7.07，平均数为 70；乙数列的标准差为 3.41，平均数为 7，则（　　）。

A. 甲数列平均数代表性高　　B. 乙数列的平均数代表性高

C. 两数列的平均数代表性相同　　D. 甲数列离散程度大

11. 甲、乙两个数列比较，甲数列的标准差大于乙数列的标准差，则两个数列平均数的代表性（　　）。

A. 甲数列大于乙数列　　B. 乙数列大于甲数列

C. 相同　　D. 并不能确定哪一个更好

12. 已知甲数列的平均数为 $\bar{x}_1$，标准差为 σ_1；乙数列的平均数为 $\bar{x}_2$，标准差为 σ_2，则（　　）。

A. 若 $\bar{x}_1>\bar{x}_2$，$\sigma_1>\sigma_2$，则 $\bar{x}_1$ 的代表性高　　B. 若 $\bar{x}_1<\bar{x}_2$，$\sigma_1<\sigma_2$，则 $\bar{x}_1$ 的代表性高

C. 若 $\bar{x}_1>\bar{x}_2$，$\sigma_1\neq\sigma_2$，则 $\bar{x}_1$ 的代表性高　　D. 若 $\bar{x}_1>\bar{x}_2$，$\sigma_1=\sigma_2$，则 $\bar{x}_1$ 的代表性高

13. 某数列变量值平方的平均数等于 9，而变量值平均数的平方等于 5，则标准差为（　　）。

A. 4　　B. −4　　C. 2　　D. 14

二、多项选择题

1. 标志变异指标可用有名数表示的是（　　）。

A. 全距　　B. 平均差　　C. 平均差系数

D. 标准差　　E. 标准差系数

2. 在标志变异指标中其实质含义是平均数的是（　　）。

A. 全距　　B. 平均差　　C. 平均差系数

D. 标准差　　E. 标准差系数

3. 标准差（　　）。

A. 表明总体单位标志值对算术平均数的平均离差

B. 反映总体单位标志值的一般水平　　C. 反映总体单位标志值的离散程度

D. 反映总体分布的集中趋势　　E. 反映总体分布的离中趋势

4. 不同总体间的标准差不能简单地进行对比，原因是（　　）。

A. 计量单位不一致　　B. 离差平方和不一致

C. 总体单位数不一致　　D. 标准差不一致

E. 平均数不一致

5. 在两个总体的平均数不等的情况下，比较它们的代表性大小，可以采用的标志变异指标是（　　）。

A. 全距　　B. 平均差　　C. 平均差系数

D. 标准差　　E. 标准差系数

6. 下列描述中，不正确的有（　　）。

A. 全距是总体中最大标志值与最小标志值之差，说明标志值的变动范围

B. 反映总体中各单位标志值的离散程度只能用相对数

C. 标志变异指标与平均数的代表性成正比

D. 标准差也称方差

E. 总体各单位标志值对其算术平均数的方差大于对任意常数的方差

7. 同一总体中，平均数与标准差、标准差系数的关系是（　　）。

A. 标准差愈大，平均数的代表性愈大　　B. 标准差系数与平均数的代表性成正比

C. 标准差的大小与平均数的代表性成反比　　D. 标准差系数愈大，平均数的代表性愈小

E. 标准差系数愈小，平均数的代表性愈大

8. 标准差与平均差相同的地方是（　　）。

A. 不受极端变量值的影响　　B. 计算方法在数学处理上都是合理的

C. 都不能直接用来对比两个总体的两个不等的平均数代表性的大小

D. 反映现象的经济内容相同　　E. 反映现象的经济内容不同

9. 下列可以算出标准差数值的是（　　）。

A. $\frac{\sum x^2}{n}=60$，$\frac{\sum x}{n}=5$　　B. $\bar{x}=5$，$V_\sigma=30$

C. $\frac{\sum (x-x_0)^2}{n}=40$，$(x-x_0)^2=10$　　D. $\overline{x^2}=9$，$\bar{x}^2=5$

E. $\overline{x^2}=4$，$V_\sigma=15\%$

三、判断题

1. 利用变异指标比较两总体平均数的代表性时，标准差越小，说明平均数的代表性越大；

标准差系数越小，则说明平均数的代表性越小。（　　）

2. 标志变异指标越大，说明总体中各单位标志值的变异程度越大，则平均指标的代表性越小。（　　）

3. 标志变异指标的数值大小与平均数代表性大小成反比。（　　）

4. 对于平均数不等的两个总体，可直接通过标准差来比较其离散程度大小。（　　）

5. 平均差与标准差都表示各标志值与其算术平均数的平均距离。（　　）

6. 各单位标志值与其平均数的离差之和最小。（　　）

7. 标准差是总体中各单位标志值与算术平均数离差平方的算术平均数的平方根。（　　）

8. 同质总体标志变异指标是反映离中趋势的。（　　）

四、简答题

1. 标志变异指标的含义是什么？常用的测定标志变动度的指标有哪些？它们各有何特点？

2. 为什么要研究标志变异指标？

3. 在比较两个数列的两个平均数代表性大小时，能否直接用标准差进行对比？

4. 简要说明平均指标与变异指标在说明同质总体特征方面的联系与区别。

五、计算分析题

1. 某周甲、乙两车间的产量如下（单位：百件）。

甲车间： 37、 20、 33、 32、 38

乙车间：140、160、130、170、150

试比较甲、乙两车间生产的均衡性。

2. 甲、乙两单位职工基本工资资料如习题表 6-1 所示。

习题表 6-1　　甲、乙两单位职工基本工资资料表

甲单位		乙单位	
工资（元）	职工人数（人）	工资（元）	职工人数（人）
1 700	2	1 900	1
1 500	4	1 750	1
1 350	10	1 550	2
1 200	7	1 350	5
1 050	6	1 250	6
900	4	1 200	18
合计	33	合计	33

（1）分别计算两个单位职工的平均工资。

（2）分别计算平均差及平均差系数，指出哪一个单位的平均工资更具有代表性。

3. 两种不同的玉米新品种分别在 4 块试验田上试种，得资料如习题表 6-2 所示。

习题表 6-2　　两种不同的玉米新品种试种资料表

甲品种		乙品种	
地块面积（亩）	亩产量（千克）	地块面积（亩）	亩产量（千克）
1.5	560	1.5	580
1.3	520	1.3	510
1.1	480	1.1	460
0.9	550	0.9	520

假定生产条件相同，试确定哪个品种较稳定，具有较大的推广价值。

模块四

统计资料分析方法

任务七　时间数列分析

学习目标

【知识目标】

- 了解时间数列的基本概念、分类
- 了解时间数列的 3 种变动——长期趋势变动、季节变动、不规则变动
- 熟悉时间数列水平分析指标与速度分析指标的种类
- 掌握时间数列长期趋势的测定方法
- 重点掌握时间数列的 4 个水平分析指标和 4 个速度分析指标的计算与应用

【技能目标】

- 能够熟练掌握平均发展水平的分类及计算方法
- 能够熟练掌握长期趋势的 3 种测定方法及实际应用

任务描述

某品牌为加强科学化管理，通过数据调整营销策略，采集了过去5年的销售额资料，如表7-1所示。

表7-1　　某品牌过去5年的销售额资料

年　份	季　节	实际销售额（万元）
2010	春	36
	夏	41
	秋	29
	冬	38
2011	春	35
	夏	40
	秋	30
	冬	38
2012	春	37
	夏	44
	秋	33
	冬	42
2013	春	37
	夏	45
	秋	31
	冬	41
2014	春	38
	夏	46
	秋	34
	冬	45

我们可以发现该品牌销售额发展的一定规律，利用此规律对下一年4个季度的销售额进行预测，通过预测值求解出季节指数，商家可以更好地掌握季节的影响，趋势的影响及周期的波动，从而更好地做出经营决策。

这是利用时间数列解决实际问题的一个经典案例。本章介绍了何为时间数列以及时间数列的各种指标，是分析经济现象的变动过程和变动规律的重要统计方法。

相关知识

一、时间数列的意义与种类

（一）时间数列的意义

1．时间数列的概念及构成要素

客观世界处在不断发展变化之中，各种社会经济现象的数量也在不断增减变化，因此，对社会经济现象进行动态分析，认识其发展变化的规律性并预见其发展趋势是统计分析的一项重要任务。要进行动态分析，就需要将相关指标值按时间先后顺序排列编制时间数列。有了时间数列，就可以对现象的数量进行不同时期的对比，研究它的发展变化的方向、发展变化的速度及发展变化的规律性。

所谓时间数列就是把反映某一现象发展变化的一系列指标数值，按时间先后顺序排列所构成的数列，又叫动态数列。而时间数列分析就是从时间发展变化的角度，研究事物在不同时间上的发展状况，探索事物随时间推移的演变趋势和规律，揭示其数量变化和时间的关系，预测事物在未来时间上所可能达到的数量和规模。表 7-2 所示就是将反映我国国民经济水平的指标按时间先后顺序排列形成的时间数列。

表 7-2　　我国国民经济基本水平指标资料表

年份	国内生产总值（亿元）	年末总人口数（万人）	人均国内生产总值（元）	城镇单位就业人员、平均工资（元）
2010	408 903.0	134 091	30 567	36 539
2011	484 123.5	134 735	36 018	41 799
2012	534 123.0	135 404	39 544	46 769
2013	588 018.8	136 072	43 320	51 483
2014	636 138.7	136 782	46 629	56 339

根据表 7-2，我们可以对国民经济的几项基本指标进行分析，研究其自身变化甚至各项指标值之间的联系。同时，我们还可看出时间数列是由两个基本要素构成的：一个是反映现象所属的时间，称为时间要素（常用 t 来表示）；另一个是反映现象在不同时间上数量表现的统计数据，称为数据要素（常用 a 来表示）。时间要素的单位，可以是年、季、月、周、日，也可以是小时、分钟等；数据要素的表现，可以是绝对量数据（包括表现总水平的总量数据和表现平均水平的平均数据），也可以是相对量数据。

2. 时间数列的作用

编制时间数列是通过动态分析某一指标的变化，了解现象发展变化的方向和速度，预测现象发展的趋势和规律，评价当前，安排未来，所以是统计研究中的重要方法之一。时间数列分析在经济活动和统计工作中有着重要作用，具体体现在以下几个方面。

（1）时间数列可以描绘社会经济现象发展变化的过程。时间数列是描绘社会经济现象发展变化过程的特有方法。通过时间数列，可以观察现象的数值变化和现象在连续一段时间上的量变过程。例如，通过表 7-2 可以看出各种指标的变动过程。

（2）时间数列可以揭示社会经济现象的变动规律。根据时间数列资料，通过对各期发展水平进行观察和比较，可以反映社会经济现象发展变化的过程、方向、程度和趋势，从而揭示现象的变化规律及现象间的相互联系。

（3）时间数列可以观察社会经济现象之间的联系程度及其发展变化的趋势。时间数列是对历史资料的一种积累，通过对历史资料的观察与分析，可以找出现象发展变化的规律，在此基础上结合相应的统计方法，对现象发展变化的趋势进行预测和推算。

（4）时间数列可以对比分析不同国家、地区、单位的发展水平，揭示其社会经济现象在发展过程中的差距。

（二）时间数列的种类

时间数列是将一系列同类统计指标值按时间先后顺序的排列，而统计指标按其表现形式可分为总量指标、相对指标和平均指标。所以，时间数列可分为总量指标时间数列、相对指标时间数列和平均指标时间数列。总量指标时间数列是基本数列，相对指标时间数列和平均指标时间数列是根据总量指标时间数列计算而得出的派生数列。

1. 总量指标时间数列

总量指标时间数列，又叫绝对数时间数列，是由同一总量指标的数值按时间先后顺序排列形成的数列，用以反映社会经济现象的总体规模或总体水平及其发展变化情况。由于总量指标按所反映的社会经济现象的时间状况不同，可以分为时期指标和时点指标，所以总量指标时间数列又可分为时期指标时间数列和时点指标时间数列，分别简称为时期数列和时点数列。

（1）时期数列。在总量指标时间数列中，如果指标值是反映某种社会经济现象在一段时间内发展过程的总量，则这种时间数列称为时期数列。或者说时期数列是指由一系列的时期指标值构成的数列。例如，表 7-2 中各年国内生产总值数列是时期数列。

时期数列具有以下几个特点。

① 数列具有连续统计的特点。时期指标由于反映的是现象在一段时间内发展过程的总量，它就必须将这段时间内所发生的数量逐一登记后进行累计而取得。

② 数列中各个指标数值可以相加。由于数列中每一指标值反映的是某段时间内的积累量，因而各指标数值可以相加，相加后的数值表示现象在更长时间内的积累量。例如，表 7-2 中可以将 5 年的国内生产总值相加反映 5 年的国内生产总值总和。

③ 数列中的各个指标值的大小与所包括的时期长短有直接关系。时期数列中，每一指标值所体现的时间长短，可以称为"时期"。所以，时期越长，指标值越大；时期越短，指标值越小。例如，表 7-2 中 5 年的国内生产总值一定大于 1 年的国内生产总值。

（2）时点数列。在总量指标时间数列中，如果指标值反映的是某种社会现象在某一时刻上的状态及总量，则这种数列称为时点数列。或者说，时点数列是指由一系列时点指标值构成的数列。例如，表 7-2 中各年年末总人口数数列就是时点数列。

时点数列具有以下几个特点。

① 数列中指标值采用间断统计的方式获得。时点指标只反映现象在某一时点上的数量，所以每个指标数值的取得，是通过间隔一定时期登记一次取得的。

时点数列有连续时点数列和间断时点数列之分。前者是指时点数列中的时间间隔以"日"来计量，后者是指时间间隔以"月、季、年"来计量。两者又均可分为"间隔相等"和"间隔不等"两种情况。例如，连续每天资料不同，则需逐日进行登记，这种数列称为间隔相等的连续时点数列；对于逐日记录的时点数列，持续天内资料不变，有变动时才进行登记，不变动不登记，这种数列称为间隔不等的连续时点数列。

② 数列中各个指标值不具有可加性。由于数列中每个数值表明现象在某瞬间的数量，几个

数值相加后，无法说明这个数值是属于哪一时点上现象的数量，没有实际意义。例如，将表7-2的年末人口数数列中的各年末人口数相加没有任何实际意义。

③ 数列中每个指标值的大小与其时间间隔长短没有直接联系。时点数列中，两个相邻指标在时间上的距离称为“间隔”，间隔时间长，不一定数值就大；反之，也不一定小。

2. 相对指标时间数列

相对指标时间数列是由同一相对指标按时间先后顺序排列而形成的数列。用以反映社会经济现象的比例、结构、程度、速度等及其发展变化情况。例如，表7-2中的人均国内生产总值数列就是相对指标时间数列。

各种不同的相对指标时间数列，均从不同角度反映社会经济现象之间相互关系的发展过程及其规律性。相对指标时间数列是由两个总量指标时间数列对比所形成的。它可以由两个时期数列对比、两个时点指标对比或一个时期数列和一个时点数列对比所形成。而表7-2中的人均国民生产总值就是由一个时期数列和一个时点数列对比所形成的。由于相对指标时间数列中的各个指标值都是相对数，所以不能直接相加。

3. 平均指标时间数列

平均指标时间数列是由同一平均指标按时间先后顺序排列而形成的数列，用以反映社会经济现象一般水平的发展趋势。例如，表7-2中的城镇单位就业人员平均工资就是平均指标时间数列，它反映了我国城镇单位就业人员平均工资的变动趋势。

平均指标时间数列也是由两个总量指标时间数列对比所形成的。它可以由两个时期数列对比、两个时点数列对比或一个时期数列和一个时点数列对比所形成。由于平均指标时间数列中的各个指标值都是平均数，所以不能直接相加。

（三）时间数列的编制原则

编制时间数列的目的，是为了进行动态对比和分析，以研究现象发展变化的过程、发展速度及发展趋势和规律性。所以，编制时间数列应遵守一个基本原则，就是可比性原则，即要保持数列中各个指标的可比性。具体要求如下。

1. 时间长短应该相等

在时期数列中，各指标数值的大小与时期长短有密切关系，如果各指标数值所属的时间长短不相等，不仅会影响数列中各指标数值的对比，而且还会掩盖现象发展变化的规律。若编制企业全年销售额时期数列，有的是全年销售额，有的是某一季度销售额，各指标之间进行对比就毫无意义。

但这个原则也不能绝对化，有时为了特殊的研究需要，也可将时期不等的指标值编成时期数列。

对时点数列来说，每个指标数值都是说明现象在一定时刻上的状态或水平，只有时间间隔相等，才便于对比分析。

2. 总体范围应该统一

在时间数列中，各个指标值所包括的总体范围前后应该一致。若研究某县的工农业产值的变化情况，就必须保证该地区在对比前后有相同的管理范围。如果行政区划发生了变动，就要进行调整，以保证总体范围的统一，然后再进行对比。

3. 经济内容应该相同

若从指标名称上看是同一指标，但它的经济内容却发生了变化，这样就不可直接进行比较，必须做调整后才能进行对比分析。例如，我国的粮食产量，有的年份包括大豆产量，有的年份却不包括，这样粮食的经济内容就前后不一致了，所以不便于直接进行动态对比。所以，要注意时间数列各指标数值所反映的经济内容的一致性，不同质的指标不能编制同一时间数列。

4. 计算方法、计量单位应该统一

采用什么计算方法，取用什么计量单位，各指标数值都应该相同。例如，企业劳动生产率指标有的按全部职工计算，有的按生产工人计算；在价格指标中计算的价格不统一，如产值指标有的按现行价格计算，有的按不变价格计算，这样指标数值就不具可比性了，前后要统一起来才能进行对比。

二、时间数列的水平分析指标

为了研究社会经济现象发展变化的过程和规律，我们需要编制时间数列进而进行动态分析，主要是来计算一系列分析指标。我们将时间数列视为由许多因素共同影响所致，任何一个时间数列都是由这些因素的全部或部分所构成，通过对这些构成因素的分解分析，揭示现象随时间变化而演变的规律；在揭示这些规律的基础上，假定事物今后的发展也遵循这些规律，从而对事物的未来发展做出预测。

动态分析包括分析现象发展的水平和现象发展的速度。水平分析是速度分析的基础，速度分析是水平分析的深入和继续。本节介绍时间数列的水平分析指标，它们分别是发展水平、平均发展水平、增长量和平均增长量。

（一）发展水平

发展水平又称发展量，狭义上是指社会经济现象在一定时期内或一定时点上所达到的水平，表现为总量指标；广义上是指时间数列中的各项指标数值，它可以是总量指标，可以是相对指标，也可以是平均指标。一般情况下，在计算平均发展水平指标时，应用的发展水平是广义的，其他应用多数是狭义的。

发展水平指标是表明社会经济现象发展变动的重要基础指标，是计算动态分析指标的基础。如果发展水平指标计算不准确，进行有关的动态分析就会失真，甚至会得出错误的结论。它由于在时间数列中所处的位置和作用不同而有所区别。在时间数列中第一个指标数值称为最初水平，最后一个指标数值称为最末水平，除首尾两项指标数值之外的其余各期指标数值称为中间水平。

在时间数列分析中，我们将所研究的那一时期的指标水平称为报告期水平或计算期水平，将用来作为比较基础的那一时期的指标水平称为基期水平。

这些发展水平并不是固定不变的，它们会随着动态分析的目的、任务的改变而随时变动。

发展水平在文字说明上，习惯用“增加到”“增加为”“降低到”和“降低为”来表示。

（二）平均发展水平

平均发展水平，就是根据时间数列中各个不同时期发展水平加以平均而得到的平均数，又叫序时平均数或动态平均数，记作$\overline{a}$。平均发展水平将现象各期发展水平的差异抽象化，反映现象数量在某一段时期内发展所达到的一般水平。

序时平均数与前面讲过的一般平均数有共同之处，都是把现象的数量差异抽象化，反映现象数量的一般水平。但两者也有区别，序时平均数所平均的是现象在不同时间上的数量差异，从动态上说明某一段时间内发展的一般水平，它是根据时间数列计算的；而一般平均数所平均的是同一时间内总体各单位某一数量标志值的差异，从静态上说明现象在一定条件下的一般水平，它一般是根据变量数列计算的。

平均发展水平可以根据总量指标时间数列计算，也可以根据相对指标时间数列或平均指标时间数列计算。从计算方法来说，总量指标时间数列平均发展水平的计算是最基础的。

1. 总量指标时间数列序时平均数的计算

总量指标时间数列分为时期数列和时点数列。由于两者特点不同，计算序时平均数的方法也有所不同。

（1）由时期数列计算序时平均数。由于时期数列中的指标数值具有可加性特点，所以可以采用简单算术平均数的方法计算，即将数列中各期指标值相加除以时期数。公式如下。

$$\overline{a}=\frac{a_1+a_2+\cdots+a_n}{n}=\frac{\sum a}{n} \tag{7-1}$$

式中：$\overline{a}$为平均发展水平（序时平均数）；a_n（a_1，a_2，a_3，…，a_n）为各期发展水平；n为时期数。

【例7–1】假定某商场2015年上半年各月销售额如表7-3所示。

表7-3　某商场2015年1～6月份销售额资料　单位：万元

月份	1	2	3	4	5	6
销售额	200	240	270	300	320	340

该商场上半年平均各月销售额为

$$\overline{a}=\frac{\sum a}{n}=\frac{200+240+270+300+320+340}{6}=278.3\text{（万元）}$$

（2）由时点数列计算序时平均数。如前所述，时点数列有连续时点数列和间断时点数列之分，而连续时点数列和间断时点数列又分别有间隔相等和间隔不等两种情况，它们的表现不同，计算平均数的方法也不同。

① 根据连续时点数列求序时平均数。

a. 间隔相等的连续时点数列。此数列的统计资料逐日记录，逐日排列，未加任何分组，因而它的序时平均数的计算同时期数列一样，用简单算术平均法计算。其计算公式如式（7-1）所示。例如，已知某企业一个月内每天的工人数，要计算该月内每天平均工人数，即可按简单算术平均数的方法，将每天的工人数相加，除以该月的天数。

b. 间隔不等的连续时点数列。此数列的统计资料并非逐日登记和排列，而是根据研究时期内每次变动的资料进行了分组，因此可以每次变动的间隔长度为权数，用加权算术平均数的方法计算。公式如下。

$$\bar{a}=\frac{\sum af}{\sum f} \tag{7-2}$$

式中：f为权数，即时间间隔；其他符号与前同。

【例 7–2】某企业某年 6 月工人人数资料如表 7-4 所示。

表 7-4　某企业某年 6 月工人人数资料　单位：台

间隔不等的连续时点数列		间隔时间（日）（f）	af
日　期	工人数（a）		
1～5	201	5	1 005
6～15	210	10	2 100
16～18	205	3	615
19～30	215	12	2 580
合计	—	30	6 300

$$\bar{a}=\frac{\sum af}{\sum f}=\frac{6\,300}{30}=210\text{（人）}$$

② 根据间断时点数列求序时平均数。常见的间断时点数列的时点位置，通常都是处在时期的一端，表现为期初值或期末值。这时，可根据间隔相等或间隔不等两种情况计算序时平均数。

a. 间隔相等的间断时点数列。在掌握间隔相等的每期期初（末）资料时，可将两个相邻时点指标值相加后除以 2，得到这两个时点之间的序时平均数，然后根据这些平均数，再用简单算术平均数法，求得整个数列的平均数。

【例 7–3】某公司 2015 年 3～6 月月末职工人数资料如表 7-5 所示。

表 7-5　某企业 2015 年 3～6 月月末职工人数资料　单位：人

日期	3 月 31 日	4 月 30 日	5 月 31 日	6 月 30 日
工人数 a	800	1 100	1 200	1 800

根据以上资料，分别计算各月和第二季度各月的平均职工人数如下。

$$4\text{ 月份平均职工人数}=\frac{800+1\,100}{2}=950\text{（人）}$$

$$5\text{ 月份平均职工人数}=\frac{1\,100+1\,200}{2}=1\,150\text{（人）}$$

$$6\text{ 月份平均职工人数}=\frac{1\,200+1\,800}{2}=1\,500\text{（人）}$$

$$\text{第二季度各月平均职工人数}=\frac{950+1\,150+1\,500}{3}=1\,200\text{（人）}$$

上述计算第二季度各月平均职工人数的两个步骤，可以合并简化为

$$第二季度各月平均职工人数=\frac{\frac{800+1\ 100}{2}+\frac{1\ 100+1\ 200}{2}+\frac{1\ 200+1\ 800}{2}}{3}$$

$$=\frac{\frac{800}{2}+1\ 100+1\ 200+\frac{1\ 800}{2}}{4-1}=1\ 200（人）$$

由此可见，根据间隔相等的间断时点数列计算平均数，可将最初水平的$\frac{1}{2}$，加上中间水平，再加上最末水平的$\frac{1}{2}$，然后除以发展水平的项数减1即得。这种方法称为“简单序时平均法”或“首末折半法”。用公式表示如下。

$$\bar{a}=\frac{\frac{a_1}{2}+a_2+\cdots+a_{n-1}+\frac{a_n}{2}}{n-1} \qquad (7\text{-}3)$$

式中符号与前同。

对于首末折半法而言，存在一定的假设前提：假设上期期末时点数据即为本期期初时点数据，并假定相邻两时点间现象的数量变动是均匀的。

b. 间隔不等的间断时点数列。间隔不等的间断时点数列的序时平均数，可将时点数列的间隔长度作为权数，将各相应时点的平均水平加权，用加权算术平均数的方法计算。这种方法称为“加权序时平均法”。其计算公式如下。

$$\bar{a}=\frac{\frac{a_1+a_2}{2}\times f_1+\frac{a_2+a_3}{2}\times f_2+\cdots+\frac{a_{n-1}+a_n}{2}\times f_{n-1}}{\sum f} \qquad (7\text{-}4)$$

式中：f为权数，即时间间隔；其他符号与前同。

【例7–4】某企业2015年职工人数统计如表7-6所示。

表7-6　　某企业2015年职工人数统计表　　单位：人

日期	1月1日	4月1日	7月1日	9月1日	12月1日	12月31日
职工人数 a	300	400	380	420	500	1 000

该企业各月的平均职工人数为

$$\bar{a}=\frac{\frac{300+400}{2}\times3+\frac{400+380}{2}\times3+\frac{380+420}{2}\times2+\frac{420+500}{2}\times3+\frac{500+600}{2}\times1}{3+3+2+3+1}$$

=290（人）

应该注意的是，根据间断时点数列计算平均发展水平，是以被研究的现象在相邻两个时点之间均匀变动为前提的，但实际上现象的变动并非完全如此，因此，求出的结果只是一个近似值。

为了使其计算结果尽可能反映实际情况，间断时点数列的间隔不宜过长。

2. *相对指标时间数列序时平均数的计算*

相对数可分为静态相对数和动态相对数，这里是指由静态相对数组成的时间数列。由于它是由两个密切联系的总量指标时间数列对比所形成的，而且相对指标比较基数不同不能直接相加，所以，计算相对指标时间数列的序时平均数时，应先求出构成这个相对指标时间数列的两个总量指标时间数列的序时平均数，然后再将这两个序时平均数对比，求得相对指标时间数列的序时平均数。计算公式为

$$\bar{c}=\frac{\bar{a}}{\bar{b}} \tag{7-5}$$

式中：$\bar{c}$ 为相对指标时间数列的序时平均数；$\bar{a}$ 为分子数列的序时平均数；$\bar{b}$ 为分母数列的序时平均数。

应注意的是，相对指标时间数列是由两个总量指标时间数列对比所形成的，它可以由两个时期数列对比形成，可以由两个时点数列对比形成，也可以由一个时期数列和一个时点数列对比形成。由于对比方式不同，具体计算方法也有区别。

（1）由两个时期数列对比形成的相对指标时间数列的序时平均数，由于分子、分母都是时期数列，其序时平均数分别用简单算术平均数计算。即

$$\bar{a}=\frac{a_1+a_2+\cdots+a_n}{n}=\frac{\sum a}{n}$$

$$\bar{b}=\frac{b_1+b_2+\cdots+b_n}{n}=\frac{\sum b}{n}$$

所以

$$\bar{c}=\frac{\bar{a}}{\bar{b}}=\frac{\sum a}{\sum b} \tag{7-6}$$

由于 $c=\frac{a}{b}\rightarrow a=bc$，代入 $\bar{c}=\frac{\sum a}{\sum b}$ 得

$$\bar{c}=\frac{\sum bc}{\sum b} \tag{7-7}$$

式（7-7）实际上就是加权算术平均数公式。

同理，$c=\frac{a}{b}\rightarrow b=\frac{a}{c}$，代入 $\bar{c}=\frac{\sum a}{\sum b}$ 得

$$\bar{c}=\frac{\sum a}{\sum \frac{a}{c}} \tag{7-8}$$

式（7-8）实际上就是加权调和平均数公式。

我们可以根据掌握的资料来确定应用上述公式之一。即当掌握了分子数列 a 和分母数列 b 时，选择公式 $\bar{c}=\frac{\sum a}{\sum b}$ 计算相对指标时间数列的序时平均数；当掌握了相对数时间数列 c 及它的分母

数列 b 时，选择公式 $\bar{c}=\dfrac{\sum bc}{\sum b}$ 计算其序时平均数；当掌握了相对数时间数列 c 及它的分子数列 a 时，选择公式 $\bar{c}=\dfrac{\sum a}{\sum \frac{a}{c}}$ 计算其序时平均数。对于同一资料，3 个公式的计算结果完全相同。

【例 7–5】某企业 2015 年甲产品第二季度的产量计划完成情况如表 7-7 所示。

表 7-7　　某企业 2015 年甲产品第二季度的产量计划完成情况表

项　目	4 月	5 月	6 月	合　计
计划产量（件）b	100	400	200	700
实际产量（件）a	105	380	200	685
计划完成程度（%）$c=\frac{a}{b}$	105	95	100	97.86

假定同时具备实际数 a 和计划数 b，则第二季度平均的计划完成程度：

$$\bar{c}=\frac{\sum a}{\sum b}=\frac{685}{700}\times 100\%=97.86\%$$

假定只有计划数 b 和完成程度 c，则第二季度平均的计划完成程度：

$$\bar{c}=\frac{\sum bc}{\sum b}=\frac{100\times 1.05+400\times 0.95+200\times 1}{100+400+200}\times 100\%=97.86\%$$

可见，这是一个加权算术平均数公式，各月份的计划产量在这里充当了权数，对第二季度总的计划完成百分数的计算起着权衡轻重的作用；从该式也可以理解为什么两个季度总的计划完成百分数也就是各月平均的计划完成百分数。

假定只有实际完成数 a 和完成程度 c，则第二季度平均的计划完成程度：

$$\bar{c}=\frac{\sum a}{\sum \frac{a}{c}}=\frac{105+380+200}{\frac{105}{1.05}+\frac{380}{0.95}+\frac{200}{1}}\times 100\%=97.86\%$$

这是一个加权调和平均数公式，各月的实际产量在这里充当了权数，对第二季度的计划完成起着权衡轻重的作用。

正是由于各月的实际数或计划数在第二季度总的（或平均的）计划完成百分数中所起的作用不同，用简单平均数公式计算就是不正确的。实际上，无论是时间范围扩大还是空间范围扩大，我们只要严格按照相对数或平均数本身的计算公式，权数问题自然解决，计算结果就是正确的。

（2）由两个时点数列对比形成的相对指标时间数列的序时平均数。如前所述，由时点数列求序时平均数，有连续时点数列和间断时点数列之分，而每种又有间隔相等和间隔不等两种情况。所以，相对指标时间数列就会派生出 4 种不同的类型。

① 由两个连续时点数列对比。

间隔相等：
$$\bar{c}=\frac{\bar{a}}{\bar{b}}=\frac{\sum a}{\sum b} \tag{7-9}$$

间隔不等：
$$\bar{c}=\frac{\bar{a}}{\bar{b}}=\frac{\sum af}{\sum bf} \tag{7-10}$$

② 由两个间断时点数列对比。

间隔相等：
$$\bar{c}=\frac{\bar{a}}{\bar{b}}=\frac{\frac{a_1}{2}+a_2+\cdots+a_{n-1}+\frac{a_n}{2}}{\frac{b_1}{2}+b_2+\cdots+b_{n-1}+\frac{b_n}{2}} \tag{7-11}$$

间隔不等：
$$\bar{c}=\frac{\bar{a}}{\bar{b}}=\frac{(a_1+a_2)f_1+(a_2+a_3)f_2+\cdots+(a_{n-1}+a_n)f_{n-1}}{(b_1+b_2)f_1+(b_2+b_3)f_2+\cdots+(b_{n-1}+b_n)f_{n-1}} \tag{7-12}$$

【例 7–6】某企业 2015 年第二季度的职工人数资料如表 7-8 所示。

表 7-8　　某企业 2015 年第二季度职工人数资料

项　　目	3 月末	4 月末	5 月末	6 月末
生产工人数（人）a	800	820	830	860
全部职工人数（人）b	1 000	1 030	1 040	1 100
生产工人所占比重（%）c	80.0	79.6	79.8	78.2

该企业第二季度生产工人占全部职工人数的平均比重为

$$\bar{c}=\frac{\bar{a}}{\bar{b}}=\frac{\frac{a_1}{2}+a_2+\cdots+a_{n-1}+\frac{a_n}{2}}{\frac{b_1}{2}+b_2+\cdots+b_{n-1}+\frac{b_n}{2}}=\frac{\frac{800}{2}+820+830+\frac{860}{2}}{\frac{1\ 000}{2}+1\ 030+1\ 040+\frac{1\ 100}{2}}=79.5\%$$

（3）由一个时期数列和一个时点数列对比形成的相对指标时间数列的序时平均数。在这种情形下，先用简单算术平均数法求出时期数列的序时平均数，再选择相应的计算公式（简单算术平均法、加权算术平均法、简单序时平均法或加权序时平均法）求出时点数列的序时平均数，然后对比求得相对数时间数列的序时平均数。

【例 7–7】某商场 2015 年第二季度的商品流转次数资料如表 7-9 所示。

表 7-9　　某商场 2015 年第二季度商品流转次数资料

项　　目	4 月	5 月	6 月
商品流转额 a（万元）	200	300	420
月末商品库存额 b（万元）	110	130	170
商品流转次数（次）	2	2.5	2.8

另：4 月初的商品库存额为 90 万元。

在表 7-9 中，商品流转额数列是时期数列，月末商品库存额数列是间隔相等的间断时点数列，商品流转次数数列是由一个时期数列和一个间隔相等的间断时点数列对比形成的相对指标时间数列。所以，分子数列的序时平均数用简单算术平均数的方法，分母数列的序时平均数用简单序时平均法。该商场第二季度平均各月商品流转次数计算如下。

$$\overline{c}=\frac{\overline{a}}{\overline{b}}=\frac{\dfrac{\sum a}{n}}{\dfrac{\dfrac{b_1}{2}+b_2+\cdots+b_n+\dfrac{b_{n+1}}{2}}{n}}=\frac{\sum a}{\dfrac{b_1}{2}+b_2+\cdots+b_{n-1}+\dfrac{b_n}{2}}$$

$$=\frac{200+300+420}{\dfrac{90}{2}+110+130+\dfrac{170}{2}}=2.49\text{（次）}$$

3. 平均指标时间数列序时平均数的计算

平均指标时间数列可以分为一般平均数时间数列和序时平均数时间数列。

（1）根据序时平均数组成的平均指标时间数列计算序时平均数。在计算时，如果时期相等，可用简单算术平均法；如果时期不等，则以时期数作为权数，采用加权算术平均法。

【例 7–8】某企业的职工人数 1 月平均为 452 人，2、3 两个月平均每月为 455 人，第二季度平均每月为 458 人，则上半年的平均每月职工人数为

$$\overline{a}=\frac{\sum af}{\sum f}=\frac{452\times1+455\times2+458\times3}{1+2+3}=456\text{（人）}$$

【例 7–9】某商场 2015 年第二季度的商品平均库存额资料如表 7-10 所示。

商品平均库存额是一个序时平均数，所以该数列是一个由序时平均数构成的平均指标时间数列，计算其序时平均数应该用简单算术平均数的方法。

表 7-10　　某商场 2015 年第二季度商品平均库存额资料　　单位：万元

项　目	4 月	5 月	6 月
商品平均库存额 c	100	120	150

该商场第二季度平均各月库存额为

$$\overline{c}=\frac{\sum c}{n}=\frac{100+120+150}{3}=123.3\text{（万元）}$$

（2）由一般平均数组成的平均指标时间数列，其序时平均数的计算与相对指标时间数列序时平均数的计算方法相同。即先找出构成平均指标时间数列的分子数列和分母数列，然后选择相应的公式计算分子数列和分母数列的序时平均数，最后将分子数列的序时平均数除以分母数列的序时平均数即得平均指标时间数列的序时平均数。

【例 7–10】某企业某年 3～7 月工业增加值及月末人数资料如表 7-11 所示。

表 7-11　　某企业某年 3～7 月工业增加值及月末人数资料

月　份	3	4	5	6	7
工业增加值（万元）	11.0	12.6	14.6	16.3	18.0
月末全员人数（人）	2 000	2 000	2 200	2 200	2 300

第二季度的月平均劳动生产率为

$$\bar{c}=\frac{\bar{a}}{\bar{b}}=\frac{10\,000\times(12.6+14.6+16.3)/3}{(\frac{2\,000}{2}+2\,000+2\,200+\frac{2\,200}{2})/(4-1)}=6\,904.76\text{（元/人）}$$

（三）增长量

增长量是社会经济现象在一定时期内所增加的绝对数量，是报告期发展水平与基期发展水平之差，反映报告期比基期增长的绝对水平。用公式表示为

$$\text{增长量=报告期水平−基期水平} \tag{7-13}$$

增长量是一个绝对数，有正有负，正数表示增长或增加，负数表示减少或降低。按照采用的基期不同，增长量又分为逐期增长量和累计增长量。

逐期增长量是报告期发展水平与前一期发展水平之差，说明本期水平比上一期水平增长的绝对数量。

累计增长量是报告期发展水平与某一固定时期发展水平（通常是最初水平）之差，说明本期水平比某一固定时期水平增长的绝对数量，也即说明某一段时期内总的增长量。

设时间数列的指标值分别为 a_0，a_1，a_2，…，a_n，则各期增长量如下。

逐期增长量：a_1-a_0，a_2-a_1，…，a_n-a_{n-1}

累计增长量：a_1-a_0，a_2-a_0，…，a_n-a_0

可以看出，逐期增长量和累计增长量之间存在着一定的数量关系：各期逐期增长量之和等于相应时期的累计增长量；两相邻时期累计增长量之差等于相应时期的逐期增长量。

【例 7-11】某企业 2011～2015 年电冰箱产量资料如表 7-12 所示。

表 7-12　　某企业 2011～2015 年电冰箱产量相关资料　　单位：万台

年份	2011	2012	2013	2014	2015
电冰箱产量	500	560	630	650	680
增长量：逐期	—	60	70	20	30
累计	—	60	130	150	180

表 7-12 说明了该企业自 2011 年以来，电冰箱产量每年增长的幅度及累计增长的规模。

（四）平均增长量

平均增长量是说明某种现象在一段时期内平均每期增长的数量。从原义上讲，它也是一种序时平均数，是各个逐期增长量的平均数。其计算方法可以将各个逐期增长量相加后除以逐期增长量的项数，或将累计增长量除以该数列发展水平的项数减 1 求得。其公式如下。

$$\text{平均增长量}=\frac{\text{逐期增长量之和}}{\text{逐期增长量的项数}}=\frac{\text{累计增长量}}{\text{发展水平项数}-1} \tag{7-14}$$

以表 7-12 为例，该企业 2011～2015 年电冰箱产量的平均增长量为

$$\text{平均增长量}=\frac{60+70+20+30}{4}=45\text{（万台）}$$

或　平均增长量=$\frac{180}{5-1}$=45（万台）

三、时间数列的速度分析指标

通过计算时间数列的水平指标，可以看出现象在各个不同时期的发展规模和一般水平。但要研究现象的发展变化速度，还必须对时间数列进行速度分析。反映现象速度变动的指标主要有发展速度、增长速度、平均发展速度和平均增长速度。它们之间关系密切，其中发展速度是最基本的速度指标。

（一）发展速度和增长速度

1. 发展速度

发展速度是表明现象发展程度的动态相对指标，是两个不同时期发展水平对比的结果。发展速度一般用百分数、系数或倍数来表示。其计算公式为

$$发展速度=\frac{报告期水平}{基期水平} \qquad (7\text{-}15)$$

发展速度指标值总是一个正数。当发展速度指标值大于 0 小于 1 时，表明报告期水平低于基期水平；当发展速度指标值等于 1 或大于 1 时，表明报告期水平达到或超过基期水平。

计算发展速度时，由于所采用的基期不同，可分为定基发展速度和环比发展速度。

定基发展速度是报告期水平与某一固定时期水平（通常是最初水平）之比，说明报告期水平对比某一固定时期水平的发展程度，表明这种现象在较长时期内总的发展速度。因此，定基发展速度也称为“总速度”。其公式为

$$定基发展速度=\frac{报告期水平}{最初水平} \qquad (7\text{-}16)$$

环比发展速度是报告期水平与前一期发展水平之比，说明报告期水平对比前一期水平的发展变化程度，表明现象逐期发展的速度。如果时间数列的间隔为“年”，则环比发展速度又称为“年速度”。其公式为

$$环比发展速度=\frac{报告期水平}{前期水平} \qquad (7\text{-}17)$$

以上公式也可用符号表示。

设时间数列的指标值分别为 a_0，a_1，a_2，…，a_n，则各期发展速度如下。

定基发展速度：$\frac{a_1}{a_0}$，$\frac{a_2}{a_0}$，$\frac{a_3}{a_0}$，…，$\frac{a_n}{a_0}$

环比发展速度：$\frac{a_1}{a_0}$，$\frac{a_2}{a_1}$，$\frac{a_3}{a_2}$，…，$\frac{a_n}{a_{n-1}}$

定基发展速度与环比发展速度虽然反映的问题不同，但它们之间却存在着一定的数量关系。定基发展速度等于相应各期环比发展速度的连乘积，即

$$\frac{a_n}{a_0}=\frac{a_1}{a_0}\times\frac{a_2}{a_1}\times\frac{a_3}{a_2}\times\cdots\times\frac{a_n}{a_{n-1}}$$

同时，相邻的两个定基发展速度之商，等于相应的环比发展速度。

2. 增长速度

增长速度是表明现象增长程度的相对指标，是根据增长量与其基期水平对比求得的，用以说明报告期水平比基期水平增加的程度。它一般用百分数或倍数来表示。其公式为

$$\text{增长速度}=\frac{\text{增长量}}{\text{基期水平}}=\frac{\text{报告期水平}-\text{基期水平}}{\text{基期水平}}$$

$$=\frac{\text{报告期水平}}{\text{基期水平}}-1=\text{发展速度}-1 \qquad (7\text{-}18)$$

增长速度指标可以为正，也可以为负。正值表示增加的程度，又称“增长率”；负值表示降低或减少的程度，又称“降低率”。

与发展速度相似，由于采用的基期不同，增长速度可分为定基增长速度和环比增长速度。

定基增长速度是累计增长量与某一固定时期水平（通常是最初水平）对比的结果，表明现象在较长时期内总的增长程度。其公式为

$$\text{定基增长速度}=\frac{\text{累计增长量}}{\text{最初水平}}=\text{定基发展速度}-1 \qquad (7\text{-}19)$$

环比增长速度是逐期增长量与前期水平对比的结果，表明现象在相邻两个时期或时点上增长的相对程度。其公式为

$$\text{环比增长速度}=\frac{\text{逐期增长量}}{\text{前期水平}}=\text{环比发展速度}-1 \qquad (7\text{-}20)$$

应该注意，环比增长速度的连乘积并不等于相应时期的定基增长速度，二者之间无直接换算关系，必须通过发展速度才能达到换算的目的。首先，把增长速度加 1 换成发展速度，再根据定基发展速度和环比发展速度的换算关系进行换算。然后，把换算出来的结果减去 1，还原成增长速度指标。

速度指标是一种相对数，具有抽象化的特点。所以，速度指标容易将作为比较基础的发展水平掩盖住，高速度可能掩盖低水平，低速度的背后可能隐藏着高水平。为了全面认识现象的发展情况，了解增长速度带来的实际效果，补充说明增长速度的作用，常常将增长速度与增长量联系起来，计算增长 1%的绝对值。

增长 1%的绝对值是指在报告期与基期水平的比较中，报告期比基期每增长 1%所包含的绝对量，它是用增长量除以增长速度后再乘以 1%求得的。公式如下

$$\text{增长 1\%的绝对值}=\frac{\text{增长量}}{\text{增长速度}}\times 1\% \qquad (7\text{-}21)$$

根据前述增长速度的含义可得

$$增长1\%的绝对值=\frac{增长量}{\frac{增长量}{基期水平}}\times 1\%=\frac{基期水平}{100} \quad (7\text{-}22)$$

所以也可以说，增长1%的绝对值等于基期水平的1%。

若增长速度为环比增长速度，则

$$增长1\%的绝对值=\frac{前一期水平}{100} \quad (7\text{-}23)$$

若增长速度为定基增长速度，则

$$增长1\%的绝对值=\frac{最初水平}{100} \quad (7\text{-}24)$$

【例7–12】某商场2010～2015年商品销售额的动态分析指标如表7-13所示。

表7-13　　某商场2010～2015年商品销售额的动态分析指标

年　份	发展水平（万元）	发展速度（%）		增长速度（%）		增长1%绝对值（万元）
		定　基	环　比	定　基	环　比	
2010	290	100.0	—	—	—	—
2011	303	104.5	104.5	4.5	4.5	2.90
2012	323	111.4	106.6	11.4	6.6	3.03
2013	400	137.9	123.8	37.9	23.8	3.23
2014	479	165.2	119.8	65.2	19.8	4.00
2015	580	200.0	121.1	100.0	21.1	4.79

（二）平均发展速度和平均增长速度

1. 平均发展速度

由于受各种因素的影响，时间数列中各个时期的速度指标数值参差不齐。为了从整体上掌握时间数列速度变化的数量特征，需要确定各个速度指标数值的一般水平，这个指标就是平均发展速度。

平均发展速度是各期环比发展速度的序时平均数，反映被研究现象在一定的发展阶段内逐年平均发展的变化程度。虽然平均发展速度也是一种序时平均数，是各期环比发展速度的序时平均数，但环比发展速度是根据时间数列中前后项指标对比得来的相对指标时间数列，不同于由两个总量指标对于所构成的相对指标时间数列，所以不能按上述计算序时平均数的方法计算。在实际工作中运用两种计算平均发展速度的方法，即几何平均法（水平法）和方程式法（累计法）。

（1）几何平均法。按这种方法计算平均发展速度的理论依据是：从最初水平出发，逐期按其环比发展速度发展，就可以达到末期的发展水平。由于各环比发展速度连的乘积等于第n期的定基发展速度（又称总速度），所以它的平均速度只能用几何平均法计算。这种方法侧重于考核最后一年的发展水平，按这种方法所确定的平均发展速度推算的最末一年的发展水平，等于最末一年的实际水平，所以这种方法也称为“水平法”。其计算公式为

$$\bar{x}=\sqrt[n]{x_1\cdot x_2\cdot\cdots\cdot x_n}=\sqrt[n]{\prod x} \quad (7\text{-}25)$$

式中：$\overline{x}$ 为平均发展速度；x 为各期环比发展速度；n 为环比发展速度的项数；$\prod$为连乘符号。

如果时间数列各期的指标值我们仍然用 a_0，a_1，a_2，…，a_n 表示，则

$$x_1=\frac{a_1}{a_0}\text{，}x_2=\frac{a_2}{a_1}\text{，}x_3=\frac{a_3}{a_2}\text{，}\cdots\text{，}x_n=\frac{a_n}{a_{n-1}}$$

由于在时间数列中，各期环比发展速度的连乘积等于相应时期的定基发展速度，即

$$x_1\cdot x_2\cdot x_3\cdot\cdots\cdot x_n=\frac{a_n}{a_0}$$

所以式（7-25）可表示为

$$\overline{x}=\sqrt[n]{\frac{a_n}{a_0}} \tag{7-26}$$

以上公式，可根据掌握的资料选择应用。如果已知各期环比发展速度，则用式（7-25）计算平均发展速度；如果已知最初水平和最末水平或总速度，则用式（7-26）计算平均发展速度。

【例 7-13】2010～2015 年某城市旅游的游客人数资料如表 7-14 所示。

表 7-14　　2010～2015 年某城市旅游的游客人数资料

年　份	2010	2011	2012	2013	2014	2015
游客人数（人）	589	674	743	711	843	1 016
环比发展速度（%）	—	114.43	110.24	95.69	118.56	120.52

则 2010～2015 年游客人数的平均发展速度为

$$\overline{x}=\sqrt[5]{1.144\,3\times1.102\,4\times0.956\,9\times1.185\,6\times1.205\,2}=1.115\,2 \text{ 或 } 111.52\%$$

几何平均法是计算平均发展速度最常用的方法。利用它不仅可以计算平均速度指标，而且还可以推算最末水平和时间。

【例 7-14】我国 2010 年国内生产总值为 88 254 亿元，若按年均 8.9%的增长速度增长，多少年后国内生产总值能达到 176 508 亿元？

根据公式 $\overline{x}=\sqrt[n]{\frac{a_n}{a_0}}$ 可推导出：

$$n=\frac{\lg\frac{a_n}{a_0}}{\lg\overline{x}}$$

由资料知：a_0=88 254，a_n=176 508，$\overline{x}$=1+8.9%=108.9%

所以

$$n=\frac{\lg\frac{a_n}{a_0}}{\lg\overline{x}}=\frac{\lg\frac{176\,508}{88\,254}}{\lg1.089}=8.1\text{（年）}$$

如果我国国内生产总值按年均 8.9%的速度增长，则 2018 年能达到 176 508 亿元。

（2）方程式法。用方程式法计算平均发展速度的理论依据是：从最初水平出发，每期按平均发展速度发展，经过 n 期后，各期计算的理论水平之和应等于各期实际的发展水平之和。此法侧

重于考察全期各年发展水平的总和，按这种方法所确定的平均发展速度推算的各年发展水平的总和，等于全期各年实际发展水平之和，所以此法又称为“累计法”。

最初水平为a_0，各期实际水平分别为a_1，a_2，…，a_n，按方程式法计算的平均发展速度为$\bar{x}$，则根据$\bar{x}$计算的各期发展水平如下。

按$\bar{x}$计算各期发展水平	实际发展水平
第一期：$a_0\bar{x}$	a_1
第二期：$a_0\bar{x}\cdot\bar{x}=a_0\bar{x}^2$	a_2
第三期：$a_0\bar{x}^2\cdot\bar{x}=a_0\bar{x}^3$	a_3
⋮	⋮
第n期：$a_0\bar{x}^{n-1}\cdot\bar{x}=a_0\bar{x}^n$	a_n

从理论上讲，按平均发展速度计算的各期发展水平之和应该等于各期实际发展水平之和，即

$$a_0\bar{x}+a_0\bar{x}^2+a_0\bar{x}^3+\cdots+a_0\bar{x}^n=a_1+a_2+\cdots+a_n$$

整理后得标准高次方程，即

$$\bar{x}+\bar{x}^2+\bar{x}^3+\cdots+\bar{x}^n-\frac{\sum a}{a_0}=0$$

解这个高次方程，求出$\bar{x}$的正根，就是用方程式法所求的平均发展速度。求解这个高次方程比较麻烦，为了简化计算，可通过“平均递增速度查对表”或“平均递减速度查对表”来求平均增长速度。查表计算平均增长速度的方法如下。

首先，根据各期发展水平之和与最初水平之比来判断资料是递增型还是递减型。具体做法：计算$\dfrac{\frac{\sum a}{a_0}}{n}$，其结果如果大于1，就判断它是一个递增速度资料；如果结果小于1，就判断它是一个递减速度资料；如果结果等于1或者十分接近1，就说明无明显的增减速度，那就没有必要计算平均增减速度了。

其次，根据已知资料，从“平均递增速度查对表”或“平均递减速度查对表”中的累积法部分，查出平均递增或平均递减速度。具体做法：查表时，如果判断为递增速度资料，就在递增速度部分查找$\dfrac{\sum a}{a_0}$的数值，与这个数值相对应的左边栏内的数值即为所求的平均递增速度；如果判断为递减速度资料，就在递减速度部分查找，方法同上。

【例7-15】某地区2010～2015年基本建设投资总额如表7-15所示。

表7-15　某地区2010～2015年基本建设投资总额　单位：亿元

年　份	2010	2011	2012	2013	2014	2015
基建投资总额	50	60	65	70	75	80

则$a_0=50$，$n=5$，$\sum a=350$

查递增速度查对表，并先计算：

$$\frac{\sum a}{a_0}=\frac{(60+65+70+75+80)}{50}=7（或700\%）$$

$$\frac{\sum a}{a_0}/n=7/5=1.4>1$$

由查对表查得700%介于699.32%与701.34%之间，相应的平均增长速度介于11.4%与11.5%之间。运用插值法可得到具体的数值。计算得11.43%，说明5年的平均增长速度为11.43%。

（3）计算和应用平均速度指标应注意的问题。

① 要结合具体研究目的适当地选择基期。由于基期水平对平均速度指标影响重大，如果基期水平因受特殊因素的影响而过低或过高，用这样的资料来计算平均速度，就会降低这一指标的意义，甚至会失去代表性而不能说明现象发展变化的真实情况。

② 应用分段平均速度或用突出的个别环比速度来补充总平均速度。因为根据几何平均法求得的平均速度指标，实际只反映最初和最末水平的变化，并不反映中间各年的实际变化，因此，当研究时期过长时，为了避免由于中间各期波动过大或不同的变化方向而降低平均速度指标的代表性，应计算分段平均速度指标来补充说明总平均发展速度，这对于全面、深入地了解现象的整个过程的变化情况很有必要。

③ 要结合发展水平、经济效益来研究平均速度指标。在社会经济现象中，有可能出现高速度下的低水平、低效益，或者是低速度背后隐藏着高水平、高效益，如果将水平指标、经济效益及各种速度指标结合起来，对现象进行综合分析，则更有利于揭示现象发展变化的规律性。

2. 平均增长速度

平均增长速度是说明某种现象在一段时期内平均每年增长的程度。平均增长速度比平均发展速度更能明显地说明现象的发展变化程度，其实质是环比增长速度的平均值。

平均增长速度既不能用环比增长速度求得，也不能用增长量求得，只能先求出平均发展速度，然后再用平均发展速度减1（或100%）求得。其计算公式如下。

$$平均增长速度=平均发展速度-1（或100\%） \tag{7-27}$$

如果平均发展速度大于1，则平均增长速度为正值，表明现象在这段时期内平均说来是逐期递增的，因而也称为“平均递增率”；如果平均发展速度小于1，则平均增减速度为负值，表明现象在这段时期内平均说来是逐期递减的，因而也称为“平均递减率”。平均递增（递减）率反映现象在某段时间内平均逐期递增（递减）的程度。

【例7-16】某地区工业总产值2010年为1 558.6万元，2015年为2 849.4万元，则在2010～2015年，该地区工业总产值的平均增长速度为

$$平均发展速度\bar{x}=\sqrt[n]{\frac{a_n}{a_0}}=\sqrt[5]{\frac{2\ 849.4}{1\ 558.6}}=112.8\%$$

$$平均增长速度=112.8\%-1=12.8\%$$

四、时间数列的变动趋势分析

（一）时间数列变动趋势分析的意义

前面我们讨论了反映现象动态变动的各种统计指标，这些指标主要用来测定现象动态变动的规模、水平、程度、速度等。本节主要讨论时间数列的变动规律和发展趋势，从而对未来进行估计和预测。

社会经济现象的发展变化，是由许多错综复杂的因素共同作用的结果。这些因素有的属于基本因素，对于各个时期都起着普遍的、长期的、决定性的作用，而且使各期发展水平沿着一个方向发展，即向上或向下持续发展；有的只是偶然因素，只起局部的、临时的、非决定性的作用，而且它的大小、方向是不定的；这些因素所起的推动与制约作用不同，彼此之间的关系也错综复杂。例如，某产品销售量的变化，既受社会制度、政策法规、风俗习惯的影响，又受消费水平、气候变换等因素的影响。

为了分析时间数列的发展变化规律，必须把影响时间数列的各种因素分开，并找出它们的变动规律。影响现象变动的因素错综复杂，但大体上可以归为以下几种类型。

1. 长期趋势变动

长期趋势是指现象在相当长的时期内持续发展变化的趋势，它由各个时期普遍、持续、决定性的基本因素所左右，是各期发展水平沿着一个方向上升或者下降的趋势变动。例如，我国人民的消费水平逐年提高，其根本原因是我国经济水平不断提高，人们的收入不断增加。认识和掌握了事物发展的长期趋势，可以进一步把握事物变化的基本特点。

2. 季节变动

季节变动是指现象因受自然条件或社会因素的影响，在一年或更短的时间内所产生的具有周期性、规律性的重复变动。季节变动有时会给社会生产与人们生活带来某些不良影响，研究季节变动的目的在于克服由于季节变动引起的不良影响，以便于更好地组织生产，安排人们的经济生活。

3. 不规则变动

不规则变动是指由于意外、偶然的因素引起的无周期的变动，如海啸、地震或某些不明原因引起的变动等。不规则变动是无法预知的，但有些不规则因素对社会经济现象的影响又是巨大的。

对于不同的时间数列，包含的变动也不尽相同。有的可能同时包括多种变动趋势，有的可能只包括其中一两种变动趋势。例如，我国各年工农业生产总值数列就是由长期趋势变动和不规则变动构成的，而各年农副产品收购量数列往往不仅包括长期趋势变动和不规则变动，还包括季节变动。

在实际工作中，要对被研究的现象进行具体分析，实际存在哪些因素的影响，就测定哪些因素。本节主要介绍长期趋势的测定方法和季节变动的测定方法。

（二）长期趋势的测定方法

所谓长期趋势，是指现象在相当长的时间内持续发展变化的趋势。在现实经济生活中，很多现象的动态变动从短期看往往具有随机性，所描绘出来的动态曲线图会呈现出无规律的随机波动，如短期内股票市场价格的动态变动。但从长期看，现象的动态变动往往会有某种趋势，即现象朝着某个比较确定的方向发展。长期趋势分析的任务就是要消除其他变动对时间数列的影响，找出这种变动趋势的具体表现，并将其描述出来。测定长期趋势变动的方法有时距扩大法、移动平均法和最小平方法等。

1. 时距扩大法

时距扩大法是对长期的时间数列资料进行统计修匀的一种简便方法。它是把原有时间数列中各时期资料加以合并，扩大每段计算所包含的时间，得出较长时距的新时间数列，以消除由于时距较短受偶然因素影响所引起的波动，清楚地显示现象变动的总趋势和方向。

用时距扩大法修匀时间数列，既可以用总量指标表示，也可以用平均指标表示。前者只适用于时期数列；后者既适用于时期数列，也适用于时点数列。

【例 7–17】某企业 2015 年各月的产值资料如表 7-16 所示。

表 7-16　　某企业 2015 年各月的产值资料表　　单位：万元

月份	1	2	3	4	5	6	7	8	9	10	11	12
产值	78	85	82	88	84	89	88	86	92	97	95	99

表 7-16 不能明显地反映现象发展的趋势，因为各月的产量不是逐月上升，而是有升有降。现在我们将时距由月扩大为季度，将每季度中各月的产量相加，得各季的总产量；还可以列出每季平均的月产量，如表 7-17 所示。

表 7-17　　某企业 2015 年各季的产值资料表　　单位：万元

季度	一	二	三	四
总产值	245	261	266	291
平均产值	81.2	87	88.7	97

表 7-17 中这个新数列，可以明显地反映出该企业生产发展的趋势，其产值是逐季度上升的。

时距扩大法将时距扩大到什么程度，要根据现象的性质而定。基本原则是以能够显示现象的发展趋势为度。时距过短，不能消除偶然因素的影响；时距过长，又会掩盖现象在不同时间上发展变化的差异。时距扩大法的优点是简便易行；缺点是新数列的项数过少，不能据以进行深入的趋势分析和预测。

2. 移动平均法

移动平均法是采用逐期递推移动的方法计算一系列扩大时距的序时平均数，并以这一系列移动平均数作为对应时期的趋势值。通过移动平均数对时间数列修匀，可以更深刻地描述现象发展的基本趋势。

移动平均法的具体做法是从时间数列第一项数值开始，按一定项数求序时平均数，逐项移动，得出一个由移动平均数构成的新的时间数列。这个派生数列把受某些偶然因素影响所出现的波动修匀了，使整个数列的总趋势更加明显。

移动平均法根据资料的特点及研究的具体任务不同，可选择奇数项移动平均或偶数项移动平均。移动项数的多少直接关系到修匀的程度。一般来说，项数越多，修匀的作用就越大，而得出的移动平均数就越少；反之，项数越少，修匀的作用就越小，得出的移动平均数就越多。在原数列中如果存在自然周期，应该以周期数作为移动平均数的项数。奇数项移动平均所得的数值放在中间项的位置上；偶数项移动平均所得的数值放在中间两项位置的中间，它需要再进行移动平均（两项移动平均）。

移动平均法中被移动平均的项数越多，对原数列修匀的作用就越大，但得到的新时间数列的项数越少。设移动项数为 N，则按奇数项移动平均时，首尾各有（N–1）/2 时期得不到趋势值；按偶数项移动平均时，首尾各有 N/2 时期得不到趋势值。

【例 7–18】我国 1995～2014 年粮食产量资料如表 7-18 所示。

表 7-18　　我国 1995～2014 年粮食产量资料表　　单位：万吨

年　份	顺　序　号	粮食产量	趋势值		
			5 项移动平均	4 项移动平均	2 项移正平均
1995	1	46 661.80	—		—
1996	2	50 453.50	—		—
				49 440.48	
1997	3	49 417.10	49 720.10		49 962.58
				50 484.68	
1998	4	51 229.53	49 631.25		49 955.18
				49 425.68	
1999	5	50 838.58	48 593.28		48 906.51
				48 387.33	
2000	6	46 217.52	47 851.01		47 696.86
				47 006.38	
2001	7	45 263.67	46 219.01		46 035.25
				45 064.12	
2002	8	45 705.75	45 440.68		45 164.30
				45 264.48	
2003	9	43 069.53	45 877.62		45 647.80
				46 031.11	
2004	10	46 946.95	46 785.73		46 543.42
				47 055.73	
2005	11	48 402.19	47 676.64		47 942.07
				48 828.41	
2006	12	49 804.23	49 636.91		49 568.91
				50 309.41	
2007	13	50 160.28	50 863.94		50 894.40
				51 479.38	
2008	14	52 870.92	52 113.04		52 084.82
				52 690.25	
2009	15	53 082.08	53 576.37		53 560.32
				54 430.39	
2010	16	54 647.71	55 335.91		55 159.27
				55 952.15	
2011	17	57 120.85	56 800.49		56 841.12
				57 730.09	
2012	18	58 957.97	58324.60		58 486.96
				59 243.82	
2013	19	60 193.84	—		—
2014	20	60 702.61	—		—

从表 7-18 可看出，原时间数列经过移动平均后，得到一个呈现上升趋势的新时间数列。

利用移动平均法可对现象数量的未来变动趋势进行预测。一般情况下，它是将时间数列中最近期数据求得的平均数作为下一期的趋势值或预测值；有时为了使预测值更能反映发展水平的变化趋势，也可以对以上结果进行修正，其公式为

预测值=最后移动期的平均数+（最后移动期的平均数–上一个移动期的平均数）（7-28）

例如，预测表 7-18 中 2015 年的粮食产量（按 5 项移动平均），则

2015 年粮食产量=58 324.60（万吨）

或　2015 年粮食产量=58 324.60+（58 324.60−56 800.49）=59 848.71（万吨）

3. 最小平方法

最小平方法又称最小二乘法，是分析长期趋势常用的方法。它是通过数学方法给时间数列配合一条趋势线，这条趋势线必须满足最小平方法的要求，即原数列各指标值与趋势线上的对应值

的离差平方和为最小。

设 y 为原数列指标值，y_c 为 y 的趋势值，根据最小平方法的要求，$\sum(y-y_c)^2$=最小值。

这个方法可用于配合直线方程，也可用于配合曲线方程，应根据被研究现象发展变化的情况，及原数列反映出来的数量变动的特点，经过仔细分析后，才能确定配合直线或配合曲线。现以配合直线为例说明其方法。

设直线方程为

$$y_c=a+bt \tag{7-29}$$

式中：a，b 为待定系数；y_c 为因变量 y 的趋势值或预测值；t 为时间。

根据最小平方法，则

$$\sum(y-y_c)^2=\sum(y-a-bt)^2=\text{最小值}$$

利用偏微分的方法可得下列两个标准方程式：

$$\sum y=na+b\sum t$$

$$\sum ty=a\sum t+b\sum t^2$$

解该方程组，可以求得直线方程中的参数 a 和 b。

$$b=\frac{n\sum ty-\sum t\sum y}{n\sum t^2-\left(\sum t\right)^2} \tag{7-30}$$

$$a=\frac{\sum t^2\sum y-\sum t\sum ty}{n\sum t^2-\left(\sum t\right)^2}=\bar{y}-b\bar{t} \tag{7-31}$$

将 a，b 代入方程式，得到趋势方程，即为时间数列的长期趋势。

【例 7-19】某地区 2010～2015 年摩托车销售资料如表 7-19 所示。

表 7-19　　某地区 2010～2015 年摩托车销售资料表　　单位：万辆

年　份	2010	2011	2012	2013	2014	2015
销售额	5.1	5.9	6.7	7.6	8.4	9.3

根据以上资料，配合直线趋势方程计算过程如表 7-20 所示。

表 7-20　　配合直线趋势方程计算表

年　份	t	销售量 y（万辆）	t^2	ty
2010	1	5.1	1	5.1
2011	2	5.9	4	11.8
2012	3	6.7	9	20.1
2013	4	7.6	16	30.4
2014	5	8.4	25	42.0
2015	6	9.3	36	55.8
合计	21	43	91	165.2

将相关资料代入参数 a，b 得

$$b=\frac{n\sum ty-\sum t\sum y}{n\sum t^2-\left(\sum t\right)^2}=\frac{6\times165.2-21\times43}{6\times91-21^2}=0.84$$

$$a=\frac{\sum t^2\sum y-\sum t\sum ty}{n\sum t^2-\left(\sum t\right)^2}=\frac{91\times43-21\times165.2}{6\times91-21^2}=4.23$$

或 $a=\overline{y}-b\overline{t}=\frac{43}{6}-0.84\times\frac{21}{6}=4.23$

所以，该地区 2010～2015 年的摩托车销售量的趋势方程为

$y_c=4.23+0.84t$

根据该趋势方程，可预测该地区 2019 年的摩托车销售量。

当 $t=9$ 时，$y_c=4.23+0.84\times9=11.79$（万辆）。

应用最小平方法分离长期趋势，由于 t 是序列号，为了计算方便，可以令 $\sum t=0$，此时计算参数 a 和 b 的公式可以简化为

$$b=\frac{\sum ty}{\sum t^2} \tag{7-32}$$

$$a=\frac{\sum y}{n}=\overline{y} \tag{7-33}$$

应用简洁式计算 a，b 时，要注意时间数列中发展水平的项数。

当时间数列的项数为奇数时，取中间项为 0，其余各项以中间项数为原点对应取值，如 $t=\cdots$，-3，-2，-1，0，1，2，3，…

当时间数列的项数为偶数时，取中间两项分别为−1 和+1，这样各项之间的离差就是 2，如 $t=\cdots$，-5，-3，-1，1，3，5，…

（三）季节变动的测定方法

季节变动是指现象在一年之内的变动存在明显的周期性规律，并且每年重复出现。这种变动可能是由于自然季节变化的影响，如农副产品收购量，服装、食品及燃料的需求量等；也可能是由于人为季节的影响，如春节前后各种消费品销售额猛增，形成一年一度的销售旺季，寒暑假期间大批学生回乡、返校，使交通运输量出现高峰等。

不同社会经济现象具有不同的季节变动周期：有的以一年为循环周期，以月或季为变动单位；有的以一个月为循环周期，以日为变动单位；有些社会经济现象的变动甚至表现为以一天为循环周期，以小时为变动单位。习惯上把一季、一个月甚至每一天内有规律的周期变动也称为季节变动。季节性变化有时会给社会生产与人们生活带来某些不良影响，它是与一定的历史条件相联系的。我们研究季节变动的目的在于掌握季节变动的周期、数量界限及其变动规律，从而克服它对人们经济生活所导致的不良影响，以便更好地组织生产和安排人民的生活。

测定季节变动的方法有很多，常用的方法有同月（季）平均法、趋势剔除法、图解法和环比法。主要计算方法是计算季节比率，来反映季节变动的程度。季节比率高说明是“旺季”，反之说明是“淡季”。计算季节比率通常有两种方法：按月（季）平均法和长期趋势剔除法，前者不考虑长期趋势的影响，直接根据原始数列计算；后者将原始数列中的长期趋势剔除后再进行计算。无论应用哪种方法，都需具备连续若干年，至少季度资料不能少于 3×4=12 个季度，月度资料不能少于 3×12=36 个月等。

1. 同月（季）平均法

同月（季）平均法是把3年或3年以上同月（季）的资料按年排列，计算出各月（或季）的同期平均数，并将其与月（季）总平均数进行对比以得出相对数，该相对数即为反映季节变动的测定指标——季节比率。其计算步骤如下。

（1）根据各年按月（季）的时间数列资料计算出各年同月（季）的平均水平。

（2）计算各年所有月（季）的总平均水平。

（3）将各年同月（季）的平均水平与总平均水平进行对比，即得出季节比率。

【例 7–20】某商场2011～2015年各月的销售额资料及季节比率的计算如表7-21所示。

表7-21　某商场2011～2015年各月的销售额资料及季节比率的计算表

月　份	各年销售额（万元）					同月销售额合计（万元）	同月销售额平均（万元）	季节比率（%）
	2011	2012	2013	2014	2015			
1	11	11	14	14	13	63	12.6	17.6
2	12	15	21	21	22	91	18.2	25.5
3	19	22	32	31	33	136	27.2	38.1
4	36	39	52	50	49	226	45.2	63.3
5	42	64	68	66	70	310	62.0	86.8
6	142	164	188	195	200	889	177.8	249.0
7	240	280	310	315	318	1 463	292.6	409.8
8	95	120	140	145	153	653	130.6	182.9
9	38	39	48	49	51	225	45.0	63.0
10	18	18	24	25	26	111	22.2	31.1
11	12	13	12	14	14	65	13.0	18.2
12	9	10	11	12	11	53	10.6	14.8
合计	674	795	919	937	960	4285	71.4	1200.0

季节比率的计算如下。

（1）$5\text{年各月的平均销售额}=\dfrac{5\text{年同月销售额之和}}{\text{总年数}}$

如：1月平均销售额=63/5=12.6（万元）

（2）$5\text{年总平均销售额}=\dfrac{5\text{年各月销售额之和}}{5\text{年总月数}}=4\,285/60=71.4$（万元）

（3）$\text{季节比率}=\dfrac{5\text{年各月的平均销售额}}{5\text{年总平均月销售额}}$

如：1月的季节比率=12.6 / 71.4=17.6%

2月的季节比率=18.2 / 71.4=25.5%

通过季节比率，形成了各月份季节比率所组成的时间数列。该数列可清楚地表明该商场销售额的季节性变动趋势，自1月起逐月增长，7月达到最高峰，8月开始下降，到12月降到最低点。

按月平均法计算简便，容易掌握。如果被测定的社会经济现象总波动中未发现有明显的长期趋势和循环波动，即可通过算术平均法消除同期不规则变动，从而显现出现象的季节变动趋势。但季节比率的计算不够精确，因为它没有考虑长期趋势的影响。在前后期各月（季）水平波动较大的资料中，后期各月（季）水平与前期水平相比有较大提高，就对平均数的影响大，从而影响了季节比率的准确性。此时，我们可以用长期趋势剔除法来测定季节变动。

2. 长期趋势剔除法

如果所提供的资料不仅有季节变动，而且逐年数值有显著增长的趋势，则测定季节比率就要采用长期趋势剔除法。它是利用移动平均法剔除长期趋势的影响后，再来测定其季节变动的方法。趋势剔除有多种不同的方法，如趋势比率法、环比法、移动平均法等。

采用长期趋势剔除法计算季节比率，首先要计算时间数列长期趋势的变动（用移动平均法或最小平方法），而后从原时间数列中剔除长期趋势值，再测定季节比率。

【例7-21】假设某商场2013～2015年的销售额资料如表7-22所示。

表7-22　　某商场2013～2015年的销售额资料表　　单位：万元

年＼月	1	2	3	4	5	6	7	8	9	10	11	12
2013	54	52	50	48	44	42	36	32	37	46	50	58
2014	58	54	58	54	48	44	38	36	42	54	56	64
2015	68	70	64	62	56	48	44	40	46	58	60	76

根据该资料确定季节比率，需要用趋势剔除法。可按下列步骤和方法进行计算。

（1）计算该时间数列的移动平均数，并将其作为相应时期的趋势值。该数列为3年12个月的资料，求移动平均数可用12项移动平均。计算结果如表7-23所示。

（2）将相应各月的实际销售量除以趋势值，使长期趋势的影响得以消除，以表明各月销售量的季节变动程度。

2013年7月剔除趋势值后的比率为 $\frac{36}{45.92}$=78.4%

2013年8月剔除趋势值后的比率为 $\frac{32}{46.17}$=69.31%

其余各月份剔除趋势值后的比率依此类推。

（3）将各年同月趋势剔除后的比率加以简单平均，得到各年同月的平均比率，即季节比率。

表 7-23　　长期趋势值计算表

年份	月份	顺序号	销售量（千克）	12 项移动平均	两项移正平均
2013	1	1	54		—
	2	2	52		—
	3	3	50		—
	4	4	48		—
	5	5	44		—
	6	6	42	45.75	—
	7	7	36	46.08	45.92
	8	8	32	46.25	46.17
	9	9	37	46.92	46.59
	10	10	46	47.42	47.17
	11	11	50	47.75	47.59
	12	12	58	47.92	47.84
2014	1	13	58	48.08	48.00
	2	14	54	48.42	48.25
	3	15	58	48.83	48.63
	4	16	54	49.50	49.17
	5	17	48	50.00	49.75
	6	18	44	50.50	50.25
	7	19	38	51.33	50.92
	8	20	36	52.67	52.00
	9	21	42	54.17	53.42
	10	22	54	53.83	54.00
	11	23	56	54.50	54.17
	12	24	64	54.83	54.67
2015	1	25	68	55.33	55.08
	2	26	70	55.67	55.50
	3	27	64	56.00	55.80
	4	28	62	56.33	56.17
	5	29	56	56.67	56.50
	6	30	48	57.67	57.17
	7	31	44		—
	8	32	40		—
	9	33	46		—
	10	34	58		—
	11	35	60		—
	12	36	76		—

例如，1 月季节比率$=\dfrac{120.83\%+123.46\%}{2}=122.15\%$

2 月季节比率$=\dfrac{111.92\%+126.13\%}{2}=119.03\%$

其余各月份季节比率计算依此类推。

（4）季节比率修匀。在计算季节比率时，如果长期趋势不能完全剔除干净，则表现为 12 个月的季节比率总和不等于 1 200%或 4 个季度的季节比率不等于 400%（月均或季均 100%）。为了将误差分摊到各月中去，需要计算修正后的季节比率。

$$修正系数=\frac{无误差的季节比率总和}{实际季节比率总和}=\frac{1\,200}{1194.73}=1.004\,411$$

将各月季节比率乘以修正系数便可得到修正后的季节比率。

例如，1 月的修正季节比率=122.15%×1.004 411=122.689%

2 月的修正季节比率=119.03%×1.004 411=119.555%

其余各月份的修正季节比率依此类推。季节比率计算表，如表 7-24 所示。

表 7-24　季节比率计算表　单位：%

月＼年	2013	2014	2015	季节比率	季节比率修正
1	—	120.83	123.46	122.15	122.689
2	—	111.92	126.13	119.03	119.555
3	—	111.27	114.61	112.94	113.438
4	—	109.82	110.38	110.10	110.586
5	—	96.48	99.12	97.80	98.231
6	—	87.56	83.96	85.76	86.138
7	78.40	74.63	—	76.52	76.850
8	69.31	69.23	—	69.27	69.576
9	79.42	78.62	—	79.02	79.369
10	97.52	100.00	—	98.76	99.196
11	105.06	103.38	—	104.22	104.680
12	121.24	117.07	—	119.16	119.686
合计	—	—	—	1 194.73	1 200.000

应用季节变动的资料，可以进行外推预测。如果时间数列没有明显的长期趋势，或允许不考虑长期趋势存在的情况下，可直接以按月（季）平均法计算的季节比率来调整各月（季）的预测值。有两种方法：其一，如果已测得下一年度全年预测值，则各月（季）预测值等于月（季）平均预测值乘以该月（季）的季节比；其二，如果已知下一年度几个月（季）的实际水平，则以后各月（季）的预测值等于已知各月（季）的实际水平乘以相应月份（季度）的季节比率与已知月（季）季节比率之比。

归纳总结

时间数列分析是统计分析的重要方法。本任务的主要内容就是通过对过去的回顾，用统计分析方法总结发展规律，分析发展趋势进而预测未来。通过本任务的学习，要能够了解时间数列的概念、意义、构成要素、种类和编制原则，学会计算时间数列的水平、速度的分析指标，以及它们在经济分析中的应用，掌握动态数列发展趋势分析。

（1）时间数列的基本内容。熟悉时间数列的分类、构成要素及编制原则。

（2）时间数列的分析指标。要求掌握各种指标的计算以及指标之间的相互关系。

（3）了解影响现象发展的因素，熟悉对影响的主因即长期趋势进行分析的几种方法，着重掌握最小平方法。

（4）了解季节变动的测定，如季节比率的计算。

通过对本任务的学习，能观察出现象在不同时间上的发展变化，分析其趋势，总结其规律，借以回顾过去、把握现在、预测未来。

能力训练

一、单项选择题

1. 将某一项指标在不同时间上的数值，按其时间先后顺序排列形成的数列，称为（　　）。

A. 分配数列　　B. 变量数列　　C. 次数分布　　D. 时间数列

2. 报告期的发展水平与某一固定时期的发展水平之比的指标是（　　）。

A. 逐期增长量　　B. 累计增长量　　C. 环比发展速度　　D. 定基发展速度

3. 某企业产品产量逐年有所增加，2015 年比 2014 年增加 5%，2014 年比 2013 年增加 10%，2013 年比 2012 年增加 15%，那么这 3 年共增加产量为（　　）%。

A. 9.9　　B. 32.825　　C. 30　　D. 10

4. 某工厂 1 月平均工人数为 320 人，2 月平均工人数为 394 人，3 月平均工人数为 450 人，4 月平均工人数为 520 人，那么第一季度的平均工人数为（　　）人。

A. 422　　B. 388　　C. 455　　D. 392

5. 某车间月初工人数资料如习题表 7-1 所示。

习题表 7-1　　某车间各月月初工人数资料　　单位：人

月份	1 月	2 月	3 月	4 月	5 月	6 月	7 月
工人数	280	284	280	300	302	304	320

那么，该车间上半年的月平均工人数为（　　）人。

A. 345　　B. 300　　C. 202　　D. 295

6. 十年内每年年末国家黄金储备量是（　　）。

A. 时期数列　　B. 时点数列　　C. 相对数时间数列　　D. 平均数时间数列

7. 时间数列中，各项指标数值可以相加的是（　　）。

A. 相对数数列　　B. 时期数列　　C. 平均数数列　　D. 时点数列

8. 时间数列中的发展水平（　　）。

A. 只能是总量指标　　B. 只能是相对指标

C. 只能是平均指标　　D. 以上 3 种指标均可以

9. 某企业 2012 年利润为 100 万元，2015 年增加到 180 万元，这里的 180 万元是（　　）。

A. 发展水平　　B. 逐期增长量　　C. 累计增长量　　D. 平均增长量

10. 由间隔相等的连续时点数列计算平均数应按（　　）。

A. 简单算术平均数　　B. 加权算术平均数

C. 几何平均数　　D. 序时平均数

11. 假设某产品产量 2015 年比 2010 年增长 135%，那么 2010～2015 年的平均发展速度为（　　）。

A. $\sqrt[5]{35\%}$　　B. $\sqrt[5]{2.35\%}$　　C. $\sqrt[6]{35\%}$　　D. $\sqrt[6]{13.5}$

12. 假定某现象每年绝对增长量稳定，那么环比增长速度的变化是（　　）。

A. 年年上升　　B. 年年下降　　C. 稳定不变　　D. 无法得出结论

13. 假定某种现象每年发展速度大体不变，那么每年的绝对增长量的变化是（　　）。

A. 增加　　B. 减少　　C. 保证稳定　　D. 无法作出结论

14. 根据某现象各年的发展水平拟合的直线方程为 $y_c=a+bx$，参数说明（　　）。

A. 年平均增长量　　B. 年平均发展速度

C. 年平均增长速度　　D. 年平均发展速度

15. 累计增长量与其相应的各逐期增长量的关系表现为（　　）。

A. 累计增长量等于相应各逐期增长量之和

B. 累计增长量等于相应各逐期增长量之差

C. 累计增长量等于相应各逐期增长量之积

D. 累计增长量等于相应各逐期增长量之商

16. 评比城市间的社会发展状况，将各城市每人分摊的绿化面积按年排列的时间数列属于（　　）。

A. 时期数列　　B. 时点数列

C. 相对指标时间数列　　D. 平均指标时间数列

17. 时间数列中的平均发展速度是（　　）。

A. 各时期环比发展速度的调和平均数　　B. 各时期环比发展速度的算数平均数

C. 各时期定基发展速度的调和平均数　　D. 各时期定基发展速度的算数平均数

二、多项选择题

1. 编制时间数列应遵循的原则是（　　）。

A. 时间长短应该相等　　B. 总体范围应该一致

C. 指标的计算方法、计算价格和计量单位应该一致

D. 各指标数值所反映的经济内容应该一致

E. 指标数值的变化幅度应该一致

2. 定基发展速度和环比发展速度之间的数量关系是（　　）。

A. 定基发展速度等于各环比发展速度之和

B. 定基发展速度等于各环比发展速度之积

C. 定基发展速度和环比发展速度的基期是一致的

D. 两相邻的定基发展速度之商等于相应的环比发展速度

E. 环比发展速度小于定基发展速度

3. 简单算术平均数适合于计算（　　）。

A. 时期数列的序时平均数　　B. 时点数列的序时平均数

C. 间隔相等的时点数列的序时平均数　　D. 间隔不等的时点数列的序时平均数

E. 间隔相等的连续时点数列的序时平均数

4. 增长 1%的绝对值指标是指（　　）。

A. 发展水平除以增长速度　　B. 增长量除以增长速度的 1%

C. 前期水平除以 100　　D. 绝对增长量除以发展速度

E. 绝对增长量除以平均增长速度

5. 连续 5 年的年国内生产总值组成的时间数列是(　　)，计算这个数列平均水平用(　　)。

A. 时期数列　　B. 时点数列　　C. 简单算术平均数

D. 加权算术平均数　　E. 简单序时平均数

6. 进行长期趋势测定的方法有（　　）。

A. 按月平均法　　B. 移动平均法　　C. 相关系数法

D. 序时平均数　　E. 最小平方法

7. 下列指标构成的动态数列属于时点数列的是（　　）。

A. 全国每年大专院校毕业生人数　　B. 某企业年末职工人数

C. 某商店各月末商品库存额　　D. 某企业职工工资总额

E. 某农场历年年末生猪存栏数

8. 以下时间数列属于两个时期数列对比所构成的相对数时间数列的是（　　）。

A. 工业企业全员劳动生产率时间数列　　B. 每百元产值利润率时间数列

C. 工业企业人员构成时间数列　　D. 某产品产量计划完成程度时间数列

E. 某产品单位成本时间数列

9. 下列结果属于增长速度的是（　　）。

A. 报告期水平与固定基期水平之比　　B. 报告期水平与前期水平之比

C. 逐期增长量与前期水平之比　　D. 发展速度−100%

E. 报告期水平与基期水平之差除以基期水平

10. 用几何平均法计算平均发展速度，其开方的根次应该是（　　）。

A. 时间数列各期发展水平的项数　　B. 时间数列各期发展水平的项数减 1

C. 各期环比发展速度的个数　　D. 各期环比发展速度的个数减 1

E. 最终发展水平与最初发展水平所代表的时期之差

11. 按移动平均法进行时间数列修匀时，(　　)。

A. 按奇数项移动无须移正平均　　B. 按偶数项移动需要移正平均

C. 按奇数项移动，两端分别减少的项数为移动项数 N 减 1 后的一半，即 $\frac{N-1}{2}$

D. 按偶数项移动，两端分别减少的项数为移动项数 N 的一半，即 $\frac{N}{2}$

E. 按偶数项移动，两端分别减少的项数为移动项数 N 减 1 后的一半即 $\frac{N-1}{2}$

12. 直线趋势方程 $y_c=a+bt$ 中，参数 b 表示的是（　　）。

A. 趋势值　　B. 趋势线的截距　　C. 趋势线的斜率

D. 当 t 每变动一个时间单位时，y_c 平均增减的数值

E. 当 $t=0$ 时，y_c 的数值

三、判断题

1. 发展水平只能用绝对数表示。（　　）
2. 由间断时点数列计算的序时平均数具有一定的假定性。（　　）
3. 定基增长速度等于其相应各期环比增长速度的连乘积。（　　）
4. 若平均发展速度大于 100%，则环比发展速度也大于 100%。（　　）
5. 用水平法计算平均发展速度，数值的大小取决于最初水平和最末水平的高低。（　　）
6. 序时平均数就是将同一总体的不同时期的平均数按时间顺序排列起来。（　　）
7. 已知连续 5 年的环比增长速度，用几何平均法求平均增长速度，应当开四次方。（　　）
8. 各期的环比发展速度连乘积等于最末期的定基发展速度，因此定基发展速度必大于各期的环比发展速度。（　　）
9. 逐期增长量之和等于累计增长量，因此累计增长量必大于各期的逐期增长量。（　　）
10. 若季节指数为 1，则说明没有季节变动。（　　）

四、简单题

1. 什么是时间数列？它与变量数列有什么不同？
2. 编制时间数列的意义及原则是什么？
3. 时期数列和时点数列有何异同？
4. 什么是平均增长速度？它与平均发展速度存在什么关系？
5. 什么是增长 1%的绝对值？这个指标有什么意义？
6. 环比发展速度和定基发展速度有何关系？环比增长速度和定基增长速度之间是否也具有同样的关系？
7. 什么是平均发展速度？用几何平均法和方程式法计算平均发展速度指标的理论依据各是什么？
8. 什么是长期趋势，测定方法一般有哪些？
9. 什么是移动平均法？应用移动平均法要解决的问题是什么？

五、计算分析题

1. 某企业 2012～2015 年的工业总产值资料如习题表 7-2 所示。

习题表 7-2　　某企业 2012～2015 年工业总产值资料　　单位：万元

年　份	2012	2013	2014	2015
工业总产值	300	270	400	350

要求：计算该企业平均每年的工业总产值。

2. 某仓库 2015 年各月份库存量资料如习题表 7-3 所示。

习题表 7-3　　某仓库 2015 年各月份库存量资料　　单位：万吨

日期	1 月 1 日	3 月 31 日	4 月 30 日	5 月 31 日	6 月 30 日	10 月 31 日	12 月 31 日
库存量	3.5	2.8	2.7	2.5	2.2	3.1	3.6

要求：（1）计算该仓库第一季度平均库存量。

（2）计算该仓库第二季度平均库存量。

（3）该仓库该年度平均库存量。

3. 某企业上半年各月库存材料资料如习题表 7-4 所示。

习题表 7-4　　某企业上半年各月库存材料资料　　单位：万元

月　份	1	2	3	4	5	6	7
月初库存额	256	260	240	280	D	E	F
平均库存额	A	B	C	272	282	260	270

要求：（1）填写出习题表 7-4 A～F 空格中的数值。

（2）计算第一季度平均库存额和上半年平均库存额。

4. 某企业 2015 年 6 月职工人数资料如习题表 7-5 所示。

习题表 7-5　　某企业 2015 年 6 月职工人数资料

日　期	每月职工人数（人）
6 月 1 日～8 日	2 320
6 月 9 日～15 日	2 325
6 月 16 日～20 日	2 328
6 月 21 日～22 日	2 402
6 月 23 日～30 日	2 400

要求：（1）指出该时间数列属于哪一种类型。

（2）计算该企业 6 月平均职工人数。

5. 某企业职工人数及非生产人员人数资料如习题表 7-6 所示。

习题表 7-6　　某企业第一季度职工人数及非生产人员人数资料

时　间	1 月 1 日	2 月 1 日	3 月 1 日	4 月 1 日
职工人数（人）	2 000	2 020	2 025	2 024
非生产人员人数（人）	362	358	341	347

试求：该企业第一季度非生产人员在全部职工人数中占的比重。

6. 某企业 2015 年 1～4 月商品销售额和职工人数资料如习题表 7-7 所示。

习题表 7-7　　某企业 1～4 月销售额和职工人数资料

月　份	1	2	3	4
商品销售额（万元）	90	124	143	192
月初职工人数（人）	58	60	64	66

要求：计算第一季度的月平均劳动生产率。

7. 某工业企业第一季度总产值和人均产值资料如习题表 7-8 所示。

习题表 7-8　　某工业企业第一季度总产值和人均产值资料

月　份	1	2	3	4
总产值（万元）	1 800	1 640	2 002	2 300
人均产值（元/人）	12 000	10 000	13 000	12 500

要求：计算第一季度各月的人均产值。

8. 某村 2010～2015 年年初人口数和人均粮食资料如习题表 7-9 所示。

习题表 7-9　　某村 2010～2015 年年初人口数和人均粮食资料

年　份	2010	2011	2012	2013	2014	2015
年初人口数（人）	2 000	2 020	2 035	2 060	2 100	2 130
人均粮食（千克/人）	680	720	810	800	840	880

又知，2016 年年初该村人口数为 2 175 人。

要求：计算 2010～2015 年该村年平均人均粮食数。

9. 某企业 2011～2015 年工业总产值资料如习题表 7-10 所示。

习题表 7-10　　某企业 2011～2015 年工业总产值资料　　单位：万元

年　份	2011	2012	2013	2014	2015
工业总产值	677	732	757	779	819

要求：（1）计算各年的逐期增长量和累计增长量。

（2）计算各年的环比发展速度和定基发展速度。

（3）计算各年的环比增长速度和定基增长速度。

（4）计算各年增长 1%的绝对值。

（5）计算 2011～2015 年期间的年平均发展速度和平均增长速度。

（6）如果要求该企业在 2016 年总产值达到 1 000 万元，那么从 2015 年起，每年应以怎样的速度增长才能达到该目标?

10. 根据习题表 7-11 中已有的数字资料，运用时间数列指标之间的相互关系，通过计算填出习题表 7-11 所缺数字。

习题表 7-11　　时间数列指标计算表

年　份	总产值（万元）	环比动态指标		
		增长量（万元）	发展速度（%）	增长速度（%）
2011	200			
2012		20		
2013			110	
2014				9
2015				12

11. 某地区 2005～2015 年粮食总产量的年平均增长速度为 8%，根据预测，从这以后到 2015 年，该地区的粮食总产量年平均增长速度将下降到 4%。已知该地区 2005 年的粮食总产量为 250 万吨，试推算到 2019 年该地区的粮食总产量为多少？

12. 某企业的工业总产值 2013 年比 2010 年增长 15%，2014 年比 2013 年增长 8%，2015 年比 2014 年增长 65%，试问该厂 2010～2015 年年平均增长速度为多少？

13. 某零售商店 2015 年商品的销售额为 500 万元，如果以后每年增长 10%，试问多少年后才能达到 2 000 万元？

14. 某厂产品产量计划要求 2015 年比 2005 年增长两倍，试问每年应以什么样的速度增长才能达到计划目标？若已知到 2011 年，该厂产品产量已增长了 120%，试问 2011 年以后年平均增长速度为多少将能达到计划指标？

15. 某厂 2015 年的总产值为 500 万元，规划十年内总产值翻一番，试问：

（1）从 2016 年起，每年应有什么样的平均增长速度，产值才能在 10 年内翻一番？

（2）若 2015～2017 年两年的平均增长速度为 105%，那么，后 8 年应有怎样的速度才能做到 10 年翻 1 番？

（3）若要求提前两年达到产值翻 1 番，则每年应有怎样的平均增长速度？

16. 2015 年甲厂的 A 产品产量为 60 万吨，乙厂的 A 产品产量为 150 万吨，如果今后甲、乙两厂的年平均增长速度分别为 8%和 4%，试问：

（1）多少年后甲厂产品产量才能赶上乙厂？

（2）那时两厂的 A 产品产量均为多少？

17. 某地区 2010～2015 年各年行政费用支出额如习题表 7-12 和习题表 7-13 所示。

习题表 7-12　　某地区 2010～2015 年各年行政费用支出额　　单位：万元

年　份	2010	2011	2012	2013	2014	2015
支出额	350	315	325	300	295	360

要求：分别用累计法和水平法求该地区 2001～2006 年行政开支的年平均增长速度。

习题表 7-13　　累计法5年平均增长速度查对表

平均每年增长（%）	总发展速度（%）	平均每年增长（%）	总发展速度（%）	平均每年增长（%）	总发展速度（%）	平均每年增长（%）	总发展速度（%）
−20	268.56	−10	368.56	1	515.20	11	691.29
−19	277.67	−9	380.15	2	530.81	12	711.52
−18	286.66	−8	392.06	3	546.84	13	732.27
−17	295.92	−7	404.30	4	563.30	14	755.55
−16	305.44	−6	416.88	5	580.19	15	775.37
−15	315.25	−5	429.82	6	593.53	16	797.75
−14	325.31	−4	443.11	7	615.33	17	820.68
−13	335.67	−3	456.76	8	633.59	18	844.20
−12	346.33	−2	470.79	9	652.33	19	868.30
−11	357.29	−1	485.20	10	671.56	20	892.99

18. 某集市贸易市场某种农副产品6月每日价格情况如习题表7-14所示。

习题表 7-14　　某集市贸易市场某种农副产品6月每日价格情况

日　期	价格（元/千克）	日　期	价格（元/千克）
1	2.05	16	2.60
2	2.00	17	2.68
3	2.95	18	2.70
4	2.00	19	2.75
5	2.10	20	3.00
6	2.10	21	2.35
7	2.25	22	2.95
8	2.20	23	3.00
9	2.30	24	3.10
10	2.34	25	3.05
11	2.50	26	3.00
12	2.50	27	3.00
13	2.60	28	2.88
14	2.55	29	2.90
15	2.50	30	2.95

要求：用移动平均法（5天1次移动平均）重新编制动态数列并绘制曲线图。

19. 某地区2011～2015年水稻产量资料如习题表7-15所示。

习题表 7-15　　某地区2011～2015年水稻产量资料　　单位：万吨

年　份	2011	2012	2013	2014	2015
产　量	320	332	340	356	380

要求：试建立直线趋势方程，并预测2020年的水稻产量。

20. 某旅游风景区2013～2015年各季度的旅游收入资料如习题表7-16所示。

习题表 7-16　某旅游风景区 2013～2015 年各季度的旅游收入资料　单位：万元

年　份	第一季度	第二季度	第三季度	第四季度
2013	490	2 676	4 398	403
2014	667	3 076	4 984	490
2015	750	3 168	5 551	861

要求：（1）用按月（季）平均法计算季节比率。

（2）用趋势剔除法计算季节比率。

任务八　统计指数分析

学习目标

【知识目标】

- 了解统计指数的概念、作用及分类
- 了解几种常用的价格指数
- 熟悉指数体系的概念与作用
- 掌握 3 种指数——综合指数、平均数指数、平均指标指数的编制原理、编制方法及应用场合
- 重点掌握统计指数的分析方法——因素分析法的概念、分析原理、分析方法及具体应用

【技能目标】

- 能够熟练掌握综合指数、平均数指数和平均指标指数的编制方法
- 能够熟练掌握指数体系与因素分析法

任务描述

2015 年 9 月，全国居民消费价格总水平同比上涨 1.6%。其中，城市上涨 1.6%，农村上涨 1.5%；食品价格上涨 2.7%，非食品价格上涨 1.0%；消费品价格上涨 1.4%，服务价格上涨 2.1%。1～9 月平均，全国居民消费价格总水平比去年同期上涨 1.4%。

2015 年 9 月，全国居民消费价格总水平环比上涨 0.1%。其中，城市上涨 0.1%，农村上涨 0.1%；食品价格下降 0.1%，非食品价格上涨 0.2%；消费品价格持平，服务价格上涨 0.3%。

本任务案例是国家统计局公布的我国 2015 年 9 月居民消费价格指数，通过该指数，可以了解居民家庭购买消费商品的价格水平和服务价格水平综合变化的相对程度。同时，它是经济分析和决策的重要指标。按年度计算的居民消费价格指数，通常被用来作为反映通货膨胀或者紧缩程度的指标。本任务将系统地介绍以居民消费价格指数为例的各统计指数的含义和编制方法。

相关知识

一、统计指数的意义

（一）指数的意义

指数的产生，源于物价变动。18世纪中叶，由于金银大量流入欧洲，欧洲的物价飞涨，引起社会动荡、人民恐慌，于是产生了反映物价变动的要求，物价指数由此产生。在约200年的发展期间，随着社会经济的发展和统计研究的需要，指数的应用范围不断地拓宽，指数概念也在不断地扩展。起初，指数只是以相对数的形式反映个别商品物价的变动。后来，反映动态数列、发展速度的相对数，也叫指数。现在，凡是反映社会现象数量对比关系的相对数，都叫指数。

统计指数的概念有广义和狭义之分。

（1）广义的指数是泛指同类社会经济现象数量变动的比较指标，即用来表明同类现象在不同空间、不同时间，实际与计划对比变动情况的相对数。例如，前面讲过的结构相对数、比例相对数、比较相对数、动态相对数、计划完成相对数等，都属于广义的指数。狭义的指数仅指反映不能直接相加的复杂社会经济现象在数量上综合变动情况的相对数。例如，要说明一个国家或一个地区商品价格的综合变动情况，由于各种商品的经济用途、规格、型号、计量单位等不同，不能直接将各种商品的价格简单对比，而要解决这种复杂经济总体各要素相加的问题，就要编制统计指数综合反映它们的变动情况。

（2）狭义的指数是一种特殊的相对数，它是说明许多不能直接相加的要素所组成的复杂社会经济现象综合变动情况的相对数。在许多情况下，只能考察个别社会经济现象的变动，如在研究商品销售情况时，只能就个别商品计算其发展变化的程度。但若要从整体上综合考察各种商品销售情况的变动，用发展速度指标是无法确定的。

【例8–1】甲商店2015年7月和8月销售3种商品资料如表8-1所示。

表8-1　　某商店7月和8月销售3种主要商品资料

商品名称	计量单位	销售量		销售价格（元）	
		7月	8月	7月	8月
		q_0	q_1	p_0	p_1
甲	台	250	300	180	184
乙	米	1 740	1 860	45	42
丙	吨	120	110	720	730

根据表8-1，利用一般计算动态相对数的方法，只能分别计算每种商品销售量的个体指数 k_q 和价格个体指数 k_p，具体如下。

甲商品：$k_q=\frac{q_1}{q_0}=\frac{300}{250}=120\%$，$k_p=\frac{p_1}{p_0}=\frac{184}{180}=102.2\%$

乙商品：$k_q=\frac{q_1}{q_0}=\frac{1\,860}{1\,740}=106.9\%$，$k_p=\frac{p_1}{p_0}=\frac{42}{45}=93.3\%$

丙商品：$k_q=\frac{q_1}{q_0}=\frac{110}{120}=91.7\%$，$k_p=\frac{p_1}{p_0}=\frac{730}{720}=101.4\%$

若要用表中资料分析 3 种商品销售量和价格变动的综合情况，只能用狭义的指数进行分析。具体分析方法见后面内容。

（二）指数的种类

1. 按反映对象的范围分类

按反映对象的范围分类，统计指数可分为个体指数和总指数。

（1）如果构成有限总体的各个单位可以通过直接加总得到总体单位总量，这样的总体称为简单总体。反映简单总体或同类经济现象变动的相对数，统计上称为“个体指数”，即广义的指数。

个体指数一般用 k 来表示。如：

个体产品产量指数 $k_q=\frac{q_1}{q_0}$（式中：q_1 为报告期产量，q_0 为基期产量），

个体产品成本指数 $k_z=\frac{z_1}{z_0}$（式中：z_1 为报告期成本，z_0 为基期成本），

个体物价指数 $k_p=\frac{p_1}{p_0}$（式中：p_1 为报告期价格，p_0 为基期价格）等。

（2）如果有限总体中包含了不同种类的单位，这些单位不能通过直接加总得到总体单位总量，这样的总体称为复杂总体。反映复杂总体或复杂经济现象综合变动的相对数，统计上称为“总指数”，即狭义的指数。

总指数一般用 $\bar{K}$ 表示，通常情况下，我们所说的指数都是指总指数。

2. 按总指数的编制方法分类

按总指数的编制方法分类，统计指数可分为综合指数和平均数指数。

（1）综合指数是先将所研究现象总体中不能同度量的个别现象的量，通过另一个因素或多个因素做媒介，使其转化为可同度量的量，再进行加总、对比，以综合反映所研究现象总体的变动方向和变动程度的指数。它是总指数编制的基础。它的优点在于不仅可以反映复杂经济现象总体的变动方向和程度，而且可以准确地、定量地说明现象变动所产生的实际经济效果。

（2）平均数指数是指从个体指数出发，通过对个体指数进行加权平均计算而编制的指数。

平均数指数和综合指数的计算结果是相同的。因为平均数指数公式中所用的权数是根据综合指数的原理和要求，从相应的综合指数公式中有关综合指标转化而来的，所以习惯上把平均数指数公式称为综合指数的变形公式。但二者的适用条件不同，具体内容后面讲解。

3. 按所反映社会经济现象的性质分类

按所反映社会经济现象的性质分类，统计指数可分为数量指标指数和质量指标指数。

（1）数量指标指数是反映现象总规模和总水平变动情况的相对数，如商品销售量指数、产品产量指数、职工人数指数等。

（2）质量指标指数是反映现象相对水平或工作质量变动状况的相对数，如产品成本指数、商品价格指数、职工平均工资指数、劳动生产率指数等。

4. 按计算时所采用的基期分类

按计算时所采用的基期分类，统计指数可分为定基指数和环比指数。

（1）定基指数是指在指数数列中各个指数都以某一固定时期为对比基期编制的指数。定基指数的基期不依分析时期的变化而变化，可用来反映现象在一个较长时期的变化情况。

（2）环比指数是指在指数数列中各个指数都以其前期水平为对比基期编制的指数。环比指数的基期随报告期的变化而变化，可用来反映被研究现象逐期变化的情况。

5. 按所反映的时间状态分类

按所反映的时间状态分类，统计指数可分为动态指数和静态指数。

（1）指数方法论主要论述动态指数。动态指数是出现最早、应用最多的指数，也是理论上最为重要的统计指数。它是由两个不同时期的同类经济变量值对比形成的指数，说明现象在不同时间上发展变化的过程和程度。例如，某企业2015年的总产值与2014年的总产值相比较计算的指数，就是动态指数，用以说明企业总产值在不同时间上的发展变化情况。

（2）静态指数是动态指数在实际应用中的扩展，包括空间指数和计划完成指数两种。空间指数（也称“地域指数”或“区域性指数”）是将不同空间（不同国家、地区、部门、企业等）的同类现象进行比较的结果，反映现象在不同空间的差异程度。例如，A企业年产值为1 000万元，B企业年产值为1 200万元，则B企业的年产值是A企业的120%，这个结果反映两个不同空间（A企业和B企业）的同类现象（都是年产值）进行比较后的差异程度。

（三）指数的作用

（1）综合反映复杂现象的总体变动方向、变动幅度和变动的绝对效果。

在统计实践中，经常要研究复杂经济现象的综合变动情况，如多种商品的销售价格的变动、多种股票价格综合变动等。这类问题由于各种商品或产品的使用价值不同、各种股票价格涨跌幅度和成交量不同，所研究总体中的各个个体不能直接相加，通过编制统计指数就可以将由许多不能同度量的个别事物组成的现象总体过渡到可以加总对比的状态，从而综合说明现象总体变动的程度。同时，统计指数中的子项资料和母项资料的差额可以说明现象变动的绝对效果。这是统计指数最基本的作用。

（2）分析现象总变动中各因素变动的影响方向及影响程度，对复杂的现象进行综合评价。

很多现象的总变动都是其内部诸多因素综合影响的结果，利用指数体系理论可以测定复杂社会经济现象的总变动中，各构成因素的变动对现象总变动的影响情况，并对经济现象变化做综合评价。例如，商品销售额受销售量和销售价格两个因素的影响，通过编制销售量总指数、销售价格总指数和销售额总指数，可以分析和测定销售量、销售价格变动对销售额变动影响的方向、程度和效果，根据销售量和销售价格变动的影响，可以综合评价销售额变动的情况。

（3）通过编制指数数列测定社会经济现象在长期内的发展变化趋势。

编制一系列反映同类现象变动情况的指数形成指数数列，可以反映被研究现象的变动趋势。例如，根据1986～2015年共30年的零售价格资料，编制29个环比价格指数，从而构成零售价格指数数列，可以揭示零售价格在30年间的变化趋势，研究物价变动对经济建设和人民生活水平的影响。

二、综合指数

（一）综合指数的计算特点

一般来说，当一个总量指标可以分解为两个或两个以上因素指标时，将其中一个或一个以上的因素指标固定下来，只观察其中一个因素指标的变动方向及程度，这样的总量指标对比形成的总指数就称为“综合指数”。综合指数的计算具有以下特点。

1. 先综合后对比

在分析复杂社会经济现象综合变动时，不同计量单位的事物不能直接相加，但有时又需要把它们作为一个总体来研究而必须把它们加总起来，这是运用综合指数法首先要解决的问题。

例如，要研究不同类型商品销售量的总变动情况，由于不同类型的商品在使用价值、计量单位上的不同而不能直接相加，但是通过引入价格这一同度量因素，使各商品的销售量指标转化为可以直接相加的价值量指标——商品销售额，对比两个销售额指标，就可以求得这些商品的销售量指数。

2. 将同度量因素加以固定

运用综合指数法编制总指数时，人们只关心一个因素的变动程度。这就要求编制指数时，把新加入的媒介因素作为同度量因素加以固定，并用它来测定人们所关心的因素的变动情况。至于同度量因素的指标应该固定在哪个时期，要根据编制指数的具体任务以及指数的经济内容来确定。选择不同时期的数值作为同度量因素，结果不同，其经济意义也不同。如何固定同度量因素，将在后面的内容中详细介绍。

3. 需要全面的数据资料

编制综合指数时，需要运用全面的数据资料。例如，计算商品销售量指数时，需要所有商品报告期和基期的销售量资料和所有商品在某一固定时期（一般是基期）的价格资料，否则将无法计算综合指数。全面的统计资料只存在登记性误差，不存在代表性误差。

（二）综合指数的计算

计算综合指数时，一般要涉及两个因素：一个是指数所要研究的对象，称为指数化因素；另一个是将不能直接加总的现象过渡到可以直接加总的现象的因素，称为同度量因素。所谓同度量因素，就是在编制综合指数时，将不能直接相加的因素，转化为可以直接相加的量的媒介因素，它在指数的编制中起着过渡、媒介或权数的作用。

由于研究社会经济现象有数量指标与质量指标之分，综合指数也因此分为了数量指标综合指数和质量指标综合指数。这两种综合指数编制的基本原理相同，但在编制方法上有所不同。

1. 数量指标综合指数的编制

数量指标综合指数是说明数量指标变动情况的比较指标，如工业产品生产量指数、职工人数指数、商品销售量指数等。

现以商品销售量指数为例说明数量指标综合指数的编制原理。

【例 8-2】某商店 2015 年 8 月（基期）和 9 月（报告期）甲、乙、丙 3 种商品的销售量和销售价格资料如表 8-2 所示。

表 8-2　　2015 年 8 月和 9 月某商店商品销售量和销售价格资料

商品名称	计量单位	销售量		价格（元）	
		基期（q_0）	报告期（q_1）	基期（p_0）	报告期（p_1）
甲	千克	4 200	4 660	30	25
乙	件	2 400	2 400	40	43
丙	台	1 880	1 600	20	20

由表 8-2 中的资料可以看出，2015 年 9 月与 8 月比，甲、乙、丙 3 种商品的销售量有增有减，其个体销售量指数如下。

甲商品：$k_q=\dfrac{q_1}{q_0}=\dfrac{4\,660}{4\,200}=111\%$

乙商品：$k_q=\dfrac{q_1}{q_0}=\dfrac{2\,400}{2\,400}=100\%$

丙商品：$k_q=\dfrac{q_1}{q_0}=\dfrac{1\,600}{1\,880}=85.1\%$

个体指数只能说明每一种商品自己的变动方向和变动程度，要综合说明 3 种商品销售量总的变动方向和变动程度，需要编制销售量总指数。编制销售量总指数要求把 3 种商品 2015 年 8 月份和 9 月的销售量分别加总，然后将两个时期的销售总量进行对比。但由于 3 种商品的计量单位不同，其销售量不能直接加总。因此，在编制销售量总指数时，需要运用综合指数的基本原理，合理解决以下 3 个问题。

（1）寻找同度量因素。同度量因素是指把不能直接加总的量转化成可以直接加总的量，起媒介作用的事物。

在【例 8-2】中，3 种商品的使用价值和计量单位不同，其销售量不能直接相加。如果引入商品的单位价格，以其为媒介，就可以将不能直接相加的商品销售量转化成可以直接相加的商品销售额。其中，商品销售量（数量指标）是被研究的对象，是要说明的变动方向和变动程度所指的事物，统计上称之为"指数化因素"；单位价格（质量指标）将不能直接相加的销售量转化为可以直接相加的销售额，是起媒介作用的事物，即前面所说的同度量因素。同度量因素不仅起着媒介的作用，还具有权数的作用。

通过单位价格的媒介作用，将两个时期 3 种商品的销售量转化为销售额后，就可以将这 3 种商品在两个时期的销售额分别加总，再将两个时期的销售总额进行对比，可以得到销售额总指数公式：

$$\text{销售额总指数}=\frac{\sum q_1p_1}{\sum q_0p_0}\tag{8-1}$$

式中：q_1 为报告期商品销售量；q_0 为基期商品销售量；p_1 为报告期商品单价；p_0 为基期商品单价。

把表 8-2 中的资料代入式（8-1），则

$$销售额总指数=\frac{4\,660\times25+2\,400\times43+1\,600\times20}{4\,200\times30+2\,400\times40+1\,880\times20}=\frac{251\,700}{259\,600}=96.96\%$$

$$\sum q_1p_1-\sum q_0p_0=251\,700-259\,600=-7\,900\ （元）$$

通过引入同度量因素，解决了 3 种商品不能直接加总的问题。从计算结果可以看出，报告期销售总额比基期降低了 3.04%，减少的绝对额为 7 900 元。

（2）固定同度量因素。上述计算结果中，销售额降低了 3.04%和绝对额减少 7 900 元是销售量和价格同时变动的结果。只有假设报告期和基期的价格相同，计算出来的两个时期的销售额对比的结果才能单纯地反映多种商品销售量总的变动方向和变动程度。这样编制出来的指数才是销售量总指数。

基于这个原理建立起来的数量指标综合指数的一般公式是

$$销售额指数=\frac{\sum q_1p}{\sum q_0p} \tag{8-2}$$

式中：p 为商品两个时期相同的价格。

式（8-2）中的商品价格可以选择基期价格，也可以选择报告期价格。

当商品价格（同度量因素）选择基期价格 p_0 时，销售量总指数的公式为

$$销售额指数=\frac{\sum q_1p_0}{\sum q_0p_0} \tag{8-3}$$

式（8-3）称为基期加权综合指数公式，它是由德国著名经济统计学家拉斯贝尔于 1864 年首次提出的，也被人们称为拉氏指数公式。

将表 8-2 中的数据资料代入式（8-3），则

$$销售额指数=\frac{4\,660\times30+2\,400\times40+1\,600\times20}{4\,200\times30+2\,400\times40\times1\,880\times20}=\frac{267\,800}{259\,600}=103.2\%$$

$$\sum q_1p_0-\sum q_0p_0=267\,800-259\,600=8\,200\ （元）$$

计算结果表明，报告期 3 种商品销售量比基期增长了 3.2%；销售量的增长，使销售额增加了 8 200 元。

当商品价格（同度量因素）选择报告期价格 p_1 时，销售量总指数的公式为

$$销售量总指数=\frac{\sum q_1p_1}{\sum q_0p_1} \tag{8-4}$$

式（8-4）称为报告期加权综合指数公式，由德国著名经济统计学家派许于 1874 年首次提出，也被人们称为派氏指数公式。

将表 8-2 中的资料代入公式，则

$$销售量总指数=\frac{4\,660\times25+2\,400\times43+1\,600\times20}{4\,200\times25+2\,400\times43+1\,880\times20}=\frac{251\,700}{245\,800}=102.4\%$$

$$\sum q_1p_1-\sum q_0p_1=251\,700-245\,800=5\,900\ （元）$$

计算结果表明，报告期 3 种商品的销售量比基期增长了 2.4%；销售量的增长，使销售额增加了 5 900 元。

（3）确定同度量因素所属的时期。上述计算结果说明，同一数量指标综合指数的同度量因素，固定在不同时期会得出不同的结果。究竟应该采用哪种公式计算销售量综合指数，则取决于统计研究的目的。

编制销售量指数的目的在于测定各种商品销售量的总变动，这就要求在计算中必须尽量排除价格变动的影响。因此，只有采用将销售价格固定在基期作同度量因素的公式，才能反映销售量本身的变动程度及影响的绝对销售额；而以报告期价格作为同度量因素的公式，则包含了价格和销售量共同变动的影响，不能确切地反映销售量本身的变动及其影响的绝对销售额。

由此，我们可以概括出编制数量指标综合指数的一般原则：编制数量指标综合指数，应以基期的质量指标作为同度量因素。但上述说法也不是绝对的，在实际运用中，要注意根据研究的目的及资料条件等，针对具体情况灵活运用。

2. 质量指标综合指数的编制

质量指标综合指数是反映质量指标数量变动情况的指数，如价格指数、劳动生产率指数、成本指数等。

现以商品销售价格指数为例说明质量指标综合指数的编制方法。

仍以【例 8-2】中的资料为例。由表 8-2 中的资料可以看到，2015 年 8 月与 9 月相比，3 种商品的销售价格有升有降，3 种商品的个体价格指数分别如下。

甲商品：$k_p=\dfrac{p_1}{p_0}=\dfrac{25}{30}=83.3\%$

乙商品：$k_p=\dfrac{p_1}{p_0}=\dfrac{43}{40}=107.5\%$

丙商品：$k_p=\dfrac{p_1}{p_0}=\dfrac{20}{20}=100\%$

个体价格指数只能说明每一种商品自己的价格的变动方向和变动程度，要综合说明 3 种商品价格总的变动方向和变动程度，则需要编制价格总指数。

商品的价格虽然都是以货币表示的，其计量单位相同，但不同商品的价格仍然不能直接相加，这是因为各种不同商品的价格代表着不同质的商品价值，简单相加是没有实际意义的。

因此，在编制价格总指数时，仍然需要运用综合指数的基本原理，合理解决以下 3 个问题。

（1）寻找同度量因素。在【例 8-2】中，3 种商品的价格不能直接相加，但可以引入各种商品的销售量，以其为媒介，将不能直接相加的商品价格转化成可以直接相加的商品销售额。

其中，商品的单位价格是指数化因素，即被研究的对象，是要说明的变动方向和变动程度所指的事物；商品销售量（数量指标）是同度量因素，它将不能直接相加的价格转化成了可以直接相加的销售额，这样就可以将 3 种商品在两个时期的销售额分别加总，再进行对比，得出销售额总指数如式（8-1）所示。

但是，上述计算的销售额总指数，既包括了销售量的变动，也包括了价格的变动，即销售额降低了 3.04%和绝对额减少了 7 900 元是销售量和价格同时变动的结果。

（2）固定同度量因素。要编制单纯反映价格综合变动情况的总指数，必须从销售额的变动中排除同度量因素变动的影响，即只有假设报告期和基期的销售量相同，计算出来的两个时期的销售额对比的结果才能单纯地反映多种商品价格总的变动方向和变动程度，这样编制出来的指数才是价格总指数。

基于这个原理建立起来的质量指标综合指数的一般公式是

$$价格总指数=\frac{\sum p_1q}{\sum p_0q} \quad (8\text{-}5)$$

式中：q 为商品两个时期相同的销售量。

式（8-5）中的商品销售量可以选择基期销售量，也可以选择报告期销售量。仍以【例 8-2】中的资料为例进行分析。

当商品销售量（同度量因素）选择基期销售量 q_0 时，价格总指数的公式为

$$价格总指数=\frac{\sum p_1q_0}{\sum p_0q_0} \quad (8\text{-}6)$$

同以基期价格为同度量因素的销售量总指数公式一样，上述公式也属于基期加权综合指数公式，也称为拉氏指数公式。

将表 8-2 中的资料代入公式，则

$$价格总指数=\frac{4\,200\times25+2\,400\times43+1\,880\times20}{4\,200\times30+2\,400\times40+1\,880\times20}=\frac{245\,800}{259\,600}=94.68\%$$

$$\sum p_1q_0-\sum p_0q_0=245\,800-259\,600=-13\,800\ （元）$$

计算结果表明，报告期 3 种商品价格总水平比基期下降了 5.32%；价格总水平的下降，使销售额减少了 13 800 元。

当商品销售量（同度量因素）选择报告期销售量 q_1 时，价格总指数的公式为

$$价格总指数=\frac{\sum p_1q_1}{\sum p_0q_1} \quad (8\text{-}7)$$

同以报告期价格为同度量因素的销售量总指数式（8-4）一样，式（8-7）也称为报告期加权综合指数公式，也称为派氏指数公式。

将表 8-2 中的资料代入式（8-7），则

$$价格总指数=\frac{4\,660\times25+2\,400\times43+1\,600\times20}{4\,660\times30+2\,400\times40+1\,600\times20}=\frac{251\,700}{267\,800}=93.99\%$$

$$\sum p_1q_1-\sum p_0q_1=267\,800-267\,800=-16\,100\ （元）$$

计算结果表明，报告期 3 种商品价格总水平比基期下降了 6.01%。价格水平的下降，使销售额减少了 16 100 元。

（3）确定同度量因素所属的时期。上述计算分析结果表明，同一质量指标综合指数的同度量因素，固定在不同时期会得出不同的结果。用基期的销售量作为同度量因素的公式，能够单纯地反映商品价格的总变动，而计算表明的是在按过去销售量的条件下，销售这 3 种商品实现的销售额，这是没有实际意义的。而用报告期作为同度量因素的公式，尽管在反映商品销售价格的同时，也包含有销售量的变动因素部分影响在内，但是，它可以说明在目前的商品销售量条件下，由于

价格的变动导致的商品销售额的变动情况。同时，也可说明在目前销售量的条件下，由于物价变动而使销售额变动的差额，更具有现实意义。

由此，我们可以概括出编制质量指标综合指数的一般原则：编制质量指标综合指数，应以报告期的数量指标作为同度量因素。

通过以上对编制数量指标综合指数和质量指标综合指数的分析，我们可以得出编制综合指数的一般原则：编制数量指标综合指数，要以质量指标为同度量因素，并将质量指标固定在基期；编制质量指标综合指数，要以数量指标为同度量因素，并将数量指标固定在报告期。

三、平均数指数

（一）平均数指数的主要形式

编制综合指数，必须全面掌握报告期和基期的指数化因素和同度量因素资料。但是，在实际工作中，往往不能及时地全面掌握所需资料，这样，就不能直接套用综合指数公式进行计算。这时，就可以使用平均数指数进行计算。

平均数指数是综合指数的变形形式，它是通过对单项事物的质量指标或数量指标的个体指数进行加权平均计算的总指数。其实质是以个体指数作为变量，并根据个体在总体中的地位加权平均，即对个体指数的平均化，以测定现象的综合平均变动。它在国内外统计工作中，作为一种独立的形式，得到广泛的应用。

平均数指数作为综合指数的变形来使用，只是改变了综合指数公式的计算形式，而不会改变综合指数的计算结果和经济意义，其指数形式和权数的选择必须按综合指数的编制原理和要求来确定。

平均数指数的基本形式一般分为两种：一种是加权算术平均数指数，另一种是加权调和平均数指数。

1. 加权算术平均数指数的编制

加权算术平均数指数是对个体指数运用加权算术平均数的方法编制的指数，即以个体指数为变量值，以综合指数公式的母项资料为权数，计算个体指数的加权算术平均数。

（1）数量指标加权算术平均数指数的编制。以商品销售量指数为例，数量指标的加权算术平均数指数的公式为

$$\overline{K}_q=\frac{\sum k_q q_0 p_0}{\sum q_0 p_0} \tag{8-8}$$

式中：$k_q=\frac{q_1}{q_0}$（个体销售量指数，要进行平均的变量值）；q_0p_0 为基期销售额。

从式（8-8）可以看出，加权算术平均数指数与综合指数相比，消除了报告期销售量 q_1 与基期价格 p_0 相乘得出假定销售额的资料所限和计算的麻烦，从而使资料既易取得，又简化了计算过程。同时，若将 $k_q=\frac{q_1}{q_0}$ 代入式（8-8），还可还原为数量指标综合指数的基本形式：

$$\overline{K}_q=\frac{\sum k_q q_0 p_0}{\sum q_0 p_0}=\frac{\sum \frac{q_1}{q_0} q_0 p_0}{\sum q_0 p_0}=\frac{\sum q_1 p_0}{\sum q_0 p_0}$$

【例 8–3】某商店 2015 年第二季度（报告期）与第一季度（基期）有关商品销售情况资料如表 8-3 所示。

表 8-3　　　　　　　　某商店商品销售量指数计算表

商品名称	计量单位	商品销售量		个体销售量指数 k_q（%）	基期销售额（万元）q_0p_0	$k_qq_0p_0$
		基期 q_0	报告期 q_1			
甲	件	400	600	150	100	150
乙	千克	500	600	120	200	240
丙	套	200	180	90	100	90
合计	—	—	—	—	400	480

从以上资料看，由于掌握的资料不全面，不能直接运用综合指数的公式计算总指数，需要将公式变形加以使用。

设：k_q 为各种商品的销售量个体指数，则

$$\overline{K}_q=\frac{\sum k_q q_0 p_0}{\sum q_0 p_0}=\frac{480}{400}=120\%$$

分子分母之差为

$$\sum k_q q_0 p_0-\sum q_0 p_0=480-400=80\text{（万元）}$$

计算结果表明，3 种商品的销售量报告期比基期增长了 20%，使销售额增加了 80 万元。

通过以上分析可知，当已知商品的销售量个体指数和特定权数 q_0p_0 时，可以用综合指数的变形公式即加权算术平均法计算总指数，其结果是一样的。

（2）质量指标的加权算术平均指数的编制。以价格总指数为例，质量指标的加权算术平均指数的公式为

$$\overline{K}_p=\frac{\sum k_p q_1 p_0}{\sum q_1 p_0} \tag{8-9}$$

式中：$k_p=\frac{p_1}{p_0}$（个体价格指数，要进行平均的变量值）；q_1p_0 为报告期假定销售额（价格总指数的综合指数的分母资料，权数）。

从式（8-9）可以看出，若将 $k_p=\frac{p_1}{p_0}$ 代入式（8-9），还可以还原为质量指标综合指数的基本形式：

$$\overline{K}_p=\frac{\sum k_p q_1 p_0}{\sum q_1 p_0}=\frac{\sum \frac{p_1}{p_0} q_1 p_0}{\sum q_1 p_0}=\frac{\sum q_1 p_1}{\sum q_1 p_0}$$

【例 8-4】某商店 2015 年 9 月与 10 月商品销售资料如表 8-4 所示。

表 8-4　某商店商品销售价格指数计算表

商品名称	计量单位	商品销售价格（元）		个体价格指数 k_p（%）	按报告期销售量和基期价格计算的销售额（元）p_0q_1	比重 w（%）	$k_pp_0q_1$	k_pw（%）
		基期 p_0	报告期 p_1					
甲	件	10.00	8.00	80	600 000	43.04	480 000	34.43
乙	千克	8.00	8.00	100	704 000	50.50	704 000	50.50
丙	套	3.00	4.50	150	90 000	6.46	135 000	9.69
合计	—	—	—	—	1 394 000	100	1 319 000	94.62

$$\overline{K}_p=\frac{\sum k_p q_1 p_0}{\sum q_1 p_0}=\frac{1\,319\,000}{1\,394\,000}=94.62\%$$

$$\sum k_p p_0 q_1-\sum p_0 q_1=1\,319\,000-1\,394\,000=-75\,000\text{（元）}$$

或 $$\overline{K}_p=\frac{\sum k_p w}{\sum w}=\frac{94.62\%}{100\%}=94.62\%$$

计算结果表明，3 种商品销售价格平均下降了 5.38%；价格下降，使销售额减少了 75 000 元。

若用 w 代表比重，则上式又可变为

$$\overline{K}=\frac{\sum kw}{\sum w} \tag{8-10}$$

2. 加权调和平均数指数的编制

加权调和平均数指数是对个体指数按加权调和平均的方式进行平均，即以个体指数为变量值，以综合指数公式的分子资料为权数，计算个体指数的加权调和平均数。

以价格总指数为例，质量指标的加权调和平均指数的公式为

$$\overline{K}_p=\frac{\sum q_1 p_1}{\sum \frac{1}{k_p} q_1 p_1} \tag{8-11}$$

式中：$k_p=\dfrac{p_1}{p_0}$（个体价格指数，要进行平均的变量值）；q_1p_1 为报告期实际销售额。

从式（8-11）中可以看出，加权调和平均指数消除了综合指数的假定销售额 q_1p_0，以报告期实际数值 q_1p_1 为权数，使资料较易取得，并简化了计算过程。同时，若将 $k_p=\dfrac{p_1}{p_0}$ 代入式（8-11），还可以还原为质量指标综合指数的基本公式，即：

$$\overline{K}_p=\frac{\sum q_1 p_1}{\sum \frac{1}{k_p} q_1 p_1}=\frac{\sum q_1 p_1}{\sum \frac{1}{\frac{p_1}{p_0}} q_1 p_1}=\frac{\sum q_1 p_1}{\sum q_1 p_0}$$

【例 8-5】仍以【例 8-4】的资料为例，计算商店 3 种商品销售价格的加权调和平均指数，如表 8-5 所示。

表 8-5　　某商店商品销售价格指数计算表

商品名称	计量单位	商品销售价格（元）		个体价格指数 k_p（%）	报告期销售额（元）p_1q_1	报告期销售额除以个体指数 $p_1q_1/k_p=p_0q_1$
		基期 p_0	报告期 p_1			
甲	件	10.00	8.00	80	480 000	600 000
乙	千克	8.00	8.00	100	704 000	704 000
丙	套	3.00	4.50	150	135 000	90 000
合计	—	—	—	—	1 319 000	1 394 000

$$\overline{K}_p=\frac{\sum q_1p_1}{\sum\frac{1}{k_p}q_1p_1}=\frac{1\,319\,000}{1\,394\,000}=94.62\%$$

$$\sum q_1p_1-\sum\frac{1}{k_p}q_1p_1=1\,319\,000-1\,394\,000=-75\,000\text{（元）}$$

计算结果与前面完全相同。可见，质量指标的加权调和平均数指数和质量指标综合指数实质上是一致的，只是所依据的统计资料和计算公式的形式不同而已。我国农副产品收购价格总指数，就是以报告期各类农副产品收购额为权数，以各种农副产品的收购价格指数为变量，用加权调和平均数计算的。

（二）平均数指数的应用

在统计实践中，经常很难掌握全面的统计资料。因此，可以根据非全面的统计数据，运用平均数指数法来计算总指数。例如，我国的零售物价指数、农副产品收购价格指数、居民消费品价格指数以及股票价格指数等都是采用这种方法编制的。

下面以消费价格指数的编制为例，对平均数指数的编制方法及其在实际生活中的应用加以说明。

【例 8-6】某地区 2015 年度上半年居民消费价格资料如表 8-6 所示，根据资料，编制 2015 年上半年的消费价格指数。

计算过程如下。

（1）计算各代表规格品的价格指数。

面粉和大米的价格指数分别为 105%和 106%。

表 8-6　　某地区 2015 年 10 月消费价格指数计算表

商品类别名称	代表规格品	计量单位	平均价格		指数 k_p（%）	权数 w（%）
			基期	报告期		
一、食品类					117.484	42
1. 粮食					105.32	35
（1）细粮					105.60	65
面粉	标准	千克	2.40	2.52	105.00	40
大米	梗米标一	千克	3.50	3.71	106.00	60

续表

商品类别名称	代表规格品	计量单位	平均价格		指数 k_p（%）	权数 w（%）
			基期	报告期		
（2）粗粮					104.80	35
2. 副食品					125.40	45
3. 烟酒茶					126.00	11
4. 其他食品					114.80	9
二、衣着类					95.46	15
三、家庭设备及用品类					102.70	11
四、医疗保健用品类					110.43	3
五、交通和通信工具类					98.53	4
六、文教娱乐用品类					101.26	5
七、居住类					103.50	14
八、服务项目					108.74	6

（2）根据各代表规格品的价格指数及相应的权数，计算小类价格指数，如；

$$细粮类价格指数=\frac{\sum k_p w}{\sum w}=\frac{105\%\times 40+106\%\times 60}{40+60}=105.6\%$$

（3）根据各小类价格指数及相应的权数，计算中类价格指数，如：

$$粮食类价格指数=\frac{\sum k_p w}{\sum w}=\frac{105.6\%\times 65+104.8\%\times 35}{65+35}=105.32\%$$

（4）根据各中类价格指数及相应的权数，计算大类价格指数，如：

$$食品类价格指数=\frac{\sum k_p w}{\sum w}=\frac{105.32\%\times 35+125.4\%\times 45+126\%\times 11+114.8\%\times 9}{35+45+11+9}=117.48\%$$

（5）根据各大类价格指数及相应的权数，计算总价格指数，即：

$$消费价格指数=\frac{\sum k_p w}{\sum w}=\frac{117.48\%\times 42+95.46\%\times 15+\cdots+108.74\%\times 6}{42+15+\cdots+6}=108.29\%$$

四、平均指标指数

这里所说的平均指标是指总体在分组的条件下，用加权算术平均法计算出来的平均指标。

从综合指数的定义上可以看出，当一个总量指标可以分解成两个因素的乘积时，就可以计算每一个因素的变动对总量的影响。同样，对于平均指标来讲，也可以用上述方法进行分析，因为平均指标也能够分解成两个影响因素：一是各组的比重，即权数；二是各组的代表标志值。即：

$$\bar{x}=\frac{\sum xf}{\sum f} \tag{8-12}$$

式中：x 为各组的代表标志值；f 为权数。

平均指标指数体系包括可变构成指数、固定构成指数和结构影响指数 3 个指数。

（一）可变构成指数

可变构成指数是指对社会经济现象总体分组的情况下，表明总体平均指标对比程度的相对数。其计算公式为

$$加权算术平均指标指数=\frac{\bar{x}_1}{\bar{x}_0}=\frac{\sum x_1 f_1}{\sum f_1}\bigg/\frac{\sum x_0 f_0}{\sum f_0} \quad (8\text{-}13)$$

式中：$\bar{x}_1$ 为报告期的平均数；$\bar{x}_0$ 为基期的平均数；x_1 为报告期各组代表标志值；x_0 为基期各组代表标志值；f_1 为报告期各组单位数；f_0 为基期各组单位数。

$\frac{\sum x_1 f_1}{\sum f_1}/\frac{\sum x_0 f_0}{\sum f_0}$ 称为可变构成指数。它反映平均指标的变动方向和程度，分子分母之差反映平均指标增减变动的绝对额。

【例 8–7】 某企业 2015 年第一季度（基期）和第二季度（报告期）职工人数和平均工资资料如表 8-7 所示，计算其可变构成指数。

表 8-7　　某企业职工人数及平均工资表

工人类别	工人数（人）		平均工资（元）		工资总额（元）	
	基期	报告期	基期	报告期	基期	报告期
	f_0	f_1	x_0	x_1	$x_0 f_0$	$x_1 f_1$
	（1）	（2）	（3）	（4）	（5）=（3）×（1）	（6）=（4）×（2）
技术工	500	600	800	1 000	400 000	600 000
辅助工	400	450	600	800	240 000	360 000
合计	900	1 050	711.11	914.29	640 000	960 000

将表中资料代入式（8-13），得到：

$$平均工资可变构成指数=\frac{\sum x_1 f_1}{\sum f_1}\bigg/\frac{\sum x_0 f_0}{\sum f_0}=\frac{960\ 000}{1\ 050}\bigg/\frac{640\ 000}{900}=\frac{914.29}{711.11}=1.285\ 7=128.57\%$$

分子分母之差：

$$\frac{\sum x_1 f_1}{\sum f_1}-\frac{\sum x_0 f_0}{\sum f_0}=914.29-711.11=203.18\text{（元）}$$

计算结果表明，企业职工 2015 年第二季度的平均工资比第一季度的平均工资上涨了 28.57%，绝对额增加了 203.18 元。

（二）固定构成指数

反映各组代表标志值变动影响的指数称为固定构成指数，即权数 f 被固定，只考虑标志值 x 变动带来的影响程度及绝对额，其计算公式为

$$固定构成指数=\frac{\sum x_1 f_1}{\sum f_1}\bigg/\frac{\sum x_0 f_1}{\sum f_1} \quad (8\text{-}14)$$

【例 8–8】 仍以【例 8-7】的资料为例，计算其固定构成指数，如表 8-8 所示。

表 8-8　　某企业职工人数及平均工资表

工人类别	工人数（人）		平均工资（元）		工资总额（元）		
	基期	报告期	基期	报告期	基期	报告期	假定工资额
	f_0	f_1	x_0	x_1	$x_0 f_0$	$x_1 f_1$	$x_0 f_1$
	（1）	（2）	（3）	（4）	（5）=（3）×（1）	（6）=（4）×（2）	（7）=（3）×（2）
技术工	500	600	800	1 000	400 000	600 000	480 000
辅助工	400	450	600	800	240 000	360 000	270 000
合计	900	1 050	711.11	914.29	640 000	960 000	750 000

$$平均工资固定构成指数=\frac{\sum x_1 f_1}{\sum f_1}\bigg/\frac{\sum x_0 f_1}{\sum f_1}=\frac{960\ 000}{1\ 050}\bigg/\frac{750\ 000}{1\ 050}=\frac{914.29}{714.29}=1.280\ 0=128.00\%$$

分子分母之差：

$$\frac{\sum x_1 f_1}{\sum f_1}-\frac{\sum x_0 f_1}{\sum f_1}=914.29-714.29=200\text{（元）}$$

计算结果表明，由于不同工种职工的平均工资的变动，导致企业 2015 年第二季度职工的平均工资比第一季度上涨了 28%，绝对额增加了 200 元。

（三）结构影响指数

反映权数变动影响的指数称为结构影响指数，即各组代表标志值 x 被固定，只考虑权数 f 变动带来的影响程度及绝对额，其计算公式为

$$结构影响指数=\frac{\sum x_0 f_1}{\sum f_1}\bigg/\frac{\sum x_0 f_0}{\sum f_0} \tag{8-15}$$

【例 8–9】仍以【例 8-7】的资料为例，计算其结构影响指数，如表 8-9 所示。

表 8-9　　某企业职工人数及平均工资表

工人类别	工人数（人）		平均工资（元）		工资总额（元）		
	基期	报告期	基期	报告期	基期	报告期	假定工资额
	f_0	f_1	x_0	x_1	$x_0 f_0$	$x_1 f_1$	$x_0 f_1$
	（1）	（2）	（3）	（4）	（5）=（3）×（1）	（6）=（4）×（2）	（7）=（3）×（2）
技术工	500	600	800	1 000	400 000	600 000	480 000
辅助工	400	450	600	800	240 000	360 000	270 000
合计	900	1 050	711.11	914.29	640 000	960 000	750 000

$$平均工资结构影响指数=\frac{\sum x_0 f_1}{\sum f_1}\bigg/\frac{\sum x_0 f_0}{\sum f_0}=\frac{750\ 000}{1\ 050}\bigg/\frac{640\ 000}{900}=\frac{714.29}{711.11}=1.004\ 5=100.45\%$$

分子分母之差：

$$\frac{\sum x_0 f_1}{\sum f_1}-\frac{\sum x_0 f_0}{\sum f_0}=714.29-711.11=3.18\text{（元）}$$

计算结果表明，由于不同工种职工人数的变动，导致企业 2015 年第二季度职工的平均工资比第一季度上涨了 0.45%，绝对额增加了 3.18 元。

五、指数体系与因素分析法

（一）指数体系

1. 指数体系的含义

一般来说，3 个或 3 个以上有联系的经济指数之间如果能构成一定数量上的对等关系，就可以把这种经济上有逻辑联系、数量上有对等关系的若干个指数构成的整体称为指数体系。指数体系一般保持两个对等关系：一是各影响因素指数的乘积等于现象总体指数；二是各影响因素变动额之和等于现象总体变动额。

如：

商品销售额＝商品销售量×商品销售价格

商品销售量、销售价格和销售额之间的关系是客观存在的，因此，它们的指数之间存在如下关系：

商品销售额指数＝商品销售量指数×商品销售价格指数

即：
$$\frac{\sum q_1 p_1}{\sum q_0 p_0}=\frac{\sum q_1 p_0}{\sum q_0 p_0}\times\frac{\sum q_1 p_1}{\sum q_1 p_0}$$

同时：

商品销售额绝对差额＝销售量变动影响的差额 ＋ 销售价格变动影响的差额

即：
$$\sum q_1 p_1-\sum q_0 p_0=\left(\sum q_1 p_0-\sum q_0 p_0\right)+\left(\sum q_1 p_1-\sum q_1 p_0\right)$$

商品销售量指数、销售价格指数和销售额指数就可以构成一个指数体系。

2. 指数体系的作用

（1）指数体系是因素分析的基本依据。编制指数，不仅在于反映复杂社会经济现象的总变动，还要分析现象总变动中各构成因素的影响作用。利用指数体系，可以对现象总变动中的影响因素进行定量分析，测定各因素变动对现象总变动在方向、程度和绝对量上的影响。这种分析方法，又叫指数因素分析法，它是统计分析中广泛运用的一种重要分析方法。

（2）指数体系可以进行统计推算。在统计研究或统计分析中，常常缺乏一些必要的统计资料。为此，就需要按照社会经济现象的客观联系，根据已有的统计资料推算出所需要的统计资料。指数体系的这种经济和数量关系，使我们可以根据现象之间的相互联系进行相互推算。

【例 8–10】某地区 2015 年工业企业平均职工人数为 520 万人，比上年增加 5%；全年工资总额为 1 121 120 万元，比 2014 年增长 75 428 万元。要求推算 2014 年工人平均工资。

根据指数体系：工资总额指数=平均职工人数指数×平均工资指数

由此，可以先推算出工人年平均工资的变动：

工人年平均工资指数=工资总额指数/平均职工人数指数

$$=\frac{1\ 121\ 120}{1\ 121\ 120-75\ 428}\div\frac{520}{520/(1+5\%)}=1.067\ 2\div 1.05=102.1\%$$

计算结果表明：2015 年平均工资比 2014 年平均增长了 2.1%。

又知：2011 年平均工资=1 121 120÷520=2 156（元）

由此，可以推算出 2014 年的平均工资，即：

2014 年平均工资=2 156÷102.1%=2 115（元）

3. 建立指数体系的基本问题

建立指数体系一般要合理解决以下 3 个问题。

（1）分析研究对象与其影响因素之间的内在经济联系。指数体系中各指数间的数量关系，反映了客观社会经济现象与其影响因素之间的动态联系，而这种动态联系是由它们固有的内在经济联系所决定的。因此，在建立指数体系时，首先要分析研究对象与其影响因素之间的内在经济联系。

（2）确定质量指标指数、数量指标指数及其相互关系。无论是含有两个因素的指数体系还是含有 3 个或 3 个以上因素的指数体系，其影响因素指数中，总是由质量指标指数和数量指标指数所构成的，且它们的乘积必须有实际意义，即它们之间必然存在内在的经济联系。

（3）区分各指数的指数化因素和同度量因素。在指数体系的影响因素指数中，必然同时包含指数化因素和同度量因素，且每一个影响因素指数中，只有一个指数化因素，其余的都是同度量因素。例如，在原材料费用指数中的产品产量指数，其产品产量为指数化因素，单位产品原材料消耗量和原材料价格都是同度量因素。

（二）因素分析法

因素分析就是依据指数体系的理论，分析受多因素影响的社会经济现象总变动中各影响因素影响的方向和程度的方法。

进行指数因素分析一般包括如下 3 个步骤。

第一，确定要分析的对象及影响的因素。复杂的社会现象是由两个或两个以上的因素构成的，各因素之间的客观联系是进行指数因素分析法的前提。因此，在进行指数因素分析时，首先要对所要研究的现象进行定性分析，确定分析的对象及其有哪些影响因素。例如，要分析某企业不同时期商品销售额的变动情况，通过分析可知它的影响因素有两个：一个是商品销售价格，另一个是商品销售量。

第二，建立指标体系。根据指标间数量对等关系的基本要求，确定分析所采用的对象指标和因素指标，并列出指标体系的两个关系式，即相对数关系式和绝对数关系式。相对数关系式即现象总体指数等于各影响因素指数的乘积；绝对数关系式即现象总体变动额等于各影响因素变动额之和。例如：

商品销售额指数＝商品销售量指数×商品销售价格指数

即
$$\frac{\sum q_1p_1}{\sum q_0p_0}=\frac{\sum q_1p_0}{\sum q_0p_0}\times\frac{\sum q_1p_1}{\sum q_1p_0}$$

商品销售额绝对差额＝销售量变动影响的差额+销售价格变动影响的差额

即
$$\sum q_1p_1-\sum q_0p_0=\left(\sum q_1p_0-\sum q_0p_0\right)+\left(\sum q_1p_1-\sum q_1p_0\right)$$

第三，分析说明。根据计算的结果，得出分析结论并做简要的文字说明。

因素分析包括总量指标的因素分析和平均指标的因素分析。

1. 总量指标的因素分析

总量指标的因素分析按其影响因素的多少，可以分为两因素分析和多因素分析。

（1）总量指标的两因素分析。总量指标的两因素分析就是将所分析现象的总量指标分解为两个因素，对其总量变动进行因素分析。

如要综合分析多种商品销售量和价格变动对销售总额变动的影响，就要建立指数体系。其公式如下。

相对数形式：

$$\frac{\sum q_1 p_1}{\sum q_0 p_0}=\frac{\sum q_1 p_0}{\sum q_0 p_0}\times\frac{\sum p_1 q_1}{\sum p_0 q_1} \tag{8-16}$$

绝对数形式：

$$\sum q_1 p_1-\sum q_0 p_0=\left(\sum q_1 p_0-\sum q_0 p_0\right)+\left(\sum p_1 q_1-\sum p_0 q_1\right) \tag{8-17}$$

【例 8–11】某商店 2015 年第二季度（报告期）和 2014 年第二季度（基期）的相关销售资料如表 8-10 所示，对其销售额变动进行因素分析。

表 8-10　　商品销售额变动的因素分析表

商品名称	计量单位	销售量		价格（元）		销售额		
		基期	报告期	基期	报告期	基期	报告期	假定
		q_0	q_1	p_0p_0	p_1	q_0p_0	q_1p_1	q_1p_0
甲	套	4 000	3 000	8.00	8.00	32 000	24 000	24 000
乙	件	400	728	60.00	45.00	24 000	32 760	43 680
丙	千克	3 000	7 400	5.00	5.50	15 000	40 700	37 000
合计	—	—	—	—	—	71 000	97 460	104 680

根据上述资料进行因素分析如下。

① 商品销售额总指数：

$$\overline{K}_{qp}=\frac{\sum q_1 p_1}{\sum q_0 p_0}=\frac{97\ 460}{71\ 000}=1.372\ 7=137.27\%$$

$$\sum q_1 p_1-\sum q_0 p_0=97\ 460-71\ 000=26\ 460 \text{（元）}$$

② 商品销售量总指数：

$$\overline{K}_{q}=\frac{\sum q_1 p_0}{\sum q_0 p_0}=\frac{104\ 680}{71\ 000}=1.474\ 4=147.44\%$$

$$\sum q_1 p_0-\sum q_0 p_0=104\ 680-71\ 000=33\ 680 \text{（元）}$$

③ 商品价格总指数：

$$\overline{K}_{p}=\frac{\sum p_1 q_1}{\sum p_0 q_1}=\frac{97\ 460}{104\ 680}=0.931\ 0=93.10\%$$

$\sum p_1q_1-\sum p_0q_1=97\ 460-104\ 680=-7\ 220$（元）

计算结果表明，该商店商品销售额报告期比基期增长了37.27%，使销售额增加26 460元。这是由于商品销售量报告期比基期增长了47.44%，使销售额增加33 680元；价格下降6.9%，使销售额减少7 220元，这两个因素共同作用的结果。

（2）总量指标多因素分析。总量指标多因素分析就是将现象总量指标分解为3个或3个以上的构成要素，对其总量变动进行因素分析。

总量指标的多因素分析在指数体系上，表现为被研究现象的总变动指数等于3个或3个以上因素指数的乘积。同样，要保证3个或3个以上因素指数的乘积等于被研究现象变动的指数，关键还是确定同度量因素的时期问题。因此，在具体分析时要注意以下几个问题。

① 多因素分析必须遵循连环替代的原则。分析受多因素影响的事物发展变化时，要逐项分析，逐项确定同度量因素。当分析完第一个因素变动影响后，接着分析第二个因素的影响，再分析第三个因素的影响，以此类推，直到把所有的影响因素全部分析完。

② 注意各影响因素的排列顺序。排列各因素的一般顺序为：数量指标在前，质量指标在后，相邻两因素相乘应构成一个新的因素。

③ 固定多个同度量因素。在多因素分析中，为了分析某一个因素的影响，要把其他因素固定不变。具体做法是：在分析第一个影响因素时，要把其他所有因素作为同度量因素固定在基期；分析第二个因素的变动影响时，把已经分析过的因素固定在报告期，没有分析过的因素仍固定在基期；分析第三个因素的变动影响时，把已经分析过的两个因素固定在报告期，其他没有分析过的因素仍然固定在基期。依此类推，直到分析完毕。

④ 指数体系。以原材料费用总额指数体系为例。

原材料费用总额指数=产品产量指数×单位产品原材料平均耗用量指数×原材料价格指数

即：

$$\frac{\sum q_1m_1p_1}{\sum q_0m_0p_0}=\frac{\sum q_1m_0p_0}{\sum q_0m_0p_0}\times\frac{\sum q_1m_1p_0}{\sum q_1m_0p_0}\times\frac{\sum q_1m_1p_1}{\sum q_1m_1p_0} \tag{8-18}$$

$$\begin{aligned}&\sum q_1m_1p_1-\sum q_0m_0p_0\\&=\left(\sum q_1m_0p_0-\sum q_0m_0p_0\right)+\left(\sum q_1m_1p_0-\sum q_1m_0p_0\right)+\left(\sum q_1m_1p_1-\sum q_1m_1p_0\right)\end{aligned} \tag{8-19}$$

【例8-12】某企业生产产品的有关资料如表8-11所示。要求运用指数体系，分析产品产量、单位产品原材料平均单耗和原材料价格对原材料费用总额的影响。

表8-11　　某企业产品产量及原材料平均单耗和价格资料表

产品名称	计量单位	产量		原材料					
				名称	单位	单耗		价格（元）	
		基期	报告期			基期	报告期	基期	报告期
—	—	q_0	q_1	—	—	m_0	m_1	p_0	p_1
A	套	5	6	甲	千克	100	90	15	14
B	套	6	4	乙	千克	50	45	40	38

对该企业原材料费用总额的因素分析如下。

① 产品产量指数：

$$\overline{K}_q=\frac{\sum q_1m_0p_0}{\sum q_0m_0p_0}=\frac{6\times100\times15+4\times50\times40}{5\times100\times15+6\times50\times40}=\frac{17\ 000}{19\ 500}=0.871\ 8=87.18\%$$

$$\sum q_1m_0p_0-\sum q_0m_0p_0=17\ 000-19\ 500=-2\ 500\text{（元）}$$

② 原材料平均单耗指数：

$$\overline{K}_m=\frac{\sum q_1m_1p_0}{\sum q_1m_0p_0}=\frac{6\times90\times15+4\times45\times40}{6\times100\times15+4\times50\times40}=\frac{15\ 300}{17\ 000}=0.900\ 0=90.00\%$$

$$\sum q_1m_1p_0-\sum q_1m_0p_0=15\ 300-17\ 000=-1\ 700\text{（元）}$$

③ 原材料价格指数：

$$\overline{K}_p=\frac{\sum q_1m_1p_1}{\sum q_1m_1p_0}=\frac{6\times90\times14+4\times45\times38}{6\times90\times15+4\times45\times40}=\frac{14\ 400}{15\ 300}=0.941\ 2=94.12\%$$

$$\sum q_1m_1p_1-\sum q_1m_1p_0=14\ 400-15\ 300=-900\text{（元）}$$

④ 原材料费用总额指数：

$$\frac{\sum q_1m_1p_1}{\sum q_0m_0p_0}=\frac{6\times90\times14+4\times45\times38}{5\times100\times15+6\times50\times40}=\frac{14\ 400}{19\ 500}=0.738\ 5=73.85\%$$

$$\sum q_1m_1p_1-\sum q_0m_0p_0=14\ 400-19\ 500=-5\ 100\text{（元）}$$

计算结果表明，该企业生产产品报告期和基期相比较，产量下降12.82%，使费用少支出2 500元；单位产品原材料平均单耗下降10%，使费用少支出1 700元；原材料价格下降5.88%，使费用又少支出900元。3者共同作用的结果，使原材料费用总额报告期比基期下降26.15%，费用总额减少5 100元。

2. 平均指标的因素分析

在统计资料分组的情况下，平均指标的变动主要受两个因素的影响：一个是变量值，另一个是各组单位数占总体单位数的比重。据此可以计算出可变构成指数、结构影响指数和固定构成指数3个指数。这3个指数构成一个指数体系，可以对平均指标进行相关的因素分析。

【例8-13】某企业2015年第二季度（基期）和第三季度（报告期）职工构成及工资水平资料如表8-12所示，对其平均工资的变动进行因素分析。

表8-12 某企业2015年第二季度和第三季度职工工资水平及工人构成资料表

工人组别	工资水平（元）		工人人数（元）		总工资水平（元）		
	基期 x_0	报告期 x_1	基期 f_0	报告期 f_1	基期 x_0f_0	报告期 x_1f_1	假定 x_0f_1
甲	160	164	300	200	480 00	328 00	32 000
乙	140	150	500	400	70 000	60 000	56 000
丙	120	124	200	550	24 000	68 200	66 000
合计	—	—	1 000	1 150	142 000	161 000	154 000

（1）工人总平均工资指数：

$$\overline{K}_{\bar{x}}=\frac{\sum x_1f_1}{\sum f_1}\div\frac{\sum x_0f_0}{\sum f_0}=\frac{161\,000}{1150}\div\frac{142\,000}{1\,000}=\frac{140}{142}=98.59\%$$

总平均工资变动的绝对额：

$$\frac{\sum x_1f_1}{\sum f_1}-\frac{\sum x_0f_0}{\sum f_0}=140-142=-2\text{（元）}$$

（2）固定结构指数：

$$\overline{K}_x=\frac{\sum x_1f_1}{\sum f_1}\div\frac{\sum x_0f_1}{\sum f_1}=\frac{161\,000}{1150}\div\frac{154\,000}{1150}=\frac{140}{133.91}=104.55\%$$

变动的绝对额：

$$\frac{\sum x_1f_1}{\sum f_1}-\frac{\sum x_0f_1}{\sum f_1}=140-133.91=6.09\text{（元）}$$

（3）结构影响指数：

$$\overline{K}_f=\frac{\sum x_0f_1}{\sum f_1}\div\frac{\sum x_0f_0}{\sum f_0}=\frac{133.91}{142}=94.30\%$$

变动的绝对额：

$$\frac{\sum x_0f_1}{\sum f_1}-\frac{\sum x_0f_0}{\sum f_0}=133.91-142=-8.09\text{（元）}$$

计算结果说明，该企业报告期工人总平均工资比基期降低了1.41%，这是由于各组工人工资水平增长而使总平均工资增长4.55%和工人构成变动而使总平均工资降低5.7%综合影响的结果。从绝对量上来看，报告期工人总平均工资比基期减少了2元，这是由于各组工资水平增加而使总平均工资增加6.09元和工人构成变动而使总平均工资减少8.09元共同影响的结果。

六、几种常用的价格指数

（一）零售价格指数

1. 零售价格指数的含义

零售价格指数是反映城乡商品零售价格变动趋势的一种经济指数。

零售价格的调整变动直接影响到城乡居民的生活支出和国家的财政收入，影响居民购买力和市场供需平衡，影响消费与积累的比例。零售价格指数是编制财政计划、价格计划，制定物价政策、工资政策的重要依据。目前，统计工作中按月、季、年编制零售物价指数，计算工作量和采价工作量非常大。

2. 零售价格指数的编制

我国的零售价格指数的编制程序与消费价格指数的编制程序基本相同，是采用固定加权算术平均数指数公式。权数直接影响指数的可靠性，因此每年要根据居民家庭收支调查的资料调整一次权数。

编制零售价格指数时，全国统一规定了商品分类。全部商品分为14大类，每个大类又分为若干中类，中类内再分为小类，每个小类又包括若干商品。各大类、中类、小类中各部分零售额比重之和均等于 100%。这样，各小类的加权平均数指数便是中类的指数，各中类的加权平均数指数便是大类的指数，各大类的加权平均数指数就是总指数，即零售物价指数。物价不可能全面调查，只能在部分市、县调查，在我国根据人力、财力，大约选 200 个市、100 个县作为物价变动资料的基层填报单位。

3. 零售价格指数与消费价格指数的区别

目前，零售价格指数的入编商品共计 353 项，其中不包括服务项目，对商品的分类方式也与消费价格指数有所不同。

零售价格指数和消费价格指数在计算内容上的差别，也决定了它们在分析意义上的差别：消费价格指数综合反映城乡居民所购买的各种消费品和生活服务的价格变动程度，零售价格指数则反映城乡市场各种零售商品（不含服务）的价格变动程度。

（二）消费价格指数

1. 消费价格指数的概念

消费价格指数是世界各国普遍编制的一种指数，它可以用于分析市场价格的基本动态，是政府制定物价政策和工资政策的重要依据。

消费价格指数是反映一定时期内各种消费品和生活服务价格综合变动程度的一种相对数，我国称之为居民消费价格指数。居民消费价格指数可按城乡分别编制城市居民消费价格指数和农村居民消费价格指数，也可以按全社会编制全国居民消费价格总指数。

2. 消费价格指数的编制方法

我国居民消费价格指数是采用固定权数加权算术平均数指数的方法来编制的。其编制的方法是：首先，将各种居民消费划分为食品类、衣着类、家庭设备及用品类、医疗保健用品类、交通和通信工具类、文教娱乐用品类、居住类和服务项目八大类，各大类再划分为若干中类和小类；其次，从上述各类中选定 325 种有代表性的商品项目（含服务项目）入编指数，利用有关对比时期的价格资料分别计算个体指数；最后，依据有关时期内各种商品的销售额构成确定代表品的权数。

消费价格指数的计算公式为

$$\overline{K}_p=\frac{\sum k_p w}{\sum w} \tag{8-20}$$

式中：k_p 为个体价格指数；w 为权数。

利用式（8-20），依次编制各小类、中类的消费价格指数和消费价格总指数。

具体举例分析见前面“平均指数的应用”内容。

3. 消费价格指数的作用

（1）消费价格指数可以反映通货膨胀状况。通货膨胀的严重程度是用通货膨胀率来反映的，它说明了一定时期内商品价格持续上升的幅度。通货膨胀率一般以居民消费价格指数来表示。其计算公式为

$$通货膨胀率=\frac{报告期居民消费价格指数-基期居民消费价格指数}{基期居民消费价格指数}\times100\% \tag{8-21}$$

（2）消费价格指数能够反映货币购买力的变动情况。货币购买力是指单位货币能够购买到的消费品和服务的数量。居民消费价格指数上涨，货币购买力则下降；反之，居民消费价格指数下降，货币购买力则上升。居民消费价格指数的倒数就是货币购买力指数，即

$$\text{货币购买力指数}=\frac{1}{\text{居民消费价格指数}}\times 100\% \tag{8-22}$$

（3）消费价格指数能够反映物价对职工实际工资的影响。消费价格指数的提高意味着实际工资的减少，消费价格指数的下降意味着实际工资的提高。因此，可以利用消费价格指数将名义工资转化为实际工资，其计算公式是

$$\text{实际工资}=\frac{\text{名义工资}}{\text{消费价格指数}} \tag{8-23}$$

【例 8-14】表 8-13 是 2011～2015 年法国某地区工人每小时的名义工资和消费价格指数，计算工人每小时的实际工资，并分析工人购买力的变动。

表 8-13　　2011～2015 年法国某地区工人每小时工资和消费价格指数资料表

年　份	每小时工资（法郎）	消费价格指数（%）
2011	11.46	140.3
2012	11.76	144.5
2013	12.06	148.2
2014	12.44	152.4
2015	12.78	156.7

解：运用式（8-21）～式（8-23），可以计算得出法国某地区工人 2011～2015 年各年的每小时实际工资分别为 8.17、8.14、8.14、8.16 和 8.16 法郎。

每小时的实际工资在这几年间变动幅度比较小。可见，在消除了通货膨胀的影响之后，工人的购买力几乎没有变化。

（三）工业生产指数

1. 工业生产指数的概念

工业生产指数概括地反映一个国家或地区各工业产品产量的综合变动程度，也是衡量经济增长水平的重要指标之一。

2. 工业生产指数的编制方法

（1）我国的工业生产指数的编制。我国工业生产指数是通过计算各种工业产品的不变价格产值来编制的。采用不变价格法编制工业生产指数的好处是，只要具备了完整的不变价格产值资料，就能够很容易地计算出有关的生产指数；而且可以在不同层次上（如各地区、各部门、各企业等）进行编制，满足各方面的分析需要。其不足之处是，不变价格的制定和不变价格产值的计算本身却是一项非常浩大、繁琐的工作，这项工作又必须连续不断地、全面地展开，难度较大。尤其是在市场经济条件下，要在整个工业生产领域内运用不变价格计算完整的产值资料，面临着很多实际的问题。

编制工业生产指数一般有以下 3 个步骤。

第一步，对各种工业产品分别制定相应的不变价格标准。

第二步，逐项计算各种产品的不变价格产值，加总起来就得到全部工业产品的不变价格总产值。

第三步，将不同时期的不变价格总产值加以对比，得到相应时期的工业生产指数。

我国的工业生产指数的计算公式为

$$\overline{K}_q=\frac{\sum q_t p_c}{\sum q_0 p_c} \quad 或 \quad \overline{K}_q=\frac{\sum q_t p_c}{\sum q_{t-1} p_c} \qquad (8\text{-}24)$$

式中：p_c为不变价格。

（2）国外的工业生产指数的编制。国外比较普遍地采用加权算术平均指数的形式来编制工业生产指数，目的是说明工业增加值中物量因素的综合变动程度，其分析意义与一般的工业总产量指数有所不同。

在实践中，通常采用固定加权算术平均指数法来编制工业生产指数，以此来简化指数的编制工作，即以各种工业品的增加值比重作为权数，并且将这种比重权数相对固定起来，连续地编制各个时期的工业生产指数。

国外的工业生产指数的计算公式为

$$\overline{K}_q=\frac{\sum k_q w}{\sum w} \qquad (8\text{-}25)$$

式中：k_q为各种工业品的个体产量指数。

（四）股票价格指数

1. *股票价格指数的含义*

股票价格指数是反映股票市场上多种股票价格变动趋势的一种相对数，它是根据精心选择的那些具有代表性和敏感性强的样本股票在某时点的平均市场价格计算的动态相对数。

股票价格指数是反映证券市场行情变化的重要指标，也是影响投资人决策和行为的主要因素之一。它的波动和走向能够反映经济的景气状况，被视为一个地区或国家宏观经济态势的“晴雨表”。

2. *股票价格指数的编制*

计算股票价格指数时通常要考虑以下 4 个方面的问题。

（1）样本股票必须具有典型性和普通性，为此，选择样本时对应综合考虑其行业分布、市场影响力、股票等级和适当数量等因素。

（2）计算方法应具有高度的适应性，能对不断变化的股市行情做出相应的调整或修正，使股票指数或平均数有较好的敏感性。

（3）要有科学的计算依据和手段。计算依据的口径必须统一，一般均以收盘价为计算依据，但随着计算频率的增加，有的以每小时价格甚至更短的时间价格计算。

（4）基期应有较好的均衡性和代表性。

股票价格指数一般用加权综合指数的方法编制，其计算公式为

$$\overline{K}_q=\frac{\sum p_t q}{\sum p_0 q} \qquad (8\text{-}26)$$

式中：q 为股票发行量。

股票发行量可以确定在基期，也可以确定在报告期，多数以报告期发行量为权数。

【例 8–15】假设 A、B、C 3 种股票的价格和发行量资料如表 8-14 所示，试计算股票价格指数。

表 8-14　　3 种股票的价格和发行量资料

股票名称	基期价格（元）	报告期价格（元）	报告期发行量（万股）
A	20	25	3 000
B	5	8	7 000
C	15	10	5 000

解：

$$股票价格指数=\frac{\sum p_t q}{\sum p_0 q}=\frac{3\,000\times25+7\,000\times8+5\,000\times10}{3\,000\times20+7\,000\times5+5\,000\times15}=113.13\%$$

计算结果表明股票价格指数上涨了 13.13%。

股价指数的单位习惯上用“点”表示，即以基期为 100（或 1 000），每上升或下降 1 个单位称为 1 点。

3. 几种常见的股票价格指数简介

（1）上海证券交易所股价指数。上海证券交易所股价指数是由上海证券交易所编制的股票指数，1990 年 12 月 19 日正式开始发布。该股票指数的样本为所有在上海证券交易所挂牌上市的股票，其中新上市的股票在挂牌的第二天纳入股票指数的计算范围，主要有上证综合指数和上证 30 指数。

上证综合指数是以 1990 年 12 月 19 日为基日（该日为上证所正式营业之日），基日定为 100，以所有在上海证券交易所上市的股票为编制范围，采用以股票发行量为权数的综合股价指数。计算公式为

$$上证综合指数=\frac{报告期市价总值}{基日市价总值}\times100\% \tag{8-27}$$

式中：市价总值是股票市价乘以发行股数，基日市价总值也称为除数。

上证 30 指数是以在上海证券交易所上市的 A 股中选取最具市场代表性的 30 种样本股票为计算对象，并以这 30 家流通股数为权数的加权综合股价指数，取 1996 年 1～3 月的平均流通市值为指数的基期，指数以“点”为单位，基期指数定为 1 000 点。

上海证券交易所股票指数的发布几乎是和股市行情的变化相同步的，它是我国股民和证券从业人员研究判断股票价格变化趋势必不可少的参考依据。

（2）深圳证券交易所股价指数。深圳证券交易所股价指数是由深圳证券交易所编制的股票指数。深圳证券交易所股价指数包括深证综合指数和深证成分股指数。

深证综合指数是以在深圳证券交易所上市的所有股票为对象编制的指数，1991 年 4 月 3 日为指数的基日，1991 年 4 月 4 日公布。深证综合指数是以发行量为权数，纳入指数计算范围的股票称为指数股。指数计算基本公式为

$$指数=\frac{现时指数股总市值}{基日指数股总市值}\times 100\% \tag{8-28}$$

若遇到股市结构有所变动，其修正是用“连锁”方法计算得到的指数（溯源于原有基期），以维持指数的连续性。每日连锁方法的计算公式为

$$今日即时指数=\frac{今日即时指数股总市值}{经调整的上日指数股收市总市值} \tag{8-29}$$

深证成分股指数是以 1994 年 7 月 20 日为基日，基日指数定为 1 000，于 1995 年 1 月 23 日开始发布。深证成分股指数采用流通量为权数，从上市公司中挑选出 40 家具有代表性的成分股计算，计算公式同深证综合指数。

（3）道·琼斯股票指数。道·琼斯股票指数是世界上历史最为悠久的股票指数，它的全称为股票价格平均数。它是在 1884 年由美国的道·琼斯公司计算并发布的，是以在纽约交易所挂牌上市交易的一些著名大公司的股票为编制对象，最初是根据 11 种具有代表性的铁路公司的股票，采用简单算术平均的方法计算的，其计算公式为：

$$股票价格平均数=\frac{入选股票的价格之和}{入选股票的数量} \tag{8-30}$$

为了反映每一单位平均股票价格，应当采样股票价格总和除以总股数，但考虑到增资和折股等各种非市场因素对股票总股数的影响，后来采用除数修正法，即将各种采样股票价格总和除以一个修正后的除数来计算道·琼斯股价平均数。

目前，道·琼斯股票价格平均指数共分 4 组。

第 1 组是工业股票价格平均指数。它由 30 种有代表性的大工商业公司的股票组成，且随着经济的发展而变大，大致可以反映美国整个工商业股票的价格水平，这也就是人们通常所引用的道·琼斯工业股票价格平均数。

第 2 组是运输业股票价格平均指数。它包括 20 种有代表性的运输业公司的股票，即 8 家铁路运输公司、8 家航空公司和 4 家公路货运公司。

第 3 组是公用事业股票价格平均指数，由代表着美国公用事业的 15 家煤气公司和电力公司的股票所组成。

第 4 组是平均价格综合指数。它是综合前 3 组股票价格平均指数 65 种股票而得出的综合指数，这组综合指数虽然为优等股票提供了直接的股票市场状况，但现在通常引用的是第 1 组——工业股票价格平均指数。

道·琼斯股票价格平均指数是目前世界上影响最大、最有权威性的一种股票价格指数。

（4）香港恒生指数。香港恒生指数是香港证券市场上最有代表性的股票价格指数，于 1969 年 11 月 24 日由香港恒生银行编制并首次公开发表。香港恒生指数以 33 种具有代表性的股票（成分股）为指数计算对象，其中金融业 4 种，公用事业 6 种，地产业 9 种，其他行业 14 种。以 1964 年 7 月 31 日为基期，基日指数定为 100，计算公式为

$$即时指数=\frac{现时成分股的总市值}{上日收市时成分股的总市值}\times 上日收市指数 \tag{8-31}$$

成分股的市值是按股价乘以发行股数计算的。因此，香港恒生指数也是以股票发行量为权数的加权综合指数。

由于恒生股票价格指数所选择的基期适当，因此，不论股票市场狂升或猛跌，还是处于正常交易水平，恒生股票价格指数基本上都能反映整个股市的活动情况。

（5）日经道·琼斯股价指数（日经平均股价）。日经道·琼斯股价指数是由日本经济新闻社编制并公布的反映日本股票市场价格变动的股票价格平均数。该指数从1950年9月开始编制。最初根据东京证券交易所第一市场上市的225家公司的股票算出修正平均股价，当时称为“东证修正平均股价”。1975年5月1日，日本经济新闻社向道·琼斯公司买进商标，采用美国道·琼斯公司的修正法计算，这种股票指数也就改称为“日经道·琼斯平均股价”。1985年5月1日在合同期满10年时，经两家商议，将名称改为“日经平均股价”。

按计算对象的采样数目不同，日经道·琼斯股价指数分为以下两种。

一种是日经225种平均股价。其所选样本均为在东京证券交易所第一市场上市的股票，样本选定后原则上不再更改。由于日经225种平均股价从1950年一直延续下来，因而其连续性及可比性较好，成为考察和分析日本股票市场长期演变及动态的最常用和最可靠的指标。

二是日经500种平均股价。这是从1982年1月4日起开始编制的。由于其采样包括500种股票，其代表性就相对更为广泛，但它的样本是不固定的，每年4月要根据上市公司的经营状况、成交量和成交金额、市价总值等因素对样本进行更换。

（五）农副产品收购价格指数

1. 农副产品收购价格指数的含义

农副产品收购价格指数是反映企业、国营商业、供销合作社商业、个体商业及各有关部门，以各种不同的价格形式向农民收购农副产品的价格变动程度的相对数指标。

2. 我国农副产品收购价格的编制方法

我国的农副产品收购价格包括农、林、牧、副、渔各业产品价格，其形式有国家定价、国家指导价和市场调节价3种价格形式。我国编制的农副产品收购价格总指数分为粮食、经济作物、竹木材、工业用油漆、禽畜产品、蚕茧蚕丝、干鲜果、干鲜菜及调味品、药材、土副产品、水产品11大类，每个大类又分若干小类，小类之下再分商品集团与代表规格品。各地尚可根据实际情况，适当增加一些收购量较大的产品，减去没有生产或产量收购量很少、没有代表性的产品，以确保当地商品调查样本的代表性。对规格等级多变的商品，必须调查两个以上规格等级的收购价格。各省（区、市）根据各调查县的资料整理出不同形式的平均收购价格和全社会综合平均价格，按季度、半年度和年度编制农副产品收购价格总指数，全国指数根据各省（区、市）指数汇总求得，采用加权调和平均数公式计算。

农副产品收购价格指数的计算公式为

$$\overline{K}=\frac{\sum p_1q_1}{\sum\frac{1}{k}p_1q_1} \tag{8-32}$$

式中：$\overline{K}$ 为农副产品收购价格总指数；k 为单项农副产品收购指数；p_1q_1 为报告期各种农副产品

的实际收购金额。

农副产品收购价格总指数的分子与分母之差表明农副产品收购价格变动对农民货币收入的影响，分子大于分母表示收入增加，反之则表示收入减少。

（六）产品成本指数

1. 产品成本指数的含义

产品成本指数概括反映生产各种产品的单位成本水平的综合变动程度，它是企业或部门内部进行成本管理的一个有用工具。

2. 产品成本指数的编制

用 q 来代表各种产品的产量，用 p 来代表单位成本，则全部可比产品（即基期实际生产过且计算期仍在生产的产品）的综合成本指数的计算公式一般表示为

$$P_p=\frac{\sum p_1q_1}{\sum p_0q_1} \tag{8-33}$$

该指数的分子与分母之差，表示由于单位成本水平的降低（或提高），使得计算期所生产的那些产品的成本总额节约（或超支）的多少。

如果对成本水平实施计划管理，还可以编制相应的成本计划完成情况指数，用以检查有关成本计划的执行情况。其计算公式可以表示为

$$P_p=\frac{\sum p_1q_1}{\sum p_nq_1} \tag{8-34}$$

式中：p_n 为计划规定的单位成本水平。

该指数的分子与分母之差，可以说明计划执行过程中所节约或超支的成本总额。

但是，在同时制订了产量计划的条件下，则应该采用下列公式来编制成本计划完成情况指数。

$$L_p=\frac{\sum p_1q_n}{\sum p_nq_n} \tag{8-35}$$

式中：q_n 为计划规定的产量水平。

该指数可以在兼顾产量计划的前提下来检查成本计划的执行情况，即避免由于片面追求完成成本计划而破坏了产量计划。

归纳总结

统计指数可以分为广义指数和狭义指数，我们主要介绍的是狭义指数。狭义指数是指不能直接加总对比的复杂社会经济现象总体综合变动的相对数。指数可以综合反映社会经济现象总体在数量上的变动方向和程度；分析社会经济现象总变动中各因素的影响方向和影响程度；测定社会经济现象在长期内的发展变化趋势。

编制综合指数要明确两个概念：一是指数化因素，即被研究的对象；二是同度量因素，即在编制综合指数时，将不能直接相加的因素，转化为可以直接相加的量的媒介因素，它具有过渡、媒介或权数作用。同度量因素确定的原则是：在编制数量指标综合指数时，要把同度量因素固定在基期的质量指标上；在编制质量指标时，要把同度量因素固定在报告期的数量指标上。综合指

数的特点是先综合后对比，将同度量因素加以固定，分子和分母数值一致，需要全面资料。

平均数指数的编制要比综合指数灵活。平均指数有两种计算方法：一是加权算术平均数指数，二是加权调和平均数指数，实际应用中要根据掌握的实际资料加以确定。平均指数在实际工作和生活中应用较为广泛。

平均指标指数是对平均指标计算的指数。平均指标是指总体在分组的条件下，用加权算术平均法计算出来的平均指标。对于平均指标来讲，也可以像综合指标一样进行指数分析，因为平均指标也能够分解成两个影响因素：一是各组的比重，即权数；二是各组的代表标志值。平均指标指数包括可变构成指数、结构影响指数和固定构成指数等。

指数体系一般保持两个对等关系：一是各影响因素指数的乘积等于现象总体指数；二是各影响因素变动额之和等于现象总体变动额。指数体系的作用主要表现在两个方面：一是可以进行指数间的相互推算，即根据指数体系中各指数之间的相互关系，可以从已知的两个指数推算出另一个指数；二是可进行因素分析，通过因素分析可以测定和分析各影响因素的变动对总变动的影响方向和程度以及影响的绝对额。

能力训练

一、单项选择题

1. 说明单项事物变动的比较指标称为（　　）。

   A. 个体指数　　B. 类指数　　C. 数量指标指数　　D. 质量指标指教

2. 根据指数所包括的范围不同，可把它分为（　　）。

   A. 个体指数和总指数　　B. 综合指数和平均指数

   C. 数量指数和质量指数　　D. 动态指数和静态指数

3. 编制综合指数时对资料的要求是须掌握（　　）。

   A. 总体的全面调查资料　　B. 总体的非全面调查资料

   C. 代表产品的资料　　D. 同度量因素的资料

4. 设 p 表示商品的价格，q 表示商品的销售量，$\frac{\sum p_1q_1}{\sum p_0q_1}$ 说明了（　　）。

   A. 在报告期销售量条件下，价格综合变动的程度

   B. 在基期销售量条件下，价格综合变动的程度

   C. 在报告期价格水平下，销售量综合变动的程度

   D. 在基期价格水平下，销售量综合变动的程度

5. 根据指数所反映的社会经济现象性质的不同，可把它分为（　　）。

   A. 拉氏指数和派氏指数　　B. 综合指数和平均指数

   C. 数量指数和质量指数　　D. 动态指数和静态指数

6. 平均指数是计算总指数的另一种形式，其计算的基础是（　　）。

   A. 数量指数　　B. 质量指数　　C. 综合指数　　D. 个体指数

7. 某地区职工工资水平当年比上年提高了 5%，职工人数增加了 2%，则工资总额增加了（ ）%。

A. 7 B. 7.1 C. 10 D. 11

8. 平均指标指数中的平均指标通常是（ ）。

A. 简单算术平均指数 B. 加权算术平均指数

C. 简单调和平均指数 D. 加权调和平均指数

9. 平均指标指数是由两个（ ）对比所形成的指数。

A. 个体指数 B. 平均数指数 C. 总量指标 D. 平均指标

10. 在由三个指数所组成的指数体系中，两因素指数的同度量因素通常（ ）。

A. 都固定在基期 B. 都固定在报告期

C. 一个固定在基期，一个固定在报告期 D. 采用基期和报告期的平均

11. 某地区居民以同样多的人民币，2015 年比 2014 年少购买 5%的商品，则该地的物价（ ）。

A. 上涨了 5% B. 下降了 5% C. 上涨了 5.3% D. 下降了 5.3%

12. 若劳动生产率可变构成指数为 134.5%，职工人数结构影响指数为 96.3%，则劳动生产率固定构成指数为（ ）%。

A. 39.67 B. 139.67 C. 71.60 D. 129.52

13. 运用编制统计指数的方法主要目的在于（ ）。

A. 建立指数体系 B. 进行因素分析

C. 解决复杂社会经济现象综合变动情况 D. 研究事物变动的趋势和规律

14. 某厂生产费用当年比去年增长了 50%，产量比去年增长了 25%，则单位成本比去年上升了（ ）%。

A. 25 B. 37.5 C. 20 D. 12.5

15. 某商店商品销售额报告期和基期相同，报告期商品价格比基期提高了 10%，那么报告期商品销售量比基期（ ）。

A. 提高了 10% B. 减少了 9% C. 增长了 5% D. 上升了 11%

16. 在掌握报告期几种产品实际生产费用和这些产品的成本个体指数资料的条件下，要计算产品成本的综合变动，应采用（ ）。

A. 综合指数 B. 加权算术平均指数

C. 加权调和平均指数 D. 可变构成指数

17. 如果生活费用指数上涨 20%，则现在 1 元钱（ ）。

A. 相当于原来的 0.80 元 B. 相当于原来的 0.83 元

C. 与原来的 1 元钱等值 D. 无法与过去比较

18. 某市 2011 年社会商品零售额为 12 000 万元，2015 年增至 15 600 万元，这 4 年中物价上涨了 4%，则商品零售量指数为（ ）%。

A. 130 B. 104 C. 80 D. 125

19. 某厂 2015 年的产量比 2014 年增长了 13.6%，生产费用增加了 12.9%，则该厂 2015 年产品成本（　　）。

A. 减少了 0.62%　B. 减少了 5.15%　C. 增加了 12.9%　D. 增加了 1.75%

20. 某厂 2015 年产品单位成本比 2014 年提高了 5.8%，产品产量结构影响指数为 96%，则该厂总平均单位成本（　　）。

A. 提高了 1.57%　B. 提高了 1.8%　C. 下降了 4%　D. 下降了 9.26%

二、多项选择题

1. 下列属于指数范畴的有（　　）。

A. 动态相对数　B. 比较相对数

C. 计划完成相对数　D. 离散系数

E. 发展速度

2. 下列指数中属于数量指标指数的有（　　）。

A. 工业产品产量指数　B. 商品零售价格指数

C. 农产品收购价格指数　D. 货币购买力指数

E. 劳动生产率指数

3. 下列指数中属于质量指标指数的有（　　）。

A. 工业产品产量指数　B. 商品零售价格指数

C. 农产品收购价格指数　D. 货币购买力指数

E. 劳动生产率指数

4. 设 p 表示商品的价格，q 表示商品的销售量，则公式“$\sum p_1q_1-\sum p_0q_1$”的意义是（　　）。

A. 综合反映价格变动的绝对额

B. 综合反映由于多种商品价格变动而增减的销售额

C. 综合反映由于价格变动而使消费者增减的货币支出

D. 综合反映销售额变动的绝对额

E. 综合反映由于多种商品销售量变动而增减的销售额

5. 下列关于综合指数的表述正确的是（　　）。

A. 由两个总量指标对比而成

B. 分子或分母中有一个假定指标

C. 固定一个或一个以上因素，仅观察其中一个因素的变动

D. 综合反映多种现象的平均变动程度

E. 编制时需要全面资料

6. 某企业 2015 年 12 月产品的生产总成本为 20 万元，比 11 月多支出 0.4 万元，单位成本 12 月比 11 月降低 2%，则（　　）。

A. 生产总成本指数为 102%　B. 单位成本指数为 2%

C. 产品产量指数为 104%　D. 单位成本指数为 98%

E. 由于单位成本降低而节约的生产总成本为 0.408 万元

7. 用综合指数法编制总指数时，其中的同度量因素（　　）。

A. 既起同度量作用，又起权数作用　　B. 又称权数

C. 必须固定在同一个时期　　D. 其时期可以不固定

E. 与平均数中的权数是一个概念

8. 编制综合指数的一般原则是（　　）。

A. 质量指标指数以报告期数量指标作为同度量因素

B. 数量指标指数以报告期质量指标作为同度量因素

C. 质量指标指数以基期数量指标作为同度量因素

D. 数量指标指数以基期质量指标作为同度量因素

E. 随便确定

9. 加权算术平均指数是一种（　　）。

A. 综合指数　　B. 总指数

C. 质量指标指数　　D. 个体指数加权平均数

E. 平均指标指数

10. 某百货商店第二季度全部商品销售量为第一季度的 105%，这个指数是（　　）。

A. 季节指数　　B. 比较指数　　C. 总指数

D. 数量指标指数　　E. 质量指标指数

11. 某县粮食播种面积比上年减少 6%，平均亩产比上年提高了 6%，该县粮食总产量和上年对比（　　）。

A. 持平　　B. 上升 0.36%　　C. 下降 0.36%

D. 相当于 99.64%　　E. 下降 3.6%

12. 某企业基期产值为 100 万元，报告期产值比基期增加 14%，又知以基期价格计算的报告期假定产值为 112 万元，则经计算可知（　　）。

A. 产量增加 12%　　B. 价格增加 12%

C. 由于价格变化使产值增加 2 万元　　D. 由于产量变化使产值增加 12 万元

E. 由于产量变化使产值增加 20 万元

13. 某地区商业企业职工 2015 年劳动生产率指数为 132%，这是（　　）。

A. 个体指数　　B. 总指数　　C. 平均指标指数

D. 数量指标指数　　E. 质量指标指数

14. 要编制一个多种产品的综合指数，可以用（　　）作为同度量因素。

A. 产品的单位成本　　B. 产品的出厂价格

C. 产品的生产费用　　D. 产品的计量单位

E. 产值

15. 指数体系的作用有（　　）。

A. 推算未知指数　　B. 确定同度量因素的时期

C. 为确定各影响因素指数公式提供依据

D. 进行因素分析　　　　　　　　　　E. 计算总变动指数

三、判断题

1. 数量指标指数反映总体的总规模水平，质量指标指数反映总体的相对水平或平均水平。（　　）

2. 在编制数量指标指数时，同度量因素是与之相联系的另一数量指标。（　　）

3. 只有总指数可以分为数量指标指数和质量指标指数，个体指数不能这样划分。（　　）

4. 定基指数和环比指数是根据对比基期的选择不同而划分的。（　　）

5. 个体指数是反映复杂现象总体的。（　　）

6. 在编制指数时，只要同度量因素的时期固定在基期，就称拉氏指数。（　　）

7. 同度量因素的加入，使得复杂现象总体的计量单位由实物量改为价值量，从而能够反映现象总体数量方面的变动。（　　）

8. 在单位成本指数中，$\sum q_1p_1-\sum q_1p_0$ 表示单位成本增减的绝对额。（　　）

9. 数量指标作为同度量因素，时期一般固定在基期。（　　）

10. 在编制单位成本指数时，一般以基期的产量作为同度量因素较合适。（　　）

11. 平均数指数是个体指数的平均数，所以平均数指数是个体指数。（　　）

12. 一般情况下，数量指标平均指数多用报告期总值加权计算，质量指标平均指数多用基期总值加权计算。（　　）

13. 平均数指数的编制，既可用全面的资料，也可用非全面的资料，但不能用估算的资料。（　　）

14. 在指数体系中，各指数间的关系是以相对数表现的乘积关系，绝对额间的关系是以绝对量表示的加减关系。（　　）

15. 平均指标指数是由两个平均指标对比后形成的。（　　）

16. 因素分析是借助指数体系来分析社会经济现象变动中各种因素变动发生作用的影响程度。（　　）

17. 在总成本变动的因素分析中，若 q 表示产量，p 表示单位成本，则产量变动对总成本影响的绝对额可表示为 $\sum q_1p_1-\sum q_1p_0$。（　　）

18. 在平均指标变动的因素分析中，两个因素指数可分别称为固定构成指数和结构影响指数。（　　）

19. 可变指数既包含了各组水平变动对总体平均数的影响，又包含了结构变动对总体平均数的影响。（　　）

20. 固定构成指数的分子减分母的差额反映各组水平变化对平均数影响的绝对额。（　　）

四、简答题

1. 什么是综合指数？它有什么特点?
2. 什么是同度量因素，它有什么作用?在综合指数计算中如何确定同度量因素?
3. 同度量因素的作用之一是权数作用，如何理解这一作用。
4. 综合指数和平均指数有什么区别和联系?
5. 什么是指数体系?它的作用是什么?
6. 简述在指数体系条件下因素分析的步骤。
7. 什么是平均指标指数?它受哪两个因素的影响?
8. 举例说明什么是数量指标指数，什么是质量指标指数。
9. 平均指数和平均指标指数有什么区别?
10. 简述同度量因素的时期选择的一般原则。

五. 计算分析题

1. 某外贸企业 2015 年第一季度（基期）和第二季度（报告期）出口 3 种产品的资料如习题表 8-1 所示。

习题表 8-1　　某外贸企业 2015 年第一季度和第二季度出口 3 种产品的资料

产品名称	计量单位	出口量		出口价（美元）	
		一季度	二季度	一季度	二季度
甲	件	80	82	100	150
乙	千克	800	1 000	80	140
丙	台	60	65	120	120

根据资料，分别计算：

（1）该外贸企业出口各种产品的个体销售量指数和个体价格指数。

（2）该外贸企业 2015 年第二季度的出口贸易额总指数、销售量总指数和销售价格总指数。

2. 某工业企业 2015 年第一季度（基期）和第二季度（报告期）生产 3 种产品的相关数据资料如习题表 8-2 所示。

习题表 8-2　　某工业企业 2015 年第一季度和第二季度生产 3 种产品的相关数据资料

产品名称	计量单位	基期产值（万元）	个体产量指数（%）
A	台	200	110
B	千克	300	90
C	套	250	100

根据资料，分别计算该工业企业 2015 年第二季度产品产量总指数及其导致增加或减少的绝对额。

3. 某制造企业 2015 年第一季度和第二季度相关的生产数据资料如习题表 8-3 所示。

习题表 8-3　　某制造企业 2015 年第一季度和第二季度相关的生产数据资料

产　品	生产费用（万元）		单位成本第二季度比第一季度降低（%）
	第一季度	第二季度	
甲	750	780	5
乙	500	520	3
合　计	1 250	1 300	—

根据资料，分别计算该企业 2015 年第二季度的单位成本总指数及其导致增加或减少的绝对额。

4. 某制造企业 2015 年第一季度（基期）和第二季度（报告期）工人的工资及工人结构资料如习题表 8-4 所示。

习题表 8-4　　某制造企业 2015 年第一季度和第二季度工人的工资及工人结构资料

工　种	月工资水平（元）		工人人数（人）	
	基期 x_0	报告期 x_1	基期 f_0	报告期 f_1
技术工	880	920	245	250
辅助工	700	720	120	800
合计	—	—	365	1 050

根据资料，分别计算该企业平均工资的可变构成指数、结构影响指数和固定构成指数。

5. 某制造企业 2015 年第二季度（基期）和第三季度（报告期）相关生产资料如习题表 8-5 所示。

习题表 8-5　　某制造企业 2015 年第二季度和第三季度相关生产资料

产品名称	单　位	产　量		价格（元）	
		基　期	报　告　期	基　期	报　告　期
甲	吨	200	220	75.0	71.5
乙	千克	500	500	2.5	2.0
丙	把	850	850	1.4	1.2

根据资料，对企业 2015 年第三季度的产值变动进行因素分析。

6. 某企业生产 3 种产品的相关资料如习题表 8-6 所示。

习题表 8-6　　某企业生产 3 种产品的相关资料

产　品				原　材　料					
名称	单位	产　量		名称	单位	单　耗		购进价（元）	
		基期	报告期			基期	报告期	基期	报告期
（甲）	（乙）	q_0	q_1	（丙）	（丁）	m_0	m_1	p_0	p_1
甲	件	100	120	铸铁	千克	8	7	18	22
乙	件	25	30	生铁	千克	10	3	15	40
丙	件	60	65	钢材	千克	3	5	40	45

根据资料，对企业生产 3 种产品的总费用进行因素分析。

7. 某企业 2015 年 10 月（报告期）和 9 月（基期）工人工资资料如习题表 8-7 所示。

习题表 8-7　　某企业 2015 年 10 月和 9 月工人工资资料

按技术等级分组	基期			报告期		
	工人数（人）	工资总额（元）	平均工资（元）	工人数（人）	工资总额（元）	平均工资（元）
5 级以上	45	8 100	180	50	9 300	186
3～4 级	120	18 000	150	180	28 080	156
1～2 级	40	4 320	108	135	14 985	111
合计	205	30 420	148 39	365	52 365	143 47

根据资料，对企业工人工资变动情况进行因素分析。

8. 请运用学过的指数因素分析法回答下列问题。

（1）某制造企业计划报告期商品价格比基期平均下降 5%，商品销售额比基期增加 10%，则商品销售量将如何变化？

（2）居民以相同的货币金额购买 T 恤，在 2015 年购买的数量比 1995 年少了 20%，则 2015 年 T 恤的价格比 1995 年上涨了多少？

（3）某企业 2015 年计划收购额比 2014 年增长了 15%，收购价格比 2014 年上升 5%，则 2015 年该企业的收购量是如何变化的？

任务九　抽样推断

学习目标

【知识目标】

- 了解抽样推断的概念和作用
- 了解抽样误差的概念和原理
- 熟悉抽样推断中所用到的基本概念——全及总体和抽样总体、总体指标和样本指标、重复抽样和不重复抽样
- 掌握抽样误差的计算方法，以及抽样误差、抽样极限误差、概率度的应用
- 重点掌握点估计和区间估计两种抽样推断方法的原理及应用

【技能目标】

- 能够熟练掌握抽样误差的计算方法
- 能够熟练掌握区间估计的推断方法

任务描述

对某城市居民的消费水平进行一项抽样调查，由于一个城市中居民的户数可能多达数百万，

除了一些大型的市场研究机构和国家统计部门之外，大多数企业都不具有这样庞大的居民户名单。这种情况决定了抽样设计只能采取多阶段抽选的方式。根据调查要求，抽样分为两个阶段进行：第一阶段是从全市的居委会名单中抽选出 50 个样本居委会；第二阶段是从每个被选中的居委会中抽选出 20 户居民。

上述案例是一个典型的两阶段入户调查的现场抽样设计，从设计的全过程可以看到，随机性原则分别在选择居委会、选择居民户和入户后选择受访者等环节中得到体现。在任何一个环节中，如果随机原则受到破坏，都有可能对调查结果造成无法估计的偏差，通过抽样设计得到对百万居民的整体估计。本任务主要介绍了抽样推断这种统计分析方法的主要内容。

相关知识

一、抽样推断的意义和作用

（一）抽样推断的意义

1. 抽样推断的概念与特点

抽样推断又称抽样调查或抽样估计，它是从总体中按随机原则抽取一部分单位进行观察，并根据这一部分单位的资料推断总体指标数值的一种非全面调查。抽样推断是应用很广泛的一种非全面调查，与其他非全面调查相比较有以下显著特点。

（1）按随机原则抽取调查单位。随机原则也称同等可能性原则，是指在抽取调查单位时，总体中的每个单位都有同等被抽中的机会。调查单位的确定既不受调查者主观愿望的影响，也不取决于被调查者是否愿意合作，完全排除个人主观意识的影响，被抽中与否纯粹是偶然事件。

（2）从数量上由部分推断全体。它以概率论为理论依据，抽取足够的样本单位，使样本统计量成为总体参数的较好估计量，以达到对整体的规模、水平、结构、比例等数量特征的认识。

（3）抽样误差可以事先计算并加以控制。利用概率论理论可以事先计算出抽样误差，通过各种组织措施（如增加样本单位数、改进抽样组织形式等）来控制抽样误差的范围，保证抽样推断的结果达到研究目的的要求。总之，抽样推断的中心问题是如何根据已知的部分资料来推断未知的总体资料，并达到预定的准确性要求。例如，根据对 1%的产品的安全性进行检验的结果，而对全部产品的安全性做出推断；根据少数居民家庭生活情况的调查资料，推算全国居民生活的实际水平等。

2. 抽样推断的作用

抽样推断的特点决定了它在实际工作中具有广泛的适用性。抽样推断的应用范围非常广泛，内容涉及社会生活的诸多方面，信息反馈速度十分快捷，在科学研究、社会经济管理、工商经营、质量管理等方面已经得到普遍应用。从产品质量，售后服务，报纸杂志水准，电视收视率到公众对某项政策、某位领导人、某个重大事件的态度与看法等，都可以通过抽样推断迅速得到了解和掌握。同时，伴随着抽样理论和实用技术的不断发展，抽样法在各国调查统计工作中的地位越来越高，越来越受到重视。抽样推断在我国统计调查体系中处于主体地位。为做好抽样推断工作，我国国家统计局于 1984 年正式组建了农村和城市两支社会经济调查队（简称农调队、城调队），主要采用抽样推断的方式搜集农作物的产量和农民生活、城市居民收支和消费等统计资料。

一般来说，抽样推断主要有如下作用（适用范围）。

（1）用于不可能进行全面调查的无限总体。对于无限总体，我们无法进行全面调查，只有借助于抽样推断的方法来推断总体的数量特征。例如，对连续大量生产的某些产品调查其质量，在调查时，其产品总量是无限的，不可能进行全面调查，只能抽样进行调查。

（2）用于不可能进行全面调查而又需要了解全面情况的现象。许多产品的质量检验都是具有破坏性或消耗性的，如照明灯的使用寿命调查、汽车的抗冲击力调查、布匹的耐磨程度调查等，都是破坏性试验；烟酒的质量调查、牛奶的质量调查等均属消耗性质量检验。这些调查都无法对总体进行全面调查，只能进行抽样推断。

（3）用于不必要进行全面调查的现象。对于某些现象，虽然可以进行全面调查，但需要花费大量的人力、财力、物力和时间，若采用抽样推断，可以达到事半功倍的效果。例如，要了解水库中的鱼苗数、森林的木材积蓄量、居民对主要消费品的需求量等，都适宜采用抽样推断的方法进行调查。

（4）用于补充或验证全面调查的资料。例如，我国人口普查规定，在人口普查工作完毕后，还要按照规定的抽样方法，抽取若干地区一定比例的人口进行复查，用抽样推断的资料计算人口全面调查的差错率，以此作为修正系数去修正普查资料，从而保证人口调查资料的质量，使调查资料更为准确、更接近于实际的数值。

（5）用于工业生产过程的质量控制。在成批或大量连续生产的产品的生产过程中，通过抽样方法可以及时发现有关产品质量的问题，分析产生问题的原因，以便及时采取措施，使生产过程保持正常，从而起到对生产过程进行质量控制的作用。

（二）抽样推断的优点

（1）与全面调查相比可以节省人力、物力和费用，提高调查的经济效益。抽样推断的调查单位少、组织灵活，为此，能以较少的消耗取得较大的调查效果。

（2）在一定条件下，可以保证调查资料的准确性。凡是统计调查都会有一定的误差，它一般分为两种：一种是登记性误差，另一种是代表性误差。登记性误差是在对资料的登记、汇总过程中产生的误差。由于抽样推断只调查较少的单位，因而与全面调查相比，其产生的登记性误差就可能小一些。代表性误差是非全面调查中产生的误差，它受选取调查单位的代表性大小的制约。由于抽样推断是按随机原则抽取调查单位，按照概率统计原理，其代表性误差是可以控制和估计其大小的，这是其他非全面调查所不具有的特点。因此，在一定条件下，抽样推断可以保证统计资料的准确性。

（3）可以提高调查资料的时效性。由于抽样推断抽取的调查单位少，调查时间相应就短，因而能较快地取得资料，提高资料的时效性。

（三）有关抽样的几个基本概念

1. 全及总体和抽样总体

（1）全及总体。全及总体是指进行抽样推断时所要调查研究的事物或现象的全体，它是由调查对象内的所有单位组成的，简称总体。全及总体的单位数用 N 表示，如要研究某学校 10 000 名学生的学习情况，则该校的 10 000 名学生就构成了全及总体。全及总体是样本所赖以抽取的母体。对于某一个具体问题来说，全及总体是唯一确定的。

（2）抽样总体。抽样总体是指在全及总体中按随机原则抽取的那部分单位所构成的整体，简称样本或子样。

【例 9–1】从全校 10 000 名学生中抽取 100 名进行体质状况调查，这 100 人即构成一个抽样总体。抽样总体的单位数称为样本容量，通常用字母 n 表示。一般来说样本容量 n 远小于总体单位数 N，也就是说 $\frac{n}{N}$ 一般是一个很小的正数。在抽样调查中，$n \geqslant 30$ 的样本称为大样本，$n<30$ 的样本属于小样本。样本总体不是唯一确定的，因为从总体 N 中抽取容量为 n 的样本（当 $n \leqslant N$ 时）有多种组合。

2. 总体指标和样本指标

（1）总体指标。总体指标是根据全及总体各单位的标志值或标志特征计算的，反映总体某种属性的综合指标，也称全及指标。由于全及总体是唯一确定的，根据全及总体计算的全及指标也是唯一确定的，如上列中 10 000 名学生的平均年龄、平均体重、贫困生所占比例等，都是总体指标。常用的总体指标有全及总体的平均数、平均数的方差和标准差、成数、成数的方差，分别用符号 $\bar{X}$（或 μ）、σ^2、σ、P、$P(1-P)$ 表示。

（2）样本标志。样本标志是根据抽样总体各单位的标志值或标志特征计算的综合指标，也称样本统计量或抽样指标。由于可以从一个全及总体中抽取许多个不同的样本，不同的样本其分布结构也会有差异，抽样指标的数值也就不同，所以抽样指标的数值不是唯一确定的。实际上，抽样指标是样本变量的函数，它本身也是随机变量。例如，根据从全校 10 000 名学生中抽取出来的 100 名学生的调查资料计算得到的健康指标，就是一个样本指标。常用的样本指标有样本总体的平均数、平均数的方差、平均数的标准差、成数、成数的方差，分别用符号 $\bar{x}$、s^2、s、p、$p(1-p)$ 表示。

3. 重复抽样和不重复抽样

从全及总体中抽取样本单位有重复抽样和不重复抽样两种抽样方法。

重复抽样是把已经抽取出来单位，再放回到全及总体中继续参加下一次的抽取，直到抽取 n 个总体单位。这种方法每一次抽样时，总体都保持相同的单位数目（N），总体每一个单位在每一次抽取中被抽中与否的概率都相等（均为 $1/N$），总体中每一个单位有若干次被抽中的可能性，这样组成的样本的总体单位可能会出现重复。

不重复抽样是不再将已经抽取出来的单位放回到全及总体中，依此抽取直到抽取 n 个总体单位。这种方法每一次抽样时总体的单位数目都会比上一次少一个，总体中每一个单位在每一次抽取中被抽中与否的概率都不相等，总体中每一个单位至多有一次被抽中的可能性，这样组成的样本的总体单位不会出现重复。

【例 9–2】从甲、乙、丙、丁 4 人中，随机抽取 2 人组成样本，则 $N=4$，$n=2$。

如果按重复抽样方法抽取样本，可能的样本有：

甲甲　　乙甲　　丙甲　　丁甲

甲乙　　乙乙　　丙乙　　丁乙

甲丙　　乙丙　　丙丙　　丁丙

甲丁　　乙丁　　丙丁　　丁丁

即考虑顺序的重复抽样有16（$N^n=4^2=4\times4=16$）个可能的样本；不考虑顺序的重复抽样可能组成C_{N+n-1}^n种可能样本，本例为$C_{4+2-1}^2=C_5^2=\dfrac{5\times4}{2\times1}=10$种。

如果按不重复抽样的方法抽取样本，可能的配合样本有：

甲乙　　乙甲　　丙甲　　丁甲

甲丙　　乙丙　　丙乙　　丁乙

甲丁　　乙丁　　丙丁　　丁丙

即考虑顺序的不重复抽样有12种可能的样本，即$\dfrac{N!}{(N-n)!}=\dfrac{4!}{(4-2)!}=12$种；不考虑顺序的不重复抽样有6种可能的样本，即$C_N^n=\dfrac{N!}{n!(N-n)!}=\dfrac{4!}{2!(4-2)!}=6$种。

可见，重复抽样与不重复抽样除了总体中每一个单位在每一次抽取中被抽中的可能性有差别之外，组成的可能样本数目也是不同的。在实际中，一般采用考虑顺序的重复抽样方法和不考虑顺序的不重复抽样方法抽取样本。

二、抽样误差

（一）抽样误差的概念

调查误差是指调查所获得的统计数据与调查总体未知的真实数据之间的差别，它包括登记性误差和代表性误差两种。所谓登记性误差是在调查过程中，由于计量、计算等主、客观原因所造成的误差，也称为系统性误差。这类误差可以通过调查的宣传、组织工作，不断提高调查人员的认识水平和业务素质，广泛采用电子计算机等工具加以解决。所谓代表性误差是指用样本指标数值去推算总体指标数值时，由于样本各单位的结构情况不足以代表总体特征所产生的误差。这类误差又可分为两种：一种是由于没有遵守随机原则而造成的误差，通常称为系统性误差或系统性偏差，如由于调查者有意挑选较好或较差的单位做样本而产生的误差；另一种是在遵守随机原则的前提下，单纯由于被抽取的样本对总体的代表性不够而产生的误差，如样本平均数与总体平均数的离差（$\bar{x}-\bar{X}$）、样本成数与总体成数的离差（$p-P$）等，这类误差通常称为抽样误差或随机误差。在抽样调查中只要遵守随机原则，系统性误差是可以避免的。但用样本指标估计总体指标，两者之间总是要出现差距的，所以抽样误差是抽样调查本身所固有的误差，它不可避免，但可以采取措施加以控制。

（二）影响抽样误差的主要因素

影响抽样误差的因素主要有以下几个。

1. 总体被研究标志的差异程度

在其他条件不变的情况下，所研究总体的标志变异程度越小，说明总体各单位标志值之间的差异越小，样本指标与总体指标之间的误差也就越小；相反，若总体被研究标志变异程度越大，则样本指标与总体指标之间的误差也就越大。

2. 样本总体单位数的多少

在其他条件不变的情况下，样本总体单位数越多地反映总体，抽样误差就越小，当样本总体单位数接近总体单位数时，抽样调查已经接近于全面调查，抽样误差接近于零；反之，样本总体单位数越少，抽样误差越大。

3. 抽样方法

在其他条件相同时，不重复抽样的误差一般小于重复抽样的误差，这是因为不重复抽样避免了总体单位的重复选中，因而更能反映总体结构，故抽样误差会小一些。

4. 抽样的组织形式

采取不同的抽样组织形式，所抽出的样本对于总体的代表性也不相同，因此就有不同的抽样误差，而且，同一组织形式的合理程度不同也会有不同的抽样效果。

（三）抽样平均误差

1. 抽样平均误差的概念

从理论上讲，根据统计研究目的和任务组织抽样调查，可以抽取一个样本，也可以抽取多个或全部样本。在抽取多个或全部样本时，其中的每一个样本都会有其相应的样本指标。

由于样本是按随机原则抽取的，所以在同一总体中，按相同的抽样数目可以抽取出相同和不同的样本，而根据抽出的每一个样本都可以计算出相应的抽样平均数、抽样成数和抽样误差。这些抽样误差都带有偶然性，有的可能是正误差，有的可能是负误差；有的可能大一些，有的可能小一些。为了用样本指标去推算总体指标，就需要计算这些抽样误差的平均数，这就是抽样平均误差，用以反映抽样误差的一般水平。

抽样平均误差是指以全部可能的样本指标为变量，以总体指标为平均数计算得到的标准差，通常以 $\mu_{\bar{x}}$ 代表平均数的抽样平均误差，以 μ_p 代表成数的抽样平均误差，以 K 代表可能组成的样本数目。

2. 计算抽样平均误差的理论公式

根据抽样平均误差的概念，其一般计算公式为

$$\text{抽样平均误差}=\sqrt{\frac{\sum(\text{样本指标}-\text{总体指标})^2}{\text{可能组成的样本数目}}}$$

用符号表示为

$$\mu_{\bar{x}}=\sqrt{\frac{\sum(\bar{x}-\bar{X})^2}{K}} \tag{9-1}$$

$$\mu_p=\sqrt{\frac{\sum(p-P)^2}{K}} \tag{9-2}$$

【例 9–3】假设由 10、20、30 和 40 这 4 个数字组成一个总体，从中随机抽取两个数字作为样本，求抽样平均误差。

总体平均数为

$$\overline{X}=\frac{\sum X}{N}=\frac{100}{4}=25$$

采取重复抽样的方法，可能配合的样本数目及相应指标的计算如表 9-1 所示。

表 9-1　　重复抽样的样本数及相应指标计算表

序　号	样本变量 x	样本平均数$\overline{x}$	离差$\overline{x}-\overline{X}$（$\overline{X}$=25）	离差平方（$\overline{x}-\overline{X}$）^{2}
1	10、10	10	−15	225
2	10、20	15	−10	100
3	10、30	20	−5	25
4	10、40	25	0	0
5	20、10	15	−10	100
6	20、20	20	−5	25
7	20、30	25	0	0
8	20、40	30	5	25
9	30、10	20	−5	25
10	30、20	25	0	0
11	30、30	30	5	25
12	30、40	35	10	100
13	40、10	25	0	0
14	40、20	30	5	25
15	40、30	35	10	100
16	40、40	40	15	225
合计	—	—	—	1 000

样本平均数的平均数为

$$\overline{\overline{x}}=\frac{\sum x_i}{K}=\frac{400}{16}=25$$

所有可能样本平均数的平均数$\overline{\overline{x}}$等于总体平均数$\overline{X}$。

所有可能样本的标准差为

$$\mu_{\overline{x}}=\sqrt{\frac{\sum(\overline{x}-\overline{X})^2}{N^n}}=\sqrt{\frac{1\,000}{16}}=7.91$$

7.91 这个值是 16 个可能样本的平均数的标准差，称为抽样平均误差。

采用不重复抽样法，可能配合的样本数及相应指标的计算如表 9-2 所示。

表 9-2　　不重复抽样的样本数及相应指标计算表

序　号	样本变量 x	样本平均数$\bar{x}$	离差$\bar{x}-\bar{X}$（$\bar{X}$=25）	离差平方（$\bar{x}-\bar{X}$）^{2}
1	10、20	15	−10	100
2	10、30	20	−5	25
3	10、40	25	0	0
4	20、10	15	−10	100
5	20、30	25	0	0
6	20、40	30	5	25
7	30、10	20	−5	25
8	30、20	25	0	0
9	30、40	35	10	100
10	40、10	25	0	0
11	40、20	30	5	25
12	40、30	35	10	100
合计	—	—	—	500

$$\mu_{\bar{x}}=\sqrt{\frac{\sum(\bar{x}-\bar{X})^2}{K}}=\sqrt{\frac{500}{12}}=6.46$$

6.46 这个值是 12 个可能样本的平均数的标准差，即抽样平均误差。

需要指出的是，在实际中是无法采用上述公式计算平均数和成数的抽样平均误差的。其原因是，在实际调查工作中只能抽取一个样本，并且总体的平均数和成数（ $\bar{X}$ 、 P ）也是未知的。上述理论计算公式的给出是为了更好地理解抽样平均误差及其性质。

3．抽样平均误差的计算方法

数理统计给出了抽样平均误差的计算方法。在简单随机抽样形式下，抽样平均误差的公式计算如下。

（1）平均数的抽样平均误差

① 在重复抽样条件下：

$$\mu_{\bar{x}}=\sqrt{\frac{\sigma^2}{n}}=\frac{\sigma\sqrt{n}}{n}=\frac{\sigma}{\sqrt{n}} \tag{9-3}$$

② 在不重复抽样条件下：

$$\mu_{\bar{x}}=\sqrt{\frac{\sigma^2}{n}\left(\frac{N-n}{N-1}\right)} \tag{9-4}$$

当 N 很大时：

$$\mu_{\bar{x}}=\sqrt{\frac{\sigma^2}{n}(1-\frac{n}{N})} \tag{9-5}$$

（2）成数的抽样平均误差

① 在重复抽样条件下：

$$\mu_p=\sqrt{\frac{P(1-P)}{n}} \tag{9-6}$$

② 在不重复抽样条件下：

$$\mu_p=\sqrt{\frac{P(1-P)}{n}\left(\frac{N-n}{N-1}\right)} \tag{9-7}$$

当 N 很大时：

$$\mu_p=\sqrt{\frac{P(1-P)}{n}\left(1-\frac{n}{N}\right)} \tag{9-8}$$

应用上述公式计算抽样平均误差时要注意以下两个问题。

第一，公式中的标准差 σ 和成数 P 是全及总体的标准差和成数，而全及总体的指标在进行调查前是不知道的。一般有两种解决办法：一是用样本的标准差 S 和成数 P 来代替；二是如果过去进行过同类调查，可用过去同类调查的 σ 和 P 进行计算，若过去进行过若干次同类调查，则选用方差较大的资料计算。

第二，不重复抽样公式中，如果抽样单位数相对较少，而全及总体单位数相对很多，即 $\left(1-\dfrac{n}{N}\right)$ 这个系数接近于 1，乘上这个系数以后，对平均误差的影响不大。为简化计算，在实际工作中，在不重复抽样的情况下，也往往采用重复抽样公式计算抽样平均误差。

【例 9–4】 某车间有 100 名工人，我们用简单随机抽样的形式抽出 10 人调查其日产量，结果是：生产 3 件的 2 人，生产 4 件的 3 人，生产 5 件的 5 人，试求抽样平均误差。

由已知条件可进行如下计算：

$$\bar{x}=\frac{\sum xf}{\sum f}=\frac{3\times2+4\times3+5\times5}{2+3+5}=4.3\text{（件/人）}$$

$$S^2=\frac{\sum(x-\bar{x})^2 f}{\sum f}=\frac{(3-4.3)^2\times2+(4-4.3)^2\times3+(5-4.3)^2\times5}{2+3+5}=0.61\text{（件）}$$

在重复抽样条件下：

$$\mu_{\bar{x}}=\sqrt{\frac{\sigma^2}{n}}=\sqrt{\frac{0.61}{10}}=0.25\text{（件）}$$

在不重复抽样条件下：

$$\mu_{\bar{x}}=\sqrt{\frac{\sigma^2}{n}\left(1-\frac{n}{N}\right)}=\sqrt{\frac{0.61}{10}\times\left(1-\frac{10}{100}\right)}=0.23\quad\text{（件）}$$

【例 9–5】 某工厂从生产的 10 万件产品中，按简单随机抽样随机抽取 100 件进行质量检验，其中合格品为 95 件，求合格率的抽样平均误差。

由已知条件可知：

$$p=\frac{n_1}{n}=\frac{95}{100}=95\%=0.95$$

$$p(1-p)=0.95\times(1-0.95)=0.047\,5$$

在重复抽样条件下：

$$\mu_p=\sqrt{\frac{p(1-p)}{n}}=\sqrt{\frac{0.047\,5}{100}}=0.021\,79=2.179\%$$

在不重复抽样条件下：

$$\mu_p=\sqrt{\frac{P(1-P)}{n}\left(1-\frac{n}{N}\right)}=\sqrt{\frac{0.047\,5}{100}\times\left(1-\frac{100}{100\,000}\right)}=0.021\,78=2.178\%$$

（四）抽样极限误差

1. 抽样极限误差的概念

一般情况下，根据样本指标不可能正好估计出总体的真实值。必须用一个误差界限来表达估计值与真实值的距离，这种误差界限就是抽样极限误差。抽样极限误差是指样本指标与总体指标之间抽样误差的允许范围。

抽样平均误差反映抽样的可能误差范围，而实际上每次抽样推断中只抽取一个样本，因此实际上的抽样误差可能大于抽样平均误差，也可能小于抽样平均误差。误差太大或太小都会给抽样工作造成不利影响，因而在抽样估计时，应根据研究的目的、要求和被研究对象的标志变异程度确定允许误差的范围。这一允许误差范围也称极限误差，记作 $\varDelta_x$（或 $\varDelta_p$）。

可以用抽样指标变动的上限或下限与总体指标之差的绝对值来表示抽样误差的可能范围。

$$\varDelta_x=\left|\bar{x}-\bar{X}\right| \qquad \varDelta_p=\left|p-P\right|$$

可以推导出：

$$\bar{x}-\varDelta_x\leqslant\bar{X}\leqslant\bar{x}+\varDelta_x \qquad p-\varDelta_p\leqslant P\leqslant p+\varDelta_p$$

抽样极限误差的实际意义，是根据实际的样本平均数和样本成数希望总体平均数落在区间（$\bar{x}-\varDelta_x$，$\bar{x}+\varDelta_x$）内，总体成数落在区间（$p-\varDelta_p$，$p+\varDelta_p$）内，这两个区间称为估计区间。

2. 抽样极限误差的计算

抽样极限误差的大小取决于两个因素：一个是抽样平均误差 $\mu_{\bar{x}}$ 或 μ_p，作为确定极限误差的误差尺度；另一个是概率度 t，它是由极限误差除以平均误差得到的数值，表示误差范围为抽样平均误差的 t 倍。t 是测量估计可靠程度的一个参数，称为抽样误差的概率度。t 的值是根据置信度 $F(t)$ 的要求查正态分布概率表确定的。$F(t)$ 是指估计要求的可靠程度，如 $F(t)$=95%，代表如果用同样的方法抽出许多样本，则会有 95%的样本，其结果会落在允许误差的范围内。实际调查中，我们并不知道抽中的某一个样本是不是属于 95%的样本，因此只能说是有 95%的信心认为真实值会在误差范围内。

表 9-3 是正态分布概率表中常用的部分。

表 9-3　常用正态分布概率表

概率度（t）	概率 $F(t)$	概率度（t）	概率 $F(t)$
1.00	0.682 7	2.00	0.954 5
1.28	0.800 0	2.58	0.990 0
1.64	0.900 0	3.00	0.997 3
1.96	0.950 0	4.0	0.999 94

从表 9-3 中可以看出，当估计要求的可靠程度为 68.27%时，t=1，说明极限误差为 1 倍的抽样平均误差；当估计要求的可靠程度为 95.45%时，t=2，说明极限误差为 2 倍的抽样平均误差；当估计要求的可靠程度为 99.737%时，t=3，说明极限误差为 3 倍的抽样平均误差。

可见，极限误差是随可靠程度的变化而变化的，估计的可靠程度要求越高，t 值越大，误差范围越大，精确度越低；估计的可靠程度要求越低，t 值越小，误差范围越小，精确度越高。所以，可靠程度与精确程度是矛盾的、相互制约的。

抽样极限误差的计算公式为

$$\Delta_x = t\mu_{\bar{x}} \qquad \Delta_x = t\mu_p$$

抽样极限误差与概率度、抽样平均误差可以相互推算，即

$$t = \frac{\Delta_x}{\mu_{\bar{x}}} \qquad \mu_{\bar{x}} = \frac{\Delta_x}{t}$$

$$t = \frac{\Delta_p}{\mu_p} \qquad \mu_p = \frac{\Delta_p}{t}$$

【例 9-6】样本的粮食平均亩产量为 500 千克，又知抽样平均误差 $\mu_{\bar{x}}$=5 千克，求总体粮食平均亩产量在 495～505 千克的置信度是多少？若要使概率保证提高到 95%，则误差范围是多少？

根据上面的公式，有

$$t = \frac{\Delta_x}{\mu_{\bar{x}}} = \frac{5}{5} = 1$$

查正态分布概率表，当 t=1 时，$F(t)$=0.682 7。即总体粮食平均亩产量在 495～505 千克的概率保证为 68.27%。

令 $F(t)$=0.95，查正态分布概率表，t=1.96，则

$\Delta_x = t\mu_{\bar{x}}$=1.96 × 5=9.8（千克）

即当概率保证为 95%时，极限误差为 9.8 千克，总体粮食平均亩产量在 490.2～509.8 千克。

再如，某学校从全部学生中抽取 100 名学生进行调查，戴眼镜者占 50%，抽样平均误差为 1%，求全部学生中戴眼镜的比率在 48%～52%的置信度是多少？当置信度为 80%时，误差范围是多少？

已知：p=50%，Δ_p=2%，μ_p = 1%，则

$$t = \frac{\Delta_p}{\mu_p} = \frac{2\%}{1\%} = 2$$

查正态分布概率表，当 t=2 时，$F(t)$=0.954 5。即全部学生中戴眼镜者的比率在 48%～52%的置信度是 95.45%。

$F(t)$=0.8 时，查正态分布概率表，t=1.28，则

$\Delta_p = t\mu_{\bar{x}} = 1.28\times 1\% = 1.28\%$

即当概率保证为 80%时，误差范围为 1.28%，全部学生中戴眼镜者的比率在 48.27%～51.28%。

三、总体指标的推断

总体指标的推断是指对总体平均数 $\bar{X}$ 和总体成数 P 及有关总量指标的推断估计问题。抽样调查的目的，就是推断总体的平均数 $\bar{X}$ 和成数 P，然后再结合总体单位数 N 去推断总体的有关标志总量。

总体指标的推断主要有点估计和区间估计两种方法。

（一）点估计

点估计也称定值估计，它是在不考虑抽样误差的条件下，以抽样指标的数值直接作为总体指标的估计值，即以样本指标的实际值（$\bar{x}$，p）直接作为总体未知参数（$\bar{X}$，P）的估计值的一种推断方法。

【例 9–7】某电子元件厂生产了 100 万件电子元件，其平均耐用时间和合格率没有进行全面检测，而是随机抽取 5%进行了检测，经检测计算，样本的平均耐用时间 $\bar{x}$=5 016 小时，其合格率 p=95.66%。用点估计的方法，这 100 万件电子元件的平均耐用时间 $\bar{X}$=5 016 小时、合格率 P=95.66%。

在对总体指标进行估计的时候，总是希望估计是优良的或合理的，那么，什么是优良估计的标准呢？

所谓优良估计是从总体上来评价的，其标准有以下 3 个。

1. 无偏性

以样本指标估计总体指标，要求样本指标的平均数等于被估计的总体指标。也就是说，虽然每一次估计的样本指标与总体指标都会有误差，但是在多次反复的估计中，各个样本指标的平均数应该等于总体指标，即对样本指标的估计平均来说是没有偏误的。以样本平均数作为总体平均数的估计量、以样本成数作为总体成数的估计量是符合无偏性原则的。

2. 一致性

以样本指标估计总体指标，要求当样本的单位数充分大时，样本指标也无限靠近总体指标。也就是说，随着样本单位的无限增大，抽样指标与未知的总体指标的绝对差距小于任意小数，它的可能性也趋近于必然性，实际上几乎是肯定的。我们知道，抽样平均数和抽样成数的抽样平均误差与样本单位的平方根成反比，样本单位数越大则平均误差越小，当样本单位数接近总体单位数时，平均误差也就接近于零。所以，抽样平均数和成数作为总体平均数和成数的估计量是符合一致性原则的。

3. 有效性

以样本指标估计总体指标，要求作为优良估计的方差应该比其他估计量的方差小。例如，用抽样平均数或总体某一变量值来估计总体平均数，虽然两者都是无偏的，而且每次估计中，两种估计量与总体平均数都可能有离差，但样本平均数更接近总体平均数。平均来说其离差较小，所以相比而言抽样平均数是更为有效的估计量。同样，样本成数是总体成数的有效估计量。

需要指出的是，虽然样本指标是总体指标的无偏、一致、有效性估计量，但由于在实际抽样调查中只是随机抽取一个样本，导致估计值会因样本的不同而不同，甚至产生很大的差异。所以说，点估计是一种粗略的估计或推断，但它是有科学根据的。这种方法的不足是既没有解决参数估计的精确度问题，也没有考虑估计的可靠性程度，只有区间估计才能解决这两个问题。不过，由于点估计直观、简单，对于那些要求不太高的判断和分析，此种方法还是适用的。

（二）区间估计

区间估计就是在一定的概率保证下，根据样本指标和抽样平均误差估计总体指标可能范围的方法。它包括两部分内容：一是这一可能范围的大小；二是总体指标落在这个可能范围内的可能性。区间估计既表明估计结果的准确程度，同时又表明这个估计结果的可靠程度，所以区间估计是一种比较科学的估计方法。

区间估计必须同时具备 3 个要素，即点估计值、抽样极限误差和概率保证程度。点估计值是根据样本计算的抽样指标；抽样极限误差决定抽样估计的准确性；概率保证程度决定抽样估计的可靠性。如果被估计参数落在某一区间内的概率为已知的，则称这个区间为总体参数的置信区间。

例如，为了估计某电视节目在观众中的收视率（即总体比率 P），其专业的调查结果会显示，该节目的“收视率为 90%，误差为 ± 3%，置信度为 95%”。这种说法意味着以下 3 点。

（1）样本中的收视率为 90%，即用样本指标作为总体指标的点估计值。

（2）估计范围为 90% ± 3%，估计区间为（87%，93%）。

（3）当用类似的方式重复抽取大量样本时，大约有 95%会覆盖真正的总体比例。

这样得到的区间被称为总体成数 P 的置信度为 95%的置信区间。

根据掌握的已知条件不同，区间估计有两种计算方法。

计算步骤如下。

1. 给定抽样极限误差，要求对总体指标做出概率保证程度估计。

（1）抽取样本，计算样本指标，即计算抽样平均数或抽样成数，作为总体指标的估计值，并计算样本方差或标准差以推算抽样平均误差。

（2）根据抽样极限误差范围求出被估计指标的上限和下限。

（3）根据给定的抽样极限误差和抽样平均误差求出概率度 t 值，再根据正态分布概率表查出相应的置信度 $F(t)$。

【例 9–8】某学校从全部学生中随机抽取 200 名进行调查。他们的平均体重为 60 千克，抽样平均误差为 1 千克。如果要求抽样误差不超过 1.96 千克，试估计全部学生平均体重的可能范围。

由资料可知：$\bar{x}=60$，$\mu_{\bar{x}}=1$，$\Delta_x=1.96$，则上限=60+1.96=61.96，下限=60−1.96=58.04。

$$t=\frac{\Delta_x}{\mu_{\bar{x}}}=\frac{1.96}{1}=1.96$$

查正态分布概率表得置信度 $F(t)$ =95%。

计算结果表明，以 95%的概率保证，全部学生的平均体重在 58.04～61.96 千克。

再如，某超市对购进的一批服装的质量进行抽样检验，从全部服装中抽取100件，其中不合格品为9件。现要求不合格率估计的误差范围不超过5%，试估计该批服装的不合格率。

由资料可知：n=100，$\varDelta_p = 5\%$，则样本不合格率为p=9%。

样本方差为

p（1−p）=9%×（1−9%）=0.081 9

抽样平均误差

$$\mu_p = \sqrt{\frac{P(1-P)}{n}} = \sqrt{\frac{0.081\,9}{100}} = 0.028\,6 = 2.86\%$$

已知：$\varDelta_p = 5\%$，则下限=9%−5%=4%，上限=9%+5%=14%。

计算概率度为

$$t = \frac{\varDelta_p}{\mu_p} = \frac{5\%}{2.86\%} = 1.75$$

查正态分布概率表得置信度F（t）=92%。

计算结果表明，以92%的概率保证，该批服装的不合格率在4%～14%。

2. 给定概率保证程度，要求对总体指标做出区间估计

计算步骤如下。

（1）抽取样本，计算样本指标，即计算出抽样平均数或抽样成数，并将其作为总体指标的估计值，并计算样本方差或标准差以推算抽样平均误差。

（2）根据给定的置信度F（t），查正态分布概率表找出概率度t值。

（3）根据概率度和抽样平均误差推算抽样极限误差的可能范围，并求出被估计总体指标的上限和下限。

【例9–9】某食品生产企业生产的某种袋装食品，其标注质量为100克。该企业采用抽样的方法对某天生产的产品进行检验。该天生产的一批食品的数量为8 000袋，用不重复抽样的方法随机抽取了25袋，测得它们的质量（克）如下：

112.5　101　103　102　100.5　102.6　107.5　95　108.8　115.6　100　123.5　102

101.6　102.2　116.6　95.4　97.8　108.6　105　136.8　102.8　101.5　98.4　93.3

已知产品质量的总体方差为100克。要求以95%的概率保证，估计该批产品的平均质量。

已知：$\sigma^2 = 100$，n=25，F（t）=95%。

（1）计算样本平均数：

$$\bar{x} = \frac{\sum x}{n} = \frac{2\,634}{25} = 105.36$$

抽样平均误差：

$$\mu_{\bar{x}} = \sqrt{\frac{\sigma^2}{n}(1-\frac{n}{N})} = \sqrt{\frac{100}{25}\times(1-\frac{25}{8\,000})} = 1.997$$

（2）已知：F（t）=95%，由正态分布概率表查出t=1.96。

（3）计算抽样平均误差：

$\Delta_x = t\mu_x = 1.96 \times 1.997 = 3.91$

上限=105.36+3.91=109.27，下限=105.36−3.91=101.45。

计算结果表明，以95%的概率保证，该批产品的每袋质量在101.45～109.27克。

【例9-10】某企业要对一批零件的合格率进行估计，采用重复抽样的方法随机抽取了100个零件进行检验，其中有65个合格品。试以95%的概率保证估计该批零件的合格率。

已知：n=100，$n_1 = 65$，则

$$p = \frac{n_1}{n} = \frac{65}{100} = 65\%$$

p（1−p）=0.65×（1−0.65）=0.227 5

$$\mu_p = \sqrt{\frac{p(1-p)}{n}} = \sqrt{\frac{0.227\ 5}{100}} = 0.048$$

由F（t）=95%，查正态分布概率表得出t=1.96。

$\Delta_p = t\mu_p = 1.96 \times 0.048 = 9.4\%$

上限=65%+9.4%=74.4%，下限=65%−9.4%=55.6%。

计算结果表明，以95%的概率保证，该批产品的合格率在55.6%～74.4%。

四、必要样本单位数的确定

为了保证抽样调查工作的顺利进行，在具体实施抽样推断之前需要制定出抽样方案。抽样方案的内容一般包括调查的目的和要求、调查费用、抽样的组织形式、抽样方法、抽取样本单位数等，其中重要的内容是抽取样本单位数的确定。因为在实际调查工作中，抽取的样本单位数多或少都不好。抽取的样本单位数多，必然要投入较多的人力、费用和时间，有时可能会造成一定的浪费；抽取的样本单位数少，虽然投入的人力、费用和时间较少，但很可能会使调查的结果不能达到满意的程度，甚至使调查失去意义。

（一）影响样本单位数的主要因素

样本数是影响抽样误差大小的直接因素，因此，在组织抽样调查时，必须事先确定样本单位数。确定必要抽样单位数的原则是在保证预期的抽样推断可靠程度的要求下，尽量减少样本单位数。因为虽然抽取的单位数越多，样本的代表性越大，抽样误差越小，推断结果越可靠，但是抽取的单位数过多，会增加人力、费用和时间，造成不必要的浪费，而且还会影响资料提供的及时性。所以，应当在抽样调查之前，根据调查对象的特点和研究目的及要求，做出科学的设计，确定出必要的抽样数目，使其既不浪费人力、费用和时间，又能取得较好的抽样推断效果。

影响样本单位数的因素主要有以下几个。

1. 总体被研究标志的差异程度

在其他条件相同的情况下，总体的标志值差异程度大，需要多抽一些单位；反之，则可少抽一些单位。具体来说，可看总体各单位被研究标志的方差σ^2或P（1−P）的大小，若方差大，抽

样数目应确定得多一些；相反，则可少一些。

2. 允许误差的大小

在抽样推断时，如果允许误差 Δ 大，这时就可以少抽取一些样本单位；如果允许误差 Δ 小，则要多抽取一些样本单位。在规定允许误差范围时，应根据研究目的及被研究现象本身的性质、特点及客观条件来定。

3. 对推断可靠性的要求

抽样推断的可靠程度也就是概率，概率与概率度 t 值有关。如果要求的可靠程度高，概率度 t 值就大，这时就需要多抽一些样本单位；反之，如果要求的可靠程度低，概率小，概率度 t 值也小，则可少抽一些样本单位。

4. 抽样推断的组织形式和抽样方法

在其他条件相同的情况下，采用机械抽样或类型抽样时，抽样数目可定得少一些。若用纯随机抽样或整群抽样，抽样数目就要定得多一些。使用重复抽样还是不重复抽样方法抽取样本单位，所需的抽样数目也是不一样的。

（二）必要样本单位数的确定方法

在抽样推断前，调查者通常要根据调查对象的特点和研究目的，提出两条主要要求：一是抽样推断的误差范围或允许误差不得大于多少，这就规定了误差范围 Δ 的值；二是抽样推断的结果要有多大的保证程度，这就确定了概率度 t 的值。可见，必要的样本单位数的计算公式，是从 $\Delta=t\mu$ 这个公式中推导出来的。

在简单随机抽样中，必要抽样数目的计算公式有如下几种。

1. 在重复抽样条件下

测定平均数时所需要的样本单位数：

$$n=\frac{t^2\sigma^2}{\Delta_{\bar{x}}^2} \qquad (9\text{-}9)$$

测定成数时所需要的样本单位数：

$$n=\frac{t^2P(1-P)}{\Delta_p^2} \qquad (9\text{-}10)$$

2. 在不重复抽样条件下

测定平均数时所需要的样本单位数：

$$n=\frac{t^2\sigma^2N}{N\Delta_{\bar{x}}^2+t^2\sigma^2} \qquad (9\text{-}11)$$

测定成数时所需要的样本单位数：

$$n=\frac{t^2P(1-P)N}{N\Delta_p^2+t^2P(1-P)} \qquad (9\text{-}12)$$

需要说明以下几点。

（1）在实际工作中，由于抽样比例一般很小（即 n/N 很小），虽然采用的是不重复抽样方法，但仍可按重复抽样公式来计算必要的抽样数目。

（2）公式中的 σ^2 和 P 都是未知的，也没有样本数据可代替，通常是利用过去同类调查的数据计算，或通过试测以取得所需数据。

（3）某一次抽样推断既需要测定总体的平均数，又需要测定总体的成数时，根据平均数的公式和成数的公式所计算出的必要样本单位数往往不同，有时甚至相差很大，为了保证抽样推断的效果，应选用其中较大的样本数（n）值。

【例 9-11】假定某乡有农户 18 000 户，在某次调查中采用重复的纯随机方式进行抽样，要求人均收入的极限误差控制在 150 元以内，把握程度为 95.45%，应该抽取多少农户?如果抽样极限误差要求控制在 75 元以内，应抽多少户？（注：根据以往资料，全乡人均收入的标准差为 1 500 元。）

（1）采用重复抽样公式计算。

当极限误差 $\varDelta_{\bar{x}} \leqslant 150$ 元时：

$$n=\frac{t^2\sigma^2}{\varDelta_{\bar{x}}^2}=\frac{2^2\times(1\,500)^2}{(150)^2}=400\text{（户）}$$

当极限抽样误差 $\varDelta_{\bar{x}} \leqslant 75$ 元时：

$$n=\frac{t^2\sigma^2}{\varDelta_{\bar{x}}^2}=\frac{2^2\times(1\,500)^2}{(75)^2}=1\,600\text{（户）}$$

可见，在重复抽样中，极限误差缩小一半（即为原来的 1/2）时，必须把样本容量增加到 4 倍。

（2）采用不重复抽样公式计算。

当极限抽样误差 $\varDelta_{\bar{x}} \leqslant 150$ 元时：

$$n=\frac{t^2\sigma^2 N}{N\varDelta_{\bar{x}}^2+t^2\sigma^2}=\frac{2^2\times(1\,500)^2\times 18\,000}{18\,000\times(150)^2+2^2\times(1\,500)^2}=391.3=392\text{（户）}$$

当极限抽样误差缩小一半（即为原来的 1/2）时：

$$n=\frac{t^2\sigma^2 N}{N\varDelta_{\bar{x}}^2+t^2\sigma^2}=\frac{2^2\times(1\,500)^2\times 18\,000}{18\,000\times(75)^2+2^2\times(1\,500)^2}=1\,469.4=1\,470\text{（户）}$$

【例 9-12】某企业对生产的 40 000 只照明灯进行抽样检验，按简单随机抽样法抽取 500 只，发现不合格品为 10 只，若要求 95.45%的概率保证，估计不合格率的允许误差为 1.4%，至少应抽取多少只?

已知：N=40 000，n=500，$p=\frac{10}{500}=2\%$，则

$p（1-p）=2\%\times 98\%=1.95\%$

$F（t）=95.45\%$

查表得 t=2。

$\varDelta_p=t\mu_p=2\times 1.4\%=2.8\%$

采用重复抽样公式计算：

$$n=\frac{t^2P(1-P)}{\Delta_p^2}=\frac{2^2\times 0.0196}{(0.028)^2}=100\text{（只）}$$

采用不重复抽样公式计算：

$$n=\frac{t^2P(1-P)\ N}{N\Delta_p^2+t^2P(1-P)}=\frac{2^2\times 0.0196\times 40\,000}{40\,000\times(0.028)^2+2^2\times 0.0196}=99.75=100\text{（只）}$$

如果是采用其他的抽样组织形式，则公式会略有不同。

五、抽样组织形式

抽样推断的推断分析以有效取得各项实际资料为基础，要保证抽样估计的准确性和可靠性，事后必须结合一定的抽样组织形式做好抽样设计工作。根据随机抽样的原则，结合具体研究对象的性质以及调查工作的目的和条件，在统计工作实践中主要采用 4 种抽样的组织形式，即简单随机抽样、类型抽样、等距抽样和整群抽样。

（一）简单随机抽样

简单随机抽样也叫纯随机抽样，是指对总体单位不做任何处理、不进行分类排队等，而是直接从总体的全部单位中随机抽取一部分单位来组成样本的抽样组织形式。它是最简单又最基本的抽样组织形式，是设计其他复杂抽样组织形式的基础。简单随机抽样适用于总体单位数较少的情况。

采用简单随机抽样的形式抽取样本，要先将总体各个单位进行编号，然后按随机原则逐一进行抽取，所有抽中的号码所对应的单位即样本单位，它们的整体形成样本。简单随机抽样的具体抽取方法有手工抽取法、随机数表抽取法、计算机提取随机数法等。

1. 手工抽取法

手工抽取法的具体做法是：先对总体各单位进行编号，再把号码写在结构均匀的签上，最后逐一从中随机抽取样本单位。采用这种方法简便易行，但对单位数较多的总体来说，编号及抽签工作量很大，且保证抽样的随机原则也有一定困难，因此，这种方法的应用有一定的局限性。现实生活中的抓阄法也是一种简单的手工抽取法，也可以应用在简单的抽样中。

2. 随机数表抽取法

随机数表是指含有一系列随机数字的表格。这种表格的编制既可以借助于电子计算机产生，也可以采用数码机产生或自己编制随机数表。表中数字的出现及其排列完全是随机的，0～9 中任何一个（一组）数字出现的概率完全相同。随机数表的使用要遵守随机原则。首先，对总体各单位进行编号，根据编号的最大位数确定将要使用随机数表的列数，然后从表中任意一列、任意一行开始，由纵向或横向画线取数，遇到属于总体单位编号范围内的数组就确定为样本单位，然后继续往下找。如果要求不重复抽样时，遇到重复出现的数字（组）就弃之，直到取足要求的单位数为止。表 9-4 是多种随机数表中的一种。

表 9-4　　　　　　　　　　　　　　随机数字表（部分）

03	47	43	73	86	36	96	47	36	61
97	74	24	67	62	42	81	14	57	20
16	76	62	27	66	56	50	26	71	07
12	56	85	99	26	96	96	68	27	31
55	59	56	35	64	38	54	82	46	22
16	22	77	94	39	49	54	43	54	82
84	42	17	53	31	57	24	55	06	88
63	01	63	78	59	16	95	55	67	19
33	21	12	34	29	78	64	56	07	82
57	60	86	32	44	09	47	27	96	54
18	18	07	92	45	44	17	16	58	59
26	62	38	97	75	84	16	07	44	99
23	42	40	64	74	82	97	77	77	81
52	36	25	19	95	50	92	26	11	97
37	85	94	35	12	83	39	50	08	30

【例 9-13】有一个 80 个单位构成的总体，现在要从中抽取 8 个单位形成样本。首先，将总体各单位从 01～80 编号，所以最高位是一个两位数。然后随机确定行、列开始取数。假设事先确定从第二行第四列的数字开始沿列抽取，于是 67、27、35、53、78、34、32、64 这 8 个数字所对应的单位即构成所需的样本。假设事先确定从第一行第十列的数字开始沿列抽取，于是 61、20、07、31，22、19、54、59 这 8 个数字所对应的单位即构成所需的样本。

3. 计算机提取随机数法

当总体单位数很大时，用上述方法有一定的困难，这时可以利用计算机的某些程序语言产生随机数，来抽取样本单位。一些常用的统计软件，如 SPSS、SAS 等统计软件，都可以产生随机数。

前面讨论的抽样平均误差的计算方法及抽样推断的方法，就是从简单随机抽样组织方式出发的。

（二）类型抽样

1. 类型抽样的概念

类型抽样又称为分类抽样或分层抽样。它是将总体各单位按某个主要标志分组（分类或分层），然后在各组（类或层）中按随机原则分别抽取一定数目的单位构成样本。

将总体 N 个单位按某一标志划分为 m 组，各组的单位数分别为 N_i（i=1，2，…，m）然后从每组的 N_i 单位中抽取 n_i 单位构成样本容量为 n 的样本。这样的抽样方法就是类型抽样。

通过分类，可以把总体中标志值比较接近的单位归为一组，减少各组内的差异程度，再从各组抽取样本单位就有更大的代表性，因而抽样误差也就缩小了。在总体单位标志值差异较大的情况下，类型抽样与简单随机抽样相比可以得到比较准确的效果。这种方法在实际工作中得到了广泛的应用。例如，调查居民经济收入情况，由于城市和农村经济生活差别较大，应该按城乡分组；了解农业生产情况，可按地形条件分组等。

在将总体按某一标志分组后，各组的单位数一般是不相同的，所以要按一定的比例抽取样本单位。各组的抽样比例可以相等也可以不等，于是类型抽样可分为等比例类型抽样和不等比例类型抽样。实际中常常采用等比例类型抽样。即

$$\frac{n_i}{N_i}=\frac{n}{N}\quad(i=1,\ 2,\ \cdots,\ m)$$

2．抽样误差的计算

在类型抽样条件下，抽样误差来自两方面：组内抽样误差和组间抽样误差。由于类型抽样对每个组都进行了抽样，对所有组来说，实际上进行了全面调查，因此各组间的误差不再影响类型抽样的抽样误差，起影响作用的是组内抽样误差。所以，计算抽样误差时所用的应该是各组组内方差的平均数。

在重复抽样的条件下，类型抽样的抽样误差

$$\mu_{\bar{x}}=\sqrt{\frac{\overline{\sigma^2}}{n}} \tag{9-13}$$

$$\mu_p=\sqrt{\frac{\overline{P(1-P)}}{n}} \tag{9-14}$$

$\overline{\sigma^2}$ 为平均组内方差，它是各组方差的平均数，即用各组的总体单位数 N_i 对各组方差 $\sigma_i{}^2$ 的加权平均：

$$\overline{\sigma^2}=\frac{\sum\sigma_i{}^2N_i}{\sum N_i}=\frac{\sum\sigma_i{}^2N_i}{N}\quad(i=1,\ 2,\ \cdots,\ m) \tag{9-15}$$

由于总体各组的方差通常是未知的，一般用各组的样本方差 $s_i{}^2$ 代替，并以各组单位数 n_i 为权数。即

$$\overline{s^2}=\frac{\sum s_i{}^2n_i}{\sum n_i}=\frac{\sum s_i{}^2n_i}{n}\quad(i=1,\ 2,\ \cdots,\ m) \tag{9-16}$$

在不重复抽样条件下，类型抽样的抽样误差

$$\mu_{\bar{x}}=\sqrt{\frac{\overline{\sigma^2}}{n}\left(1-\frac{n}{N}\right)} \tag{9-17}$$

$$\mu_p=\sqrt{\frac{\overline{P(1-P)}}{n}\left(1-\frac{n}{N}\right)} \tag{9-18}$$

3．类型抽样的区间估计

对于类型抽样，若总体各组为正态分布（或为非正态分布，但 $n_i\geqslant 30$），则各组的平均数 $\overline{x_i}$ 和样本平均数 $\bar{x}$ 也服从（或近似服从）正态分布。对于给定的概率保证程度，总体指标的置信区间为

$$\bar{x}-\varDelta_x\leqslant\overline{X}\leqslant\bar{x}+\varDelta_x$$

$$p-\varDelta p\leqslant P\leqslant p+\varDelta p$$

式中：

$$\bar{x}=\frac{\sum \overline{x_i}n_i}{\sum n_i}=\frac{\sum \overline{x_i}n_i}{n} \quad (i=1,2,\cdots,m) \tag{9-19}$$

$$p=\frac{\sum p_i n_i}{\sum n_i}=\frac{\sum p_i n_i}{n} \quad (i=1,2,\cdots,m) \tag{9-20}$$

【例 9-14】某地区对居民在一年内用于某类消费的支出进行了等比例类型抽样，抽查结果如表 9-5 所示。

表 9-5　　某地区居民消费支出调查资料

地区类型	调查户数（户）	平均支出（元）	平均支出的方差
城镇	40	350	2 209
农村	80	260	2 916

要求以 95.45%的概率保证程度估计该地区平均每户的消费支出。

根据表 9-5 所示的资料，计算样本平均数和组内方差的平均数：

$$\bar{x}=\frac{\sum \overline{x_i}n_i}{\sum n_i}=\frac{350\times40+260\times80}{40+80}=290\text{（元）}$$

$$\overline{s^2}=\frac{\sum s_i^2 n_i}{\sum n_i}=\frac{2\,209\times40+2\,916\times80}{40+80}=2\,680\text{（元）}$$

抽样平均误差：

$$\mu_{\bar{x}}=\sqrt{\frac{\overline{s^2}}{n}}=\sqrt{\frac{2\,680}{120}}=4.7\text{（元）}$$

抽样极限误差：

$$\Delta_{\bar{x}}=t\mu_{\bar{x}}=2\times4.7=9.4\text{（元）}$$

置信下限：

$$\bar{x}-\Delta_{\bar{x}}=290-9.4=280.6\text{（元）}$$

置信上限：

$$\bar{x}+\Delta_{\bar{x}}=290+9.4=299.4\text{（元）}$$

结果表明，若以 95.45%的概率保证程度进行估计，该地区平均每户支出额在 280.6～299.4 元。

4. 抽样效果

根据方差定理，在分组情况下有：

总方差=组内方差平均数+组间方差

在样本单位数相同的条件下，类型抽样的抽样误差小于简单随机抽样的抽样误差。对于给定的总体，总体方差是一定的，分组时应尽量增大组间差异、缩小组内差异。因为组内方差越小，类型抽样的抽样误差越小，样本的代表性越大，抽样估计的准确度越高。

（三）等距抽样

等距抽样又称机械抽样或系统抽样。它是指先将总体各单位按照某一标志排队，然后按规定间隔和顺序同等距离地抽取样本单位。

设总体有 N 个单位，要从中抽 n 个样本单位。先将总体的 N 个单位按某一标志排队，计算出抽样间隔距离 $k=\frac{N}{n}$，再从第1～第 k 个单位的范围内确定抽样起点（即第1个样本单位），之后每隔 k 个单位抽取一个样本单位，直至抽满样本容量 n 为止。

等距抽样的排队标志可以是无关标志，也可以是有关标志。无关标志是指与调查内容没有直接关系的排队标志，如调查农民收入情况按户籍卡排队或按居住位置、姓氏笔画等排队；有关标志是指与调查内容有密切关系的排队标志，如调查农作物产量以亩产为标志排队，调查农民收入情况以农民人均收入水平为标志排队。

等距抽样在排队之后，抽样起点一经确定，整个样本也就确定了，所以等距抽样的随机性体现在排队顺序与抽样起点的确定上。排队标志的性质不同，抽样起点的确定方式不同，抽样效果也不同。

1. 无关标志排队的等距抽样

按无关标志排队的结果，从所要调查的标志来看，总体单位的排列顺序实际上仍是随机的，所以抽样起点可以为第 1 个抽样距离（0～k 个单位）内的任一个总体单位。这样得到的样本完全遵循了随机原则，不会产生系统偏差。

设总体有 N 个单位，按无关标志排队后从中抽 n 个样本单位。首先计算出抽样间隔距离 $k=\frac{N}{n}$，再从第1～第 k 个单位的范围内按简单随机抽样确定抽样起点，之后每隔 k 个单位抽取一个样本单位，直至抽满 n 个。这种方法共可抽取 k 个可能样本。

由于无关标志排队完全遵循了随机原则，所以它的抽样效果十分接近于简单随机抽样的效果。为此，无关标志排队等距抽样的抽样误差通常是按简单随机抽样的抽样误差公式近似计算的。

2. 有关标志排队的等距抽样

由于有关标志与调查内容密切相关，排队后从所要调查的变量来看，总体单位的排列也呈顺序排列，所以有关标志排队等距抽样的抽样起点一般不宜随机确定。否则，若在第1个抽样距离内随机地抽取一个标志较小（或较大）的单位作为抽样起点，整个样本势必出现偏低（或偏高）的系统偏差。按有关标志排队抽取样本单位有以下两种方法。

（1）半距起点取样。半距起点取样就是以第1个抽样距离的一半为抽样起点，每间隔 k 个单位抽一个样本单位。例如，总体有 N 个单位，按有关标志排队后从中抽 n 个样本单位。首先计算出抽样间隔距离 $k=\frac{N}{n}$，再从第 1～第 k 个单位的范围内取第 $\frac{k}{2}$ 个单位为抽样起点，之后每隔 k 个单位抽取一个样本单位，直至抽满 n 个。

这些样本单位也就是处于每个抽样距离中点的总体单位。由于各总体单位变量值都按从小到大或从大到小的顺序排列，中间位置单位的变量最能代表各抽样间距内各单位的一般水平，所以由这些单位组成的样本也就有较高的代表性。但这种取样方法的随机性比较差，并且在确定了样本容量后，只能抽出一个样本。

（2）对称等距取样。对称等距取样是指在第1个抽样距离内随机地确定抽样起点，然后以组

界 k，$2k$，…，（n−1）k 为对称点两两对称地抽取样本单位。例如，总体有 N 个单位，按有关标志排队后从中抽 n 个样本单位。首先计算出抽样间隔距离 $k=\dfrac{N}{n}$，将总体分成 n 部分，然后从第 1 部分（1～k 个单位）随机抽取 i 为抽样起点，从第 2 部分取 $2k-i$，从第 3 部分取 $2k+i$，从第 4 部分取 $4k-i$……总之，奇数项取（n−1）$k+i$，偶数项取 $nk-i$，如图 9-1 所示。

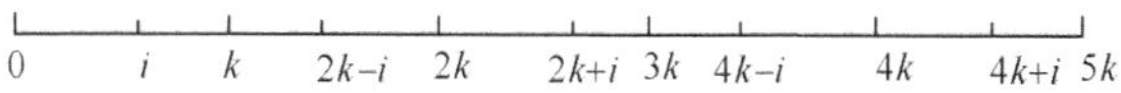

图 9-1　对称等距抽样示意图

由此可见，当在第一组内取得较小的标志值时，第二组内会取得偏大的标志值，以此类推。从整体来看，样本有比较好的代表性，同时又保证了抽样的随机性，可抽取 k 个可能样本。

有关标志排队等距抽样相当于分组较多（将总体分为同等大小的 n 个组），并且每组只抽取一个样本单位的类型抽样，所以其抽样效果类似于类型抽样。其抽样误差一般按类型抽样的抽样误差公式近似计算。

（四）整群抽样

整群抽样也叫集团抽样。它是将总体各单位划分为若干部分（每一部分称为一个群体，简称群），然后按随机原则从中抽取部分群并对中选群的所有单位进行全面调查的抽样组织形式。例如，居民消费情况调查，通常以一个乡或小区的所有住户为一个群，按随机原则取样，并对抽中的乡或小区的所有居民进行全面调查。

整群抽样是对中选群内的单位实行全面调查，各群内不存在抽样误差，其样本代表性取决于抽样中群对全部群的代表性。群之间的差异越大，样本代表性越差；群之间的差异越小，样本代表性越好。假设各群间没有差异，则样本必然能完全代表总体，抽样误差为 0。可见，整群抽样的抽样误差取决于群间差异程度的大小。整群抽样实质上就是以群代替总体单位后的简单随机抽样，所以整群抽样的抽样平均误差公式为：

$$\mu=\sqrt{\frac{\delta^2}{r}\left(\frac{R-r}{R-1}\right)}\approx\sqrt{\frac{\delta^2}{r}\left(1-\frac{r}{R}\right)} \tag{9-21}$$

式中：R 为总体群数；r 为样本群数；δ^2 为总体群间方差，$\delta^2=\dfrac{\sum(\overline{X}_i-\overline{X})^2}{R}$ 或 $\delta^2=\dfrac{\sum(P_i-P)^2}{R}$。

通常，总体群间方差未知，要用样本群间方差 $s_b{}^2$ 来估计：

$$s_b{}^2=\frac{\sum(\overline{x}_i-\overline{x})^2}{r} \quad 或 \quad s_b{}^2=\frac{\sum(p_i-p)^2}{r}$$

对于整群抽样，当 r 较大时，在一定概率保证程度下，总体平均数的置信区间为：

$$\overline{x}-\Delta_{\overline{x}}\leqslant\overline{X}\leqslant\overline{x}+\Delta_{\overline{x}}$$

$$p-\Delta_p\leqslant P\leqslant p+\Delta_p$$

【例9–15】某市场有某种饮料500箱，每箱6瓶。现随机抽取10箱检查每瓶的含菌数，测得这10箱的平均每瓶含菌数分别为：90、80、65、85、75、70、50、60、65和70个。要求在概率保证程度为95%时估计这批饮料的平均含菌数。

根据题意，计算如下。

样本平均数：$\bar{x}=\dfrac{\sum \overline{x_i}}{r}=\dfrac{90+80+65+85+75+70+50+60+65+70}{10}=\dfrac{710}{10}=71$（个）

样本群间方差：

$$s_b{}^2=\frac{\sum(\overline{x_i}-\bar{x})^2}{r}$$

$$=\frac{(90-71)^2+(80-71)^2+(65-71)^2+\text{L}+(60-71)^2+(65-71)^2+(70-71)^2}{10}$$

$$=\frac{1\,290}{10}=129$$

抽样平均误差：$=36.6\ \mu_{\bar{x}}=\sqrt{\dfrac{s_b{}^2}{r}\left(1-\dfrac{r}{R}\right)}=\sqrt{\dfrac{129}{10}\left(1-\dfrac{10}{500}\right)}=3.6$（个）

抽样极限误差：$\Delta_{\bar{x}}=t\mu_{\bar{x}}=1.96\times3.6=7.1$

置信下限：$\bar{x}-\Delta_{\bar{x}}=71-7.1=63.9$

置信上限：$\bar{x}-\Delta_{\bar{x}}=71+7.1=78.1$

结果表明，若以95%的概率保证程度进行估计，该种饮料的平均含菌数在63.9～78.1个。

整群抽样是对中选群进行全面调查，所以只存在群间抽样误差，不存在群内抽样误差。所以，在分群时就应尽量扩大群内的差异程度，缩小群间差异程度，提高抽样效果。

整群抽样的好处是组织工作方便，确定一群便可以调查许多单位。但是，正由于抽样单位比较集中，限制了样本在总体分配的均匀性。在其他条件相同的情况下，整群抽样的抽样平均误差要比简单随机抽样的大些，抽样效果差些。所以，在应用整群抽样方法时通常要增加一些样本单位，以提高估计的准确性。

归纳总结

抽样推断是根据随机原则从总体中抽取部分单位进行观察，并依据所获得的数据对全部研究对象的某一数量特征做出具有一定可靠程度的估计判断的统计分析方法。在抽样推断过程中，抽样的方法有重复抽样和不重复抽样两种，我们能够计算并加以控制的抽样平均误差会受到总体标志变异程度、样本容量、抽样方法和抽样方式等多方面因素的影响。

通过学习样本指标、抽样平均误差、抽样误差范围及抽样误差范围的概率保证程度等知识点，最终达到进行抽样估计的目的。而抽样估计的方法主要有两种，即点估计和区间估计。抽样推断在遵循随机原则的基础上可以采用不同的组织形式，主要有简单随机抽样、类型抽样、等距抽样、整群抽样等。其中，简单随机抽样误差较大，在实际应用中受到很大限制，但它是其他抽样方法的基础，也是衡量其他抽样方式抽样效果的标准。

能力训练

一、单项选择题

1. 随机抽样的基本要求是严格遵守（　　）。

A. 准确性原则　　B. 随机原则　　C. 代表性原则　　D. 可靠性原则

2. 抽样调查的主要目的是（　　）。

A. 广泛运用数学的方法　　B. 计算和控制抽样误差

C. 修正普查资料　　D. 用样本指标推断总体指标

3. 抽样总体单位亦可称（　　）。

A. 样本　　B. 单位样本数　　C. 样本单位　　D. 总体单位

4. 反映样本指标与总体指标之间的抽样误差可能范围的指标是（　　）。

A. 抽样平均误差　　B. 抽样极限误差　　C. 可靠程度　　D. 概率度

5. 在实际工作中，不重复抽样的抽样平均误差的计算，采用重复抽样公式的场合是（　　）。

A. 抽样单位数占总体单位数的比重很小时

B. 抽样单位数占总体单位数的比重很大时

C. 抽样单位数很少时

D. 抽样单位数很多时

6. 在其他条件不变的情况下，抽样单位数和抽样误差的关系为（　　）。

A. 抽样单位数越大，抽样误差越大

B. 抽样单位数越大，抽样误差越小

C. 抽样单位数的变化与抽样误差的数值无关

D. 抽样误差的变化程度是抽样单位数变动程度的 1/2

7. 用简单随机抽样（重复抽样）的方法抽取样本单位，如果要使抽样平均误差降低 50%，则样本容量需扩大到原来的（　　）倍。

A. 2　　B. 3　　C. 4　　D. 5

8. 事先将全部总体各单位按某一标志排列，然后依固定顺序和间隔来抽选调查单位的抽样组织形式，被称为（　　）。

A. 分层抽样　　B. 简单随机抽样　　C. 整群抽样　　D. 等距抽样

9. 成数方差的最大值，是当 p 值趋近于（　　）的值。

A. 0.1　　B. 0.9　　C. 0.8　　D. 0.5

10. 某工厂实行流水线连续生产，为检验产品质量，在每天 24 小时中每隔一小时抽取一分钟的产量进行全面检查，这是（　　）。

A. 简单随机抽样　　B. 分类抽样　　C. 重复抽样　　D. 整群抽样

11. 在其他同等的条件下，若抽选 5%的样本，则重复抽样的平均误差为不重复抽样平均误差的（　　）。

A. 1.03 倍　　B. 1.05 倍　　C. 0.97 倍　　D. 95%

12. 在重复的简单随机抽样中，当概率保证程度（置信度）从 68.27%提高到 95.45%（其他条件不变）时，必要的样本容量将会（　　）。

A. 增加 1 倍　　B. 增加 2 倍　　C. 增加 3 倍　　D. 减少一半

13. 抽样平均误差反映了样本指标与总体指标之间的（　　）。

A. 最大误差范围　　B. 平均误差程度　　C. 实际误差　　D. 实际误差的绝对值

14. 若总体平均数 $\overline{X}=50$，在一次抽样调查中测得 $\overline{x}=52$，则以下说法正确的是（　　）。

A. 抽样极限误差为 2　　B. 抽样平均误差为 2

C. 抽样实际误差为 2　　D. 以上都不对

15. 对两个企业的工人工资进行不重复的随机抽样调查，抽查的工人人数一样，两工厂工人工资方差相同，但第二个企业的工人数比第一个企业的工人数整整多一倍，则抽样平均误差（　　）。

A. 第一工厂大　　B. 第二个工厂大　　C. 两工厂一样大　　D. 无法得出结论

16. 抽样推断的可靠性和精确度（　　）。

A. 是一致的　　B. 是矛盾的　　C. 成正比　　D. 无关系

17. 抽样推断的精确度和极限误差的关系（　　）。

A. 前者高说明后者小　　B. 前者高说明后者大

C. 前者变化而后者不变　　D. 两者没有关系

二、多项选择题

1. 影响抽样误差的因素有（　　）。

A. 是有限总体还是无限总体　　B. 是重复抽样还是不重复抽样

C. 总体标志的变异程度　　D. 抽样单位数的多少

E. 抽样组织方式的不同

2. 从总体中按随机原则可以抽选一系列样本总体，所以（　　）。

A. 总体指标是随机变量　　B. 样本指标是随机变量

C. 总体是唯一的　　D. 总体指标是唯一确定的

E. 样本总体是唯一确定的

3. 抽样时要遵守随机原则，是因为（　　）。

A. 这样可以保证样本和总体有相似的结构

B. 只有这样才能计算出抽样误差

C. 只有这样才能计算登记性误差和抽样平均误差

D. 只有这样才能计算和控制抽样估计的精确度和可靠性

E. 这样可以防止一些工作上的失误

4. 下面属于分类抽样的是（　　）。
   A. 为研究城市邮政信件的传递速度，从普通信件和快递信件中抽取一定数量的信件组成样本
   B. 为研究某厂工人的平均工龄，把工人划分为 100 个生产班组，从中抽取一定数量的班组组成样本
   C. 对某产品进行质量抽检，从加工车床的性能（自动和半自动）分组中抽取一定数量的车床组成样本
   D. 农产量抽样按地理条件分组，然后从各组中取样
   E. 为调查某市育龄妇女生育人数，把全市按户籍派出所管辖范围分成许多区域，对抽中的区域全面调查育龄妇女的生育人数
5. 可以事先控制抽样误差的大小，这是因为（　　）。
   A. 可以调整总体的标准差　　B. 可以选用不同的抽样方法
   C. 可以增减样本单位数　　D. 可以扩大或缩小总体
   E. 可以多抽几个或少抽几个样本
6. 影响必要抽样单位的因素有（　　）。
   A. 抽样方式　　B. 总体标准差大小
   C. 所要求推断的可靠性　　D. 所允许的极限误差范围
   E. 样本均值的大小
7. 在其他条件不变的情况下，极限抽样误差与概率保证程度的关系是（　　）。
   A. 前者愈小，后者愈大　　B. 前者愈小，后者愈小
   C. 前者愈大，后者愈大　　D. 前者愈大，后者愈小
   E. 两者成正比关系
8. 在推断总体成数的抽样中（　　）。
   A. 抽样平均误差的大小依赖于总体成数
   B. 抽样平均误差具有最大值
   C. 总体成数越接近于 1，抽样平均误差就越接近于它的最大值
   D. 总体成数越接近于 0，抽样平均误差就越接近于它的最大值
   E. 总体成数越接近于 1/2，抽样平均误差就越接近于它的最大值
9. 从一个总体可以抽取一系列样本，所以（　　）。
   A. 抽样指标的数值不是唯一的　　B. 抽样指标总是小于总体指标
   C. 总体指标是随机变量　　D. 抽样指标是随机变量
   E. 总体是唯一的
10. 要提高抽样推断的精确度，可采用的方法有（　　）。
   A. 增加样本数目　　B. 增加样本容量
   C. 缩小总体被研究标志的变异程度　　D. 改善抽样的组织方式
   E. 改善抽样方法

三、判断题

1. 重复抽样的抽样平均误差一定大于不重复抽样的平均误差。（ ）

2. 极限抽样误差可以和抽样平均误差一样大，也可以比抽样平均误差大或小。（ ）

3. 人们可以控制抽样误差的大小，因为可以改变总体的标准差。（ ）

4. 随着抽样单位数的增大，抽样误差将越来越小。（ ）

5. 在简单随机重复抽样条件下，推断总体成数的抽样平均误差不会超过样本单位数的平方根的倒数的 1/2。（ ）

6. 抽样推断也会产生登记性误差，这与全面调查一样。（ ）

7. 抽样平均误差、总体标准差和样本容量的关系可用公式 $\mu=\sigma/\sqrt{n}$ 来表达，因此在统计实践中，为了降低抽样平均误差，可以缩小总体标准差或增大样本容量。（ ）

8. 在其他条件不变的情况下，扩大抽样误差的范围，可以提高推断的把握程度；缩小抽样误差的范围，则会降低推断的把握程度。（ ）

9. 总体指标是随机变量，样本指标也是随机变量，因此两者之间会产生误差。（ ）

10. 整群抽样为了降低抽样平均误差，在总体分群时应注意增大群内方差，缩小群间方差。（ ）

四、简答题

1. 什么是抽样推断？它有什么特点？与全面调查相比，它有什么优点？

2. 什么是随机原则？为什么只有遵循随机原则才能保证抽样推断的科学性？

3. 试分别说明总体、样本、总体指标、样本指标的基本概念。

4. 什么是抽样平均误差?它在区间估计中起什么作用?

5. 什么是极限抽样误差？它与抽样平均误差的关系怎样?

6. 什么是重复抽样和不重复抽样？两者的抽样平均误差公式有什么不同?

7. 抽样推断的组织方式有哪几种？试述在各种抽样组织方式下，抽样平均误差的计算公式以及抽样推断的具体操作方法。

8. 什么是必要的抽样单位数？计算它有什么重要意义？如何计算必要的抽样单位数?

五、计算分析题

1. 某进出口公司出口一种茶叶，为检查其每包规格的质量，抽取样本 100 包。检验结果如习题表 9-1 所示。

习题表 9-1　　某种茶叶的抽检资料

每包的质量（克）	包
148～149	10
149～150	20
150～151	50
151～152	20
合计	100

按规定这种茶叶每包规格的质量应不低于 150 克。

试以 0.997 3 的概率保证程度估计这批茶叶每包平均质量的范围，确定是否达到规格要求（保留一位小数）。

2. 某企业 4 500 名职工中，随机抽选 20%，调查每月看电影次数，所得分配数列如习题表 9-2 所示。

习题表 9-2　　某企业职工每月看电影的次数资料

看电影次数	0～2	2～4	4～6	6～8	8～10
职工人数（%）	8	22	40	25	5

试以 95.45%的可靠性确定：

（1）全部职工平均每月看电影次数；

（2）全部职工每月看电影在 4 次以上的比重。

3. 某地区采用纯随机抽样的方法，对职工文化程度进行调查，抽查 100 名职工，每个职工文化程度的分配数列如习题表 9-3 所示。

习题表 9-3　　某地区职工文化程度的抽样结果资料

文化程度（年）	组　中　值	人　　数
3～5	4	15
6～8	7	55
9～11	10	24
12～13	13.5	6
合计	–	100

试求：（1）抽样平均误差。

（2）在概率度 t=2 的条件下的平均文化程度的变化范围。

4. 随机抽取某居民区内的 81 户家庭，测得这 81 户家庭的平均每月每人用在食品上的支出为 500 元，根据以往同类调查的结果，取标准差为 54 元。试以 95.45%的可靠程度，推断该居民区全部家庭每月每人用在食品上的平均支出。

5. 某村 2015 年播种小麦 2 000 亩，随机不重复抽样地调查其中 100 亩，测得亩产为 800 千克，标准差为 25 千克，现在要用这 100 亩的情况估计 2 000 亩的情况。

计算：（1）概率为 0.954 5 的条件下，平均亩产量的可能范围。

（2）概率为 0.954 5 的条件下，2 000 亩小麦总产量的可能范围。

6. 某大学有一年级本科学生 1 000 人，随机不重复地从中抽取 100 人进行英语测试，得平均成绩 74 分，标准差为 12 分。试以 99.73%的可靠性，估计假如 1 000 名学生都参加这一测试，平均得分会是多少？

7. 在一大批产品中，抽查 500 个产品，查得其中 95%为一级品。试以 95.45%的概率度估计全部产品中一级品所占的比重。

8. 对 4 000 个产品进行抽样检验，用纯随机不重复抽样抽出 1 000 个产品作为样本进行检验，发现其中 150 个不合格，用 0.997 3 的概率保证，试计算 4 000 个产品中，不合格率的置信区间。

9. 某银行年终以定期存单账号为序，机械抽样为从每 5 张存单中抽查 1 张，得相关资料如习题表 9-4 所示。

习题表 9-4　　某银行对存款额的抽样调查资料

存款金额（元）	存单数（张）
1 000～3 000	58
3 000～5 000	200
5 000～8 000	580
8 000 以上	62
合计	900

试以 95.45%的概率估计：

（1）平均每张存单的存款额和全部存单的存款总额；

（2）存款额在 5 000 元以上的存单占全部存单的比重。

10. 某厂甲、乙两个车间都生产保温瓶胆，甲车间的产量比乙车间的产量多一倍，为了解全厂保温瓶胆的合格率，按生产比例共抽检了 90 个瓶胆，甲车间合格率为 70%，乙车间合格率为 85%，如果取概率为 95.45%，求该厂保温瓶胆总合格率的范围。

11. 某县共种植粮食 80 万亩，其中山区地 16 万亩，丘陵地 24 万亩，平原地 40 万亩，为推算全县粮食总平均亩产量，抽查了总数为 4 000 亩的各类耕地的产量，资料如习题表 9-5 所示。

习题表 9-5　　某县粮食产量的抽样资料

地　形	面积（亩）	平均亩产量（千克）	标准差（千克）
山区	800	500	30
丘陵	1 200	600	40
平原	2 000	800	45
合计	4 000	—	—

要求以 95.45%的概率保证，推算该县总平均粮食亩产量的范围。

12. 某水泥厂昼夜连续生产，每分钟产出 10 袋水泥，现在进行整群抽样，一昼夜内每 144 分钟抽出 1 分钟的水泥产量（即 10 袋），共抽出 10 分钟产出的水泥，按其所属时间分群（共 10 群，每分钟 1 群），测得各群的平均每袋重量如习题表 9-6 所示。

习题表 9-6　　某水泥厂生产的水泥抽样资料

抽样序号	1	2	3	4	5	6	7	8	9	10
各群平均每袋的重量（千克）	48	50	51	52	49	48	49	47	49	52

试以 95.45%的概率，推断该厂生产的水泥平均每袋的重量范围。

13. 某罐头厂采用整群抽样（不重复，按 10%的比例抽取）的方法，从入库产品中抽取 100 箱，对箱内产品进行全面检查，得废品率资料如习题表 9-7 所示。

习题表 9-7　　某罐头厂生产产品的抽样资料

废品率（%）	箱　数
1～2	60
2～3	30
3～4	10
合计	100

试以 95.45%的概率推断该厂全部产品的废品率。

14. 某台机床加工一批小零件，在某天 24 小时内，每小时抽取 10 分钟的加工零件进行检查。抽查结果合格率为 90%，并知各群之间的方差为 0.01，试按概率 0.954 5 推断该天加工零件的合格率。

15. 由以往的调查知道，某产品质量的标准差不超过 2 克，要求允许误差不超过 0.2 克，可信程度达到 0.954 5，试确定随机重复抽样必要单位数。

16. 总体成数估计接近于 30%，要求极限抽样误差不超过 5%，概率保证程度为 99.73%，则重复抽样的必要抽样单位数为多少?如果要求极限抽样误差降低 4%，其他条件不变，必要抽样单位数又应为多少?

17. 某灯泡厂生产 7 500 只灯泡，据历史记载，废品率为 1.5%，现在要求极限误差范围不超过 2%、概率为 95.45%，采用随机不重复抽样，需抽查多少只灯泡？若误差范围减小一半，概率不变，需抽查多少只灯泡?

18. 对于砖厂产品质量进行抽样调查，要求抽样极限误差不超过 1.11%，概率为 0.9 545，已知过去进行的几次同样的调查所得不合格产品百分比分别为 1.25%、1.23%及 1.14%，试根据这些资料确定必要的抽样数目。

任务十　相关与回归分析

学习目标

【知识目标】

- 了解相关回归分析的概念
- 了解回归分析与相关分析的关系
- 熟悉相关关系的概念、分类

- 掌握相关关系的判别方法——相关表、相关图、相关系数
- 重点掌握回归分析的主要内容，包括线性回归和非线性回归分析

【技能目标】

- 能够熟练掌握相关系数的计算和分析方法
- 能够熟练掌握一元线性回归分析

任务描述

自 2002 年 10 月以来，我国价格领域出现了工业品出厂价格和居民消费价格增长不同步的现象，引起国际、国内的普遍关注。价格是经济问题，同时也是货币问题。随着我国社会主义市场经济的发展，特别是经济全球化步伐的加快，经济链条的环扣越来越复杂，经济表象背后的复杂因素也越来越多，价格指数的变动受其影响的程度也越来越大。我们需要认真研究工业品出厂价格指数（Producer Price Index，PPI）与居民消费价格指数（Consumer Price Index，CPI）之间的关系、相互影响程度及传递规律等问题。

通过对 1989～2003 年两种价格指数的相关关系分析和回归分析，我们得到如下结论。

（1）PPI 与 CPI 之间具有线性相关关系，PPI 的变动一定会影响 CPI 的变动。

（2）PPI 对 CPI 的影响有滞后性。

（3）生产和消费作为一个链条上的两个端点应该是一种良性的传递并继而互动，这是普遍的经济规律。

以上案例所提到的两种价格指数之间的相关关系是如何得到的？相关与回归分析是如何进行的？这一系列相关与回归的问题都将在本任务中详细讲述。

相关知识

一、相关关系的概念与种类

（一）相关关系的概念

在自然界和人类社会中，普遍存在着现象之间的相互依赖、相互制约的关系。一些现象在数量上的发展变化经常伴随着另一些现象数量上的发展变化。现象间的数量关系可分为两种基本类型。

1. 函数关系

函数关系是指现象间存在的严格依存的、确定的因果关系，一种现象的数量变化必然决定着另一种现象的数量变化，这种关系可通过精确的数学表达式来反映。例如，圆面积与其半径的关系为 $S=\pi r^2$，自由落体落下的距离与时间的关系为 $h=\frac{1}{2}gt^2$ 等。

2. 相关关系

相关关系指的是现象之间确实存在着数量关系，但这种关系不是严格确定的，当一种现象的

数量发生变化时，另一种现象的数量可能在一定范围内发生变化，出现不同的数值。例如，单位产品成本同产量之间的关系，一般来说，当工厂规模扩大，产品产量增加时，单位产品成本会随之下降，这种变化趋势体现了规模经济的效应，具有客观性和普遍性。但由于影响产品成本的因素众多，有主要的，也有次要的；有必然的，也有偶然的；有随机的，也有非随机的；有观察得到的，也有观察不到的等。同一产量水平下，可能会出现各种各样的单位成本，或者某一确定的单位成本对应着不同的产量，两者的关系不是唯一确定的。粮食收获量与施肥量之间、商品价格与需求量之间、身高与体重之间、广告支出与销售额之间等都具有类似的特征，这种关系就是相关关系。

函数关系与相关关系既有区别，又有联系。由于观察和实验中的误差，函数关系往往通过相关关系表现出来，而当对现象之间的内在联系和规律性了解得更加清楚的时候，相关关系又可能转化为函数关系。在社会经济领域里，一般来说，函数关系反映了现象间关系的理想化状态，相关关系则反映了现象间关系的现实化状态，只有在大量观察时，在平均的意义上，它才能被描述。

综上所述，相关关系是现象之间确实存在，但关系数值不固定的相互依存关系。相关分析则是研究一个变量与另一个变量或另一组变量之间相关密切程度和相关方向的一种统计分析方法。

（二）相关关系的种类

现象之间的相关关系是很复杂的，从不同的角度看，相关关系有不同的种类。

1. 按相关的程度可分为完全相关、不完全相关和不相关

当一个变量的变化完全由另一个变量所决定时，称变量间的这种关系为完全相关关系，这种严格的依存关系实际上就是函数关系。当两个变量的变化相互独立、互不影响时，称这两个变量不相关，实际上，这里的不相关就是独立，即变量间没有任何关系。当变量之间存在不严格的依存关系时，称为不完全相关。不完全相关关系是现实当中相关关系的主要表现形式，也是相关分析的主要研究对象。

2. 按相关的方向可分为正相关和负相关

当一个变量随着另一个变量的增加（减少）而增加（减少），即两者同向变化时，称为正相关，如家庭收入与家庭支出之间的关系，一般随着家庭收入的增加，家庭支出也会随之增加。当一个变量随着另一个变量的增加（减少）而减少（增加），即两者反向变化时，称为负相关，如产品产量与单位成本之间的关系，单位成本会随着产量的增加而减少。

3. 按相关的形式可分为线性相关和非线性相关

当变量之间的依存关系大致呈现为线性形式，即当一个变量变动一个单位时，另一个变量也按一个大致固定的增（减）量变动，就称为线性相关。当变量间的关系不按固定比例变化时，就称为非线性相关。

上述的这些相关关系如图 10-1 所示。

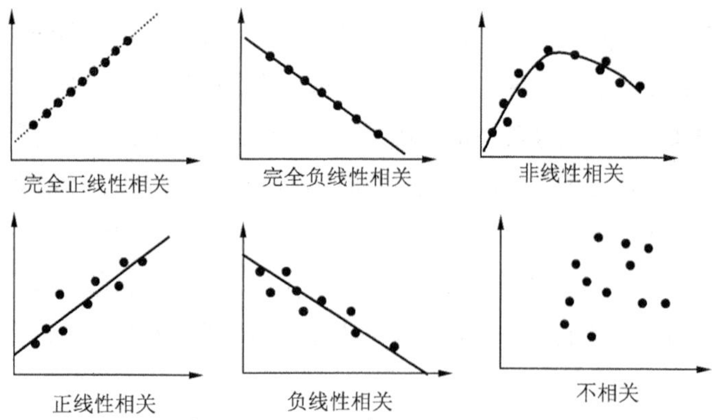

图 10-1　相关关系分类示意图

4. 按研究变量的多少可分为单相关、偏相关和复相关

两个变量之间的相关，称为单相关。一个变量与两个或两个以上其他变量之间的相关，称为复相关。在复相关的研究中，假定其他变量不变，专门研究其中两个变量之间的相关关系时称其为偏相关。

变量之间的相关关系需要用相关分析方法来识别和判断。相关分析，就是借助于图形和若干分析指标（如相关系数）对变量之间的依存关系的密切程度进行测定的过程。

（三）相关分析与回归分析

1. 相关分析的主要内容

相关分析的目的在于分析现象间相关关系的形式和密切程度以及依存变动的规律性，在实际工作中，有非常广泛的应用。主要内容如下。

（1）确定变量之间有无相关关系，以及相关关系的表现形式。这是相关分析的出发点，有相关关系才能用相应的方法去分析，否则，只会得出错误的结论。相关关系表现为何种形式就用何种方法分析，若将本属于直线相关的变量用曲线的方法来分析，就会产生认识上的偏差。

（2）确定相关关系的密切程度。对于这个问题，直线相关用相关系数表示，曲线相关用相关指数表示，相关系数的用途很广泛。（本任务在相关关系特定方法中将专门讨论这个问题，相关指数从略。）

（3）选择合适的数学方程式。确定了变量之间确实有相关关系及其密切程度，就要选择合适的数学方程式来对变量之间的关系近似描述，并用自变量的数值去推测因变量的数值，称之为回归分析。如果变量之间为直线相关，则采用直线方程，称之为线性回归；如果变量之间为曲线相关，则采用曲线方程，称之为非线性回归。

（4）测定变量估计值的准确程度。在相关分析中，第三步建立了数学方程式，并用方程式对因变量进行估值。将因变量的估计值和实际值之间进行对比，因变量估计值的准确程度可以用估计标准误差来衡量。

（5）对回归方程进行显著性检验。对前几步变量之间建立的回归方程，要进行显著性检验。检验变量之间是否真的具备这样的关系，这种关系是不是因为数据的选取而偶然形成的。

2. 回归分析的主要内容

回归分析是在研究现象之间相关关系的基础上，对自变量和因变量的变动趋势拟合数学模型进行测量和推算的一种统计分析方法。进行回归分析，要以现象之间存在相关关系为前提；然后对自变量和因变量的变动拟合回归方程，确定其定量关系式；再对拟合的回归方程进行显著性检验；最后利用所求得的关系式进行推算和预测。

相关分析与回归分析在实际应用中有密切关系。然而在回归分析中，所关心的是一个随机变量 y 对另一个（或一组）随机变量 x 的依赖关系的函数形式。而在相关分析中，所讨论的变量的地位一样，分析侧重于随机变量之间的种种相关特征。例如，以 x，y 分别记小学生的数学成绩与语文成绩，感兴趣的是二者的关系如何，而不在于由 x 去预测 y。

二、相关关系的测定方法

相关关系的测定方法有两种，一种是定性分析，另一种是定量分析。

（一）定性分析

定性分析是依据研究者的理论知识、专业知识和实践经验，对客观现象之间是否存在相关关系，以及有何种相关关系做出判断。定性分析可以通过编制相关表，绘制相关图来判别两个变量之间是否存在着某种相关关系及相关的方向、形态和大致的密切程度。

1. 相关表

相关表是一种统计表。它是直接根据现象之间的原始资料，将一变量的若干变量值按从小到大的顺序排列，并将另一变量的值与之对应排列形成的统计表。

【例 10–1】某调查公司为考察广告投入对公司销售额的影响，随机选择 10 家公司进行了广告宣传和销售额数据资料的搜索，将搜集到的月广告投入和平均销售额的数据编制成相关表，如表 10-1 所示。

表 10-1 月广告投入费和平均销售额的相关表 单位：万元

序号	月均广告投入 x	月均销售额 y
1	18	400
2	19	410
3	19	420
4	20	430
5	21	450
6	22	470
7	21	480
8	24	500
9	25	520
10	26	560

从表 10-1 中可以直观地看出，随着广告投入的增加，大多数企业的销售额增加，两者之间存在一定的正相关关系。

2. 相关图

相关图又称散点图，它是用直角坐标系的 x 轴代表自变量，y 轴代表因变量，将两个变量间相对应的变量值用坐标点的形式描绘出来，用以表明相关点分布状况的图形。

【例 10–2】以【例 10-1】中编制的广告支出与销售额的相关表为例，绘制相关图，结果如图 10-2 所示。

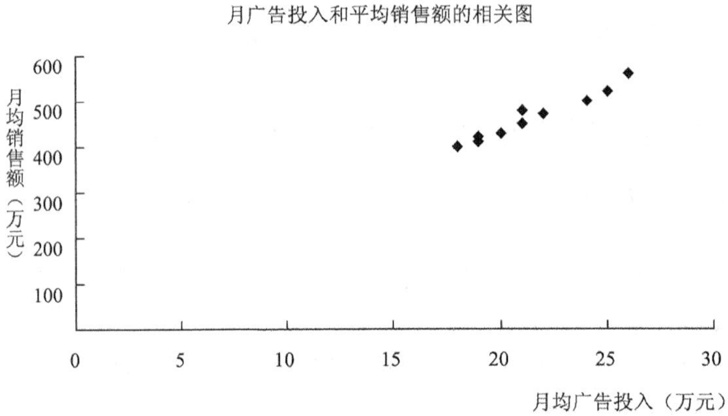

图 10-2　反映相关关系的散点图

由图 10-2 可见，【例 10-2】的样本数据大致分别落在一条直线附近，这说明变量 x 与 y 之间具有明显的线性相关关系。另外，所绘制的散点图呈现出从左至右的上升趋势，它表明 x 与 y 之间存在着一定的正相关关系，即随着广告投入的上升，商品销售额也会增加。

图形法虽然有助于识别变量间的相关关系，但它无法对这种关系进行精确的计量。因此，在初步判定变量间存在相关关系的基础上，通常还要计算相关关系的度量指标。下面我们缩小研究的范围，仅仅研究两个变量间的线性相关关系。两个变量间线性相关关系的度量指标有很多，应用最广泛的是相关系数。

（二）定量分析——相关系数

变量之间相关关系的定量分析主要通过相关系数分析进行。相关表和相关图可反映两个变量之间的相互关系及其相关方向，但无法确切地表明两个变量之间相关的程度。英国著名统计学家卡尔·皮尔逊提出的相关系数可以比较精确地计算和测定两个变量之间的相关程度。

1. 相关系数的计算

相关系数是在直线相关条件下说明两个现象之间关系密切程度的统计分析指标，通常用 r 表示，其计算公式为

$$r=\frac{\sigma_{xy}^2}{\sigma_x\sigma_y}=\frac{\sum(x-\overline{x})(y-\overline{y})}{\sqrt{\sum(x-\overline{x})^2\sum(y-\overline{y})^2}} \tag{10-1}$$

式中：$\overline{x}$ 为 x 变量的算术平均数；$\overline{y}$ 为 y 变量的算术平均数；σ_x 为 x 变量的标准差；σ_y 为 y 变量的标准差；σ_{xy}^2 为 x，y 的协方差。

【例 10–3】某企业某产品各月产量与生产费用资料如表 10-2 所示。

表 10-2 相关系数计算表

序号	月产量(千吨)	生产费用（万元）	$x-\bar{x}$	$(x-\bar{x})^2$	$y-\bar{y}$	$(y-\bar{y})^2$	$(x-\bar{x})(y-\bar{y})$
1	1.2	62	−3.35	11.222 5	−48	2 304	160.8
2	2.0	86	−2.55	6.502 5	−24	576	61.2
3	3.1	80	−1.45	2.102 5	−30	900	43.5
4	3.8	110	−0.75	0.562 5	0	0	0
5	5.0	115	0.45	0.202 5	5	25	2.25
6	6.1	132	1.55	2.402 5	22	484	34.1
7	7.2	135	2.65	7.022 5	25	625	66.25
8	8.0	160	3.45	11.902 5	50	2 500	172.5
合计	36.4	880	0	41.92	0	7 414	540.6

由表 10-2 中的数据计算可知：$\bar{x}$=4.55，$\bar{y}=110$，$\sum(x-\bar{x})^2$=41.92，$\sum(y-\bar{y})^2$=7 414，则 $\sum(x-\bar{x})(y-\bar{y})$ =540.6

将以上计算结果代入式（10-1）得

$$r=\frac{\sum(x-\bar{x})(y-\bar{y})}{\sqrt{\sum(x-\bar{x})^2\cdot\sum(y-\bar{y})^2}}=\frac{540.6}{\sqrt{41.92\times 7\,414}}=0.969\,7$$

由计算结果可知，该产品月产量和生产费用之间的线性相关程度是高度正相关。

在实际工作中，利用式（10-1）比较麻烦，可将其做如下变形。

令

$$\begin{aligned}L_{xy}&=\sum(x-\bar{x})(y-\bar{y})=\sum xy-\bar{x}\sum y-\bar{y}\sum x+n\bar{x}\bar{y}\\&=\sum xy-\frac{1}{n}\sum x\sum y-\frac{1}{n}\sum x\sum y+\frac{1}{n}\sum x\sum y\\&=\sum xy-\frac{1}{n}\sum x\sum y\end{aligned}$$

$$L_{xx}=\sum(x-\bar{x})^2=\sum x^2-\frac{1}{n}\sum(x)^2$$

$$L_{yy}=\sum(y-\bar{y})^2=\sum y^2-\frac{1}{n}\sum(y)^2$$

则式（10-1）可转化为

$$r=\frac{L_{xy}}{\sqrt{L_{xx}L_{yy}}} \tag{10-2}$$

【例 10–4】仍以表 10-2 的资料为例说明相关系数简捷法的应用。计算过程如表 10-3 所示。

表 10-3 相关系数简捷法计算表

序 号	月产量（千吨）x	生产费用（万元）y	x^2	y^2	xy
1	1.2	62	1.44	3 844	74.4
2	2.0	86	4.00	7 396	172.0
3	3.1	80	9.61	6 400	248.0

续表

序　　号	月产量（千吨）x	生产费用（万元）y	x^2	y^2	xy
4	3.8	110	14.44	12 100	418.0
5	5.0	115	25.00	13 225	575.0
6	6.1	132	37.21	17 424	805.2
7	7.2	135	51.84	18 225	972.0
8	8.0	160	64.00	25 600	1280.0
合计	36.4	880	207.54	104 214	4 544.6

由表10-3计算可知：$\sum x^2=207.54$，$\sum y^2=104\ 214$，$\sum xy=4\ 544.6$，$\sum x=36.4$，$\sum y=880$，则

$$L_{xy}=\sum xy-\frac{1}{n}\sum x\sum y=4\ 544.6-\frac{1}{8}\times 36.4\times 880=540.6$$

$$L_{xx}=\sum x^2-\frac{1}{n}(\sum x)^2=207.54-\frac{1}{8}\times 36.4^2=41.92$$

$$L_{yy}=\sum y^2-\frac{1}{n}(\sum y)^2=104\ 214-\frac{1}{8}\times 880^2=7\ 414$$

将计算结果代入式（10-2）得

$$r=\frac{L_{xy}}{\sqrt{L_{xx}L_{yy}}}=\frac{540.6}{\sqrt{41.92\times 7\ 414}}=0.969\ 7$$

可见，式（10-1）和式（10-2）的计算结果是一致的，说明该产品月产量和生产费用之间的线性相关程度是高度正相关。

2. 相关系数的分析

掌握相关系数的性质是进行相关系数分析的前提，相关系数r表示两个变量x和y之间线性关系的密切程度，其值介于-1与1之间，即$-1\leqslant r\leqslant 1$，其性质如下。

（1）当$r>0$时，表示两变量正相关；$r<0$时，表示两变量为负相关。

（2）当$|r|=1$时，表示两变量为完全线性相关，即为函数关系。

（3）当$r=0$时，表示两变量间无线性相关关系。

（4）当$0<|r|<1$时，表示两变量存在一定程度的线性相关。且$|r|$越接近1，两变量间的线性关系越密切；$|r|$越接近于0，两变量间的线性相关程度越弱。

相关系数按三级划分：$|r|<0.4$为低度线性相关；$0.4\leqslant|r|<0.7$为显著线性相关；$0.7\leqslant|r|<1$为高度线性相关。

【例10-3】计算的相关系数为0.976 7，说明月广告投入与平均销售额之间呈高度线性正相关。

三、一元线性回归分析

一元线性回归分析是对两个具有线性关系的变量，研究其相关性，配合线性回归方程，并根

据自变量的变动来推算和预测因变量平均发展趋势的方法。

（一）回归分析的意义

“回归”一词是由英国生物学家高尔顿（Francis Galton）在研究人体身高的遗传问题时首先提出的。根据遗传学的观点：父母身材高的，其子女一般也较高；父母身材矮的，其子女身材也较矮。依此推论，祖祖辈辈遗传下来，身高必然向两极分化，而事实上并非如此。同样身高的父亲，其子女身高并不一致。身材很高的子女往往是由身材中等偏上的父母所生，父母身材矮的其子女一般也较矮，但平均起来并不是特别矮。高尔顿把这种人的身高趋向人的平均高度的现象称为回归。虽然这种向中心回归的现象只是特定领域里的结论，并不具有普遍性，但从它所描述的关于自变量和不确定的因变量之间的关系看，和我们现在的回归含义是基本相同的。

相关分析的目的在于了解两个变量之间的关系密切程度，不涉及两个变量间有无因果关系。回归分析是对有相关关系的对象，根据关系的形态选一合适的数学模型来近似地表达变量间的平均变化关系。这个数学模型称为回归方程式。从本质上说回归分析具有推理的性质，作为结果的变量为因变量，作为原因的变量为自变量。用 y 来表示因变量，用 x 来表示自变量。这种因果关系的确定依赖于事先的定性分析。相关分析中两个变量的关系是双向的，而回归分析是单向的，就是指这种因果关系不能颠倒。回归分析比相关分析前进了一步，增加了因果性，有了预测功能，因此它的作用也大于相关分析。其主要内容和步骤如下。首先，依据经济学理论并且通过对问题的分析判断，将变量分为自变量和因变量，一般情况下，自变量表示原因，因变量表示结果；其次，设法找出合适的数学方程式（即回归模型）描述变量间的关系；接着，估计模型的参数，得出样本回归方程；由于涉及的变量具有不确定性，接着还要对回归模型进行统计检验，计量经济学检验、预测检验；当所有检验通过后，就可以应用回归模型了。

（二）一元线性回归分析

一元线性回归是描述两个变量之间相互联系的最简单的回归模型。一元线性回归虽然简单，但通过一元线性回归模型的建立过程，我们可以了解回归分析方法的基本统计思想，以及它在经济问题研究中的应用原理。

1. 构建回归模型应具备的条件

构建一元线性回归模型应具备以下几个条件。

（1）现象之间确实存在数量上的相互依存关系。只有当两个变量存在高度密切的相关关系时，所构建的回归模型才有意义，用以进行分析和预测才有价值。

（2）现象之间存在直线相关关系。一元线性回归方程在图形上表现为一条直线，因此，只有当两个变量的相关关系表现为直线相关时，所拟合的直线方程才是对客观现象的真实描述，才可用来进行统计分析。如果现象之间的相关关系表现为曲线相关，却拟合成一条直线，这必然会得出错误的分析结论。实际中，一般是借助散点图来判断现象是否呈直线相关。

（3）具备一定数量的变量观测值。回归方程是根据自变量和因变量的样本观测值求得的，因此，变量 x 和变量 y 两者应有一定数量的对应观测值，这是构建直线方程的依据。如果观测值太少，受随机因素的影响较大，就不易观测出现象之间变动的规律性，所求出的直线回归方程也就没有多大意义了。

2. 一元线性回归方程的求法

一元线性回归方程又称一元一次线性回归方程，若以 x 表示自变量，y 表示因变量，则其基本形式为

$$\hat{y}=a+bx$$

需要指出的是，x 是自变量，$\hat{y}$ 是因变量 y 的估计值，又称理论值。实际观测值 y 和理论值 $\hat{y}$ 的关系是 $y=\hat{y}+\varepsilon$，式中 ε 称为离差，反映了因各种偶然因素、观察误差以及被忽略的其他影响因素带来的随机误差。

模型中的参数 a，b 与直线趋势方程相同，通常用最小平方法来求解。最小平方法的数学出发点如下。

$$\sum(y-\hat{y})^2=\text{最小值}$$

$$\sum(y-a-bx)^2=\text{最小值}$$

令
$$G(a,b)=\sum(y-a-bx)^2$$

根据高等数学中求极值的原理：

$$\frac{\partial G}{\partial a}=0,\quad \frac{\partial G}{\partial b}=0$$

得
$$\begin{cases}\sum 2(y-a-bx)(-1)=0\\ \sum 2(y-a-bx)(-x)=0\end{cases}$$

即
$$\begin{cases}\sum y=na+b\sum x\\ \sum xy=a\sum x+b\sum x^2\end{cases}\tag{10-3}$$

这就是求解参数 a、b 的二元一次方程组。解之求得 a、b 的公式如下。

$$\begin{cases}b=\dfrac{n\sum xy-\sum x\sum y}{n\sum x^2-(\sum x)^2}=\dfrac{L_{xy}}{L_{xx}}\\ a=\dfrac{\sum y}{n}-\dfrac{b\sum x}{n}=\bar{y}-b\bar{x}\end{cases}\tag{10-4}$$

式中：b 为回归系数，它表示自变量 x 每增加一个单位时，因变量 y 的平均增减量，$b>0$ 为增量，$b<0$ 为减量。b 的符号与相关系数 r 的符号一致。若 $r>0$，则 $b>0$，变量呈正相关；若 $r<0$，则 $b<0$，变量呈负相关。

【例 10-5】根据【例 10-4】中的资料求回归直线方程 $\hat{y}=a+bx$。

由表 10-3 中的数据可知：$\sum x^2=207.54$，$\sum xy=4\,544.6$，$\sum x=36.4$，$\sum y=880$，

$L_{xy}=540.6$，$L_{xx}=41.92$，$\bar{x}=\dfrac{\sum x}{n}=4.55$，$\bar{y}=\dfrac{\sum y}{n}=110$。

代入式（10-4）得

$$b=\frac{L_{xy}}{L_{xx}}=\frac{540.6}{41.92}=12.9$$

$$a=\overline{y}-b\overline{x}=110-12.9\times4.55=51.3$$

所以，该企业月产量和生产费用的估计方程为

$$\hat{y}=51.3+12.9x$$

此方程表明：月产量每增加 1 千吨，生产费用将平均增加 12.9 万元。如果我们给定 x 一个确定的值 x_0，并将其代入回归方程就可求得相对应的因变量 y 的估计值 $\hat{y}_0$。

以【例 10-5】为例，估计月产量为 7 000 吨时的生产费用为

$$\hat{y}_0=51.3+12.9\times7=141.6（万元）$$

在直线回归方程 $\hat{y}=a+bx$ 中，b 是回归系数。它决定着回归直线的走向，与相关系数的符号相同。当变量之间的线性相关为正相关时，$b>0$；当变量之间的线性相关为负相关时，$b<0$。

（三）估计标准误差

由上面的介绍可知，回归方程的一个重要作用就是根据自变量的某一数值推断因变量的估计值。这个估计值和实际观察值常常是不一致的，我们将因变量实际值与其估计值之间产生的误差称为估计误差。这种估计误差的大小，可以说明回归方程估计或推断结果的准确程度。在回归分析中，需要计算这些估计误差的平均数用以反映各实际观察点在直线周围的散布程度，这个平均数就是估计标准误差，用 S_y 来表示。它的计算公式为

$$S_y=\sqrt{\frac{\sum(y-\hat{y})^2}{n-2}} \qquad (10\text{-}5)$$

可见，估计标准误差反映了用估计的回归方程预测因变量时的估计误差的大小。若各观测点越靠近直线，因变量实际值与其估计值之间的估计误差越小，回归直线对各观测点的代表性就越好，根据估计的回归方程进行预测也就越准确；若各观测点全部在直线上，因变量预测值和因变量实际值之间的估计误差为 0，则 $S_y=0$。此时，用自变量来预测因变量时是没有误差的。所以，估计标准误差也可用来反映回归直线的代表性。

采用式（10-5）计算估计标准误差比较麻烦。在实际工作中常常采用下列简单的公式进行计算。

$$S_y=\sqrt{\frac{\sum y^2-a\sum y-b\sum xy}{n-2}}=\sqrt{\frac{L_{yy}-bL_{xy}}{n-2}} \qquad (10\text{-}6)$$

【例 10-6】以【例 10-4】的资料为例计算估计标准误差。

将【例 10-5】中的计算结果代入式（10-6），计算得

$$S_y=\sqrt{\frac{L_{yy}-bL_{xy}}{n-2}}=\sqrt{\frac{7\,414-12.9\times540.6}{8-2}}=8.6（万元）$$

计算结果说明，用回归直线 $\hat{y}=51.3+12.9x$ 估计的生产费用与实际生产费用之间平均相差 8.6 万元。

四、多元线性回归分析和曲线回归分析

我们已经知道，回归分析有线性回归分析和非线性回归分析，在线性回归分析中又有一元线性回归分析和多元线性回归分析。前面，我们讨论了一元线性回归，即在线性相关条件下一个因变量对一个自变量的回归。它是多元线性回归和曲线回归的基础，是变量间关系的一种最简单的形式。在实际工作中，许多现象的变动要复杂得多。例如，某地区的社会商品零售额的变动，除了受该地区人口数量的影响外，还要受人均收入、居民构成、物价等多种因素的影响，这就需要进行多元线性回归分析或曲线回归分析。

（一）多元线性回归分析

多元线性回归分析是分析一个因变量与多个自变量之间线性关系的一种方法，其方法与一元线性回归基本相同。首先，根据多个变量之间相关关系的类型及密切程度，建立多元线性回归方程；其次，运用最小平方法求得回归系数；最后，对方程的代表性进行检验。

设影响因变量 y 的自变量有 k 个：x_1，x_2，x_3，…，x_k，则多元线性回归方程的一般形式为

$$\hat{y}=a+b_1x_1+b_2x_2+\cdots+b_kx_k$$

其中，b_1，b_2，…，b_k 为回归系数，又称偏回归系数；a，b_1，b_2，…，b_k 都是待定参数；b_i 表示自变量 x_i 变动而其他自变量保持不变时因变量 y 的平均变动额。

求解待定参数 a，b_1，b_2，…，b_k 仍然用最小平方法，就是因变量的观察值与估计值的离差平方和达到最小。即

$$\sum(y-\hat{y})^2=\sum(y-a-b_1x_1-b_2x_2-\cdots-b_kx_k)^2=\text{最小值}$$

令 $Q=\sum(y-a-b_1x_1-b_2x_2-\cdots-b_kx_k)^2$，在给定了 x_1，x_2，x_3，…，x_k 和 y 的数据后，Q 是 a，b_1，b_2，…，b_k 的函数，且最小值总是存在。根据微积分的极值定理，对 Q 求相应于 a，b_1，b_2，…，b_k 的偏导数，并令其等于 0，经整理后可得下列方程组。

$$\begin{cases}\sum y=na+b_1\sum x_1+b_2\sum x_2+\cdots+b_k\sum x_k\\ \sum x_1y=a\sum x_1+b_1\sum x_1^2+b_2\sum x_1x_2+\cdots+b_k\sum x_1x_k\\ \sum x_2y=a\sum x_2+b_1\sum x_1x_2+b_2\sum x_2^2+\cdots+b_k\sum x_2x_k\\ \quad\vdots \qquad\quad \vdots \qquad\quad \vdots \qquad\quad \vdots \qquad\qquad \vdots\\ \sum x_ky=a\sum x_k+b_1\sum x_1x_k+b_2\sum x_2x_k+\cdots+b_k\sum x_k^2\end{cases}$$

上式称为多元线性回归的正规方程组。只要将相应实际观察数据 x_1，x_2，x_3，…，x_k 和 y 代入方程组即可求得各个待定参数 a，b_1，b_2，…，b_k。

下面，我们通过一个二元线性回归分析的例子，说明多元线性回归方程的求解过程。它是多元线性回归最简单的表现形式，其一般方程式为

$$\hat{y}=a+b_1x_1+b_2x_2$$

根据最小平方法得正规方程组

$$\begin{cases}\sum y = na + b_1\sum x_1 + b_2\sum x_2 \\ \sum x_1 y = a\sum x_1 + b_1\sum x_1^2 + b_2\sum x_1x_2 \\ \sum x_2 y = a\sum x_2 + b_1\sum x_1x_2 + b_2\sum x_2^2\end{cases}$$

解该方程组得 a，b_1，b_2 的求解公式如下。

$$\begin{cases}b_1 = \dfrac{L_{1y}L_{22} - L_{12}L_{2y}}{L_{11}L_{22} - L^2_{12}} \\ b_2 = \dfrac{L_{2y}L_{11} - L_{12}L_{1y}}{L_{11}L_{22} - L^2_{12}} \\ a = \overline{y} - b_1\overline{x}_1 - b_2\overline{x}_2\end{cases} \tag{10-7}$$

其中：

$$L_{11} = \sum(x_1 - \overline{x}_1)^2 = \sum x_1^2 - \frac{1}{n}(\sum x_1)^2$$

$$L_{22} = \sum(x_2 - \overline{x}_2)^2 = \sum x_2^2 - \frac{1}{n}(\sum x_2)^2$$

$$L_{12} = \sum(x_1 - \overline{x}_1)(x_2 - \overline{x}_2) = \sum x_1x_2 - \frac{1}{n}\sum x_1\sum x_2$$

$$L_{1y} = \sum(x_1 - \overline{x}_1)(y - \overline{y}) = \sum x_1 y - \frac{1}{n}\sum x_1\sum y$$

$$L_{2y} = \sum(x_2 - \overline{x}_2)(y - \overline{y}) = \sum x_2 y - \frac{1}{n}\sum x_2\sum y$$

【例 10-7】某地区 10 个农民家庭的人均月储蓄额与人均月收入、人均月食品消费之间呈线性相关关系，如表 10-4 所示。要求拟合人均月储蓄额与人均月收入、人均月食品消费之间的线性回归方程。

表 10-4　　某地区农民家庭的人均月储蓄额与人均月收入、人均月食品消费资料

序号	人均月收入（元）x_1	人均月食品消费（元）x_2	人均月储蓄额（元）y	x_1^2	x_2^2	x_1x_2	x_1y	x_2y
1	22	14	2	484	196	308	44	28
2	28	19	3	784	361	532	84	57
3	32	20	3	1 024	400	640	96	60
4	36	22	4	1 296	484	792	144	88
5	41	25	5	1 681	625	1 025	205	125
6	45	23	6	2 025	529	1 035	270	138
7	51	29	6	2 601	841	1 479	306	174
8	57	34	7	3 249	1 156	1 938	399	238
9	60	34	9	3 600	1 156	2 040	540	306
10	66	38	10	4 356	1 444	2 508	660	380
合计	438	258	55	21 100	7 192	12 297	2 748	1 594

由表 10-4 的资料计算如下。

$$L_{11}=\sum x_1^2-\frac{1}{n}(\sum x_1)^2=21\,100-\frac{1}{10}\times 438^2=1\,915.6$$

$$L_{22}=\sum x_2^2-\frac{1}{n}(\sum x_2)^2=7\,192-\frac{1}{10}\times 258^2=535.6$$

$$L_{12}=\sum x_1x_2-\frac{1}{n}\sum x_1\sum x_2=12\,297-\frac{1}{10}\times 438\times 258=996.6$$

$$L_{1y}=\sum x_1y-\frac{1}{n}\sum x_1\sum y=2\,748-\frac{1}{10}\times 438\times 55=339$$

$$L_{2y}=\sum x_2y-\frac{1}{n}\sum x_2\sum y=1\,594-\frac{1}{10}\times 258\times 55=175$$

代入式（10-7）得

$$b_1=\frac{L_{1y}L_{22}-L_{12}L_{2y}}{L_{11}L_{22}-L^2_{12}}=\frac{339\times 535.6-996.6\times 175}{1\,915.6\times 535.6-996.6^2}=0.22$$

$$b_2=\frac{L_{2y}L_{11}-L_{12}L_{1y}}{L_{11}L_{22}-L^2_{12}}=\frac{175\times 1\,915.6-996.6\times 339}{1\,915.6\times 535.6-996.6^2}=-0.08$$

$$a=\overline{y}-b_1\overline{x}_1-b_2\overline{x}_2=5.5-0.22\times 43.8+0.08\times 25.8=-2.07$$

所求的人均月储蓄额与人均月收入、人均月食品消费之间的线性回归方程为

$$\hat{y}=-2.07+0.22x_1-0.08x_2$$

该回归方程表明了农民人均月储蓄额与人均月收入、人均月食品消费之间的一般数量关系。当人均月收入保持不变而人均月食品消费增加 1 元时，人均月储蓄额将平均减少 0.08 元；当人均月食品消费保持不变而人均月收入增加 1 元时，人均月储蓄额将增加 0.22 元。

（二）曲线回归

在实际工作中，有时因变量 y 和自变量 x 之间的关系并非是线性形式，而是某种曲线形式，如图 10-3 所示。这时，就需要拟合适当类型的曲线回归模型，统计学上称为曲线回归分析。

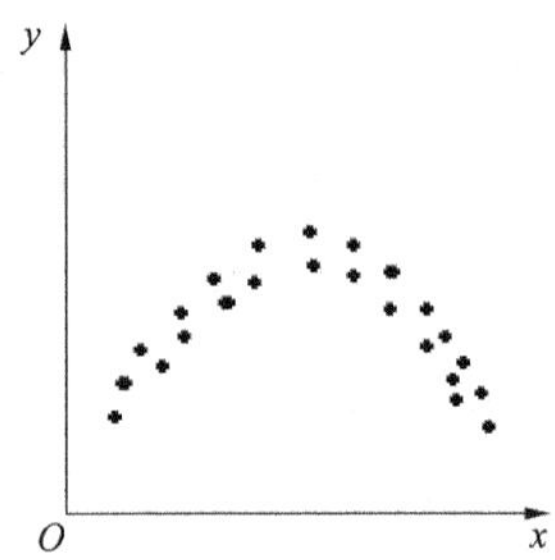

图 10-3　曲线相关

在进行曲线回归分析时，首先要确定曲线的类型，选择合适的曲线回归方程；然后，将曲线方程线性化，即将曲线回归方程转化为线性方程，用求线性回归方程待定参数的方法求得曲线回归方程的待定参数，并将求得的待定参数代入曲线回归方程；最后，根据拟合的回归曲线方程进行相应的估计和预测。

下面分别介绍拟合各种曲线回归方程的方法。

1. 抛物线型回归方程的拟合

抛物线型回归方程的一般形式为

$$\hat{y}=a+b_1x+b_2x^2$$

令 $x = x_1$， $x^2 = x_2$，则上式可转化为

$$\hat{y} = a + b_1x_1 + b_2x_2$$

实际上是将抛物线回归方程转化成了二元线性回归方程。求解待定参数 a、b_1、b_2 可按二元线性回归方程的求解方法。标准方程组为

$$\begin{cases} \sum y = na + b_1\sum x_1 + b_2\sum x_2 \\ \sum x_1y = a\sum x_1 + b_1\sum x_1^2 + b_2\sum x_1x_2 \\ \sum x_2y = a\sum x_2 + b_1\sum x_1x_2 + b_2\sum x_2^2 \end{cases}$$

解该方程组得 a、b_1、b_2 的求解公式如下。

$$\begin{cases} b_1 = \dfrac{L_{1y}L_{22} - L_{12}L_{2y}}{L_{11}L_{22} - L^2_{12}} \\ b_2 = \dfrac{L_{2y}L_{11} - L_{12}L_{1y}}{L_{11}L_{22} - L^2_{12}} \\ a = \overline{y} - b_1\overline{x}_1 - b_2\overline{x}_2 \end{cases}$$

将求得的 a、b_1、b_2 3 个参数代入抛物线回归方程 $\hat{y} = a + b_1x + b_2x^2$ 即可。

2. 指数型回归方程的拟合

指数型回归方程的一般形式为

$$\hat{y} = ab^x$$

两边取对数得

$$\lg\hat{y} = \lg a + x\lg b$$

令：$\hat{y}' = \lg\hat{y}$，$a' = \lg a$，$b' = \lg b$，则上式可转化为

$$\hat{y}' = a' + b'x$$

实际上是将指数回归方程转化成了一元线性回归方程。这里需要求解待定参数 a' 和 b'，可按一元线性回归方程的求解方法。标准方程组为

$$\begin{cases} \sum y' = na' + b'\sum x \\ \sum xy' = a'\sum x + b'\sum x^2 \end{cases}$$

解此方程组得

$$\begin{cases} b' = \dfrac{\sum xy' - \frac{1}{n}\sum x\sum y'}{\sum x^2 - \frac{1}{n}(\sum x)^2} \\ a' = \overline{y'} - b'\,\overline{x} \end{cases}$$

然后求 a' 和 b' 的反对数得到待定参数 a 和 b，代入指数回归方程 $\hat{y} = ab^x$ 即可。

3. 幂函数型回归方程的拟合

幂函数型回归方程的一般形式为

$$\hat{y} = ax^b$$

两边取对数得

$$\lg \hat{y} = \lg a + b \lg x$$

令：$\hat{y}' = \lg \hat{y}$，$a' = \lg a$，$x' = \lg x$，则上式可转化为

$$\hat{y}' = a' + bx'$$

实际上是将幂函数回归方程转化成了一元线性回归方程。这里需要求待定参数 a' 和 b，可按一元线性回归方程的求解方法。标准方程组为

$$\begin{cases} \sum y' = na' + b\sum x' \\ \sum x'y' = a'\sum x' + b\sum x'^2 \end{cases}$$

解此方程组得

$$\begin{cases} b = \dfrac{\sum x'y' - \frac{1}{n}\sum x'\sum y'}{\sum x'^2 - \frac{1}{n}(\sum x')^2} \\ a' = \overline{y'} - b\overline{x'} \end{cases}$$

然后求 a' 的反对数得到待定参数 a，将 a 和 b 代入幂函数回归方程 $\hat{y} = ax^b$ 即可。

4. 双曲线型回归方程的拟合

双曲线型回归方程的一般形式为

$$\frac{1}{\hat{y}} = a + \frac{b}{x}$$

令：$\hat{y}' = \dfrac{1}{\hat{y}}$，$x' = \dfrac{1}{x}$，则上式可转化为

$$\hat{y}' = a + bx'$$

这里将双曲线回归方程转化成了一元线性回归方程。求待定参数 a 和 b，可按一元线性回归方程的求解方法。标准方程组为

$$\begin{cases} \sum y' = na' + b\sum x' \\ \sum x'y' = a\sum x' + b\sum x'^2 \end{cases}$$

解此方程组得

$$\begin{cases} b = \dfrac{\sum x'y' - \frac{1}{n}\sum x'\sum y'}{\sum x'^2 - \frac{1}{n}(\sum x')^2} \\ a' = \overline{y'} - b\overline{x'} \end{cases}$$

然后将 a 和 b 代入双曲线回归方程 $\dfrac{1}{\hat{y}} = a + \dfrac{b}{x}$ 即可。

下面举例说明曲线回归方程的拟合方法。

【例 10–8】某地区某种商品需求量与价格之间呈指数相关关系。商品需求量与价格资料如表 10-5 所示。拟合需求量与价格之间的指数回归方程。

表 10-5 某商品需求量与价格资料

序号	价格（元）x	需求量（个）y	x_2	y'=lg$y$	xy'
1	10	200	100	2.30	23.00
2	16	182	256	2.26	36.16
3	20	165	400	2.22	44.40
4	24	154	576	2.19	52.56
5	29	139	841	2.14	62.06
6	34	130	1 156	2.11	71.74
7	40	120	1 600	2.08	83.20
8	45	108	2 025	2.03	91.35
9	49	100	2 401	2.00	98.00
10	55	89	3 025	1.95	107.25
合计	322	1 387	12 380	21.28	669.72

由表 10-5 中的数据计算知：$\sum x^2=12\ 380$，$\sum xy'=669.72$，$\sum x=322$，$\sum y'=21.28$。

代入公式$b'=\dfrac{\sum xy'-\frac{1}{n}\sum x\sum y'}{\sum x^2-\frac{1}{n}(\sum x)^2}=\dfrac{669.72-\frac{1}{10}\times322\times21.18}{12\ 380-\frac{1}{10}\times322^2}=-0.007\ 7$

$a'=\overline{y'}-b'\overline{x}=2.128+0.007\ 7\times32.2=2.375\ 9$

求a'和b'的反对数得

$a=237.629\ 3$

$b=0.982\ 4$

所以，指数回归方程$\hat{y}=237.629\ 3\times0.982\ 4^x$。

根据这一曲线方程，可以求不同商品价格下的需求量y的估计值$\hat{y}$。

例如，估计商品价格x为 50 元时的需求量为

$\hat{y}=237.629\ 3\times0.982\ 4^{50}=97.8$（个）

归纳总结

现象之间的数量关系可分为两种基本类型，即函数关系和相关关系。

函数关系与相关关系既有区别，又有联系。由于观察和实验中的误差，函数关系往往通过相关关系表现出来，而当对现象之间的内在联系和规律性了解得更加清楚的时候，相关关系又可能转化为函数关系。在社会经济领域里，一般说来，函数关系反映了现象间关系的理想化状态，相关关系则反映了现象间关系的现实化状态，只有在大量观察时，在平均的意义上，它才能被描述。

相关关系是现象之间确实存在，但关系数值不固定的相互依存关系。相关分析则是研究一个变量与另一个变量或另一组变量之间相关密切程度和相关方向的一种统计分析方法。

回归分析是在研究现象之间相关关系的基础上，对自变量和因变量的变动趋势拟合数学模型进行测量和推算的一种统计分析方法。进行回归分析，首先要以现象之间存在相关关系为前提；然后对自变量和因变量的变动拟合回归方程，确定其定量关系式；再对拟合的回归方程进行显著性检验；最后利用所求得的关系式进行推算和预测。

相关分析与回归分析在实际应用中有密切关系。然而在回归分析中，所关心的是一个随机变量 y 对另一个（或一组）随机变量 x 的依赖关系的函数形式。而在相关分析中，所讨论的变量的地位一样，分析侧重于随机变量之间的种种相关特征。例如，以 x，y 分别代表小学生的数学成绩与语文成绩，感兴趣的是二者的关系如何，而不在于由 x 去预测 y。

我们对相关关系的测定一般有两种方法：一种是定性分析，另一种是定量分析。定性分析包括相关表和相关图，定量分析主要通过相关系数进行。相关系数是在直线相关条件下说明两个现象之间关系密切程度的统计分析指标，通常用 r 表示，其计算公式为

$$r=\frac{\sigma_{xy}^2}{\sigma_x\sigma_y}=\frac{\sum(x-\overline{x})\sum(y-\overline{y})}{\sqrt{\sum(x-\overline{x})^2\sum(y-\overline{y})^2}}$$

一元线性回归分析是对两个具有线性关系的变量，研究其相关性，配合线性回归方程，并根据自变量的变动来推算和预测因变量平均发展趋势的方法。其基本形式为

$$\hat{y}=a+bx$$

简单线性回归与相关分析是对客观现象之间的关系进行高度简化的结果，但在实际问题中，影响因变量的因素往往不止一个，而是多个。多元线性回归与相关所研究的就是 3 个或 3 个以上的变量之间的数量关系问题。总体的多元线性回归方程为

$$\hat{y}=a+b_1x_1+b_2x_2+\cdots+b_nx_n$$

线性回归是最常用的，而在很多实际问题中，变量之间的相关关系不一定是线性的。此时，不宜直接用线性回归方程来描述它们之间的相关关系。可考虑先做线性变换，化曲线回归为线性回归。

能力训练

一、单项选择题

1. 现象之间相互依存关系的程度越高，则相关系数值（　　）。
   A. 越接近于∞　　B. 越接近于−1　　C. 越接近于 1　　D. 越接近于−1 或 1
2. 相关系数 r 的取值范围是（　　）。
   A. $-\infty<r<+\infty$　　B. $-1\leqslant r\leqslant +1$　　C. $-1<r<+1$　　D. $0\leqslant r\leqslant +1$
3. 已知变量 x 与 y 之间存在着负相关，指出下列回归方程中肯定错误的是（　　）。
   A. $\hat{y}=-10-0.8x$　　B. $\hat{y}=-100-1.5x$　　C. $\hat{y}=-150+0.9x$　　D. $\hat{y}=25-0.7x$
4. 若所有观察值 y 都落在回归直线 $\hat{y}=a+bx$ 上，则 x 与 y 之间的相关系数（　　）。
   A. $r=1$　　B. $-1<r<0$　　C. $r=1$ 或 $r=-1$　　D. $0<r<1$

5. 相关系数 $r=0$，说明两个变量之间（　　）。

A. 相关程度很低　　B. 不存在任何相关关系

C. 完全负相关　　D. 不存在直线相关关系

6. 在回归方程 $\hat{y}=a+bx$ 中，回归系数 b 表示（　　）。

A. 当 $x=0$ 时 y 的期望值　　B. x 变动一个单位时 y 的变动总量

C. y 变动一个单位时 x 的平均变动量　　D. x 变动一个单位时 y 的平均变动量

7. 相关分析是研究（　　）。

A. 变量之间的数量关系　　B. 变量之间的变动关系

C. 变量之间相互关系的密切程度　　D. 变量之间的因果关系

8. 在回归直线 $y=a+bx$ 中，$b<0$，则 x 与 y 之间的相关系数（　　）。

A. $r=0$　　B. $r=1$　　C. $0<r<1$　　D. $-1<r<0$

9. 在回归直线 $y=a+bx$ 中，b 表示（　　）。

A. 当 x 增加一个单位时，y 增加 a 的数量

B. 当 y 增加一个单位时，x 增加 b 的数量

C. 当 x 增加一个单位时，y 的平均增加量

D. 当 y 增加一个单位时，x 的平均增加量

10. 当相关系数 $r=0$ 时，表明（　　）。

A. 现象之间完全无关　　B. 相关程度较小

C. 现象之间完全相关　　D. 无直线相关关系

二、多项选择题

1. 下列现象中属于相关关系的有（　　）。

A. 压力与压强　　B. 现代化水平与劳动生产率

C. 圆的半径与圆的面积　　D. 身高与体重

2. 销售额与流通费用率在一定条件下存在相关关系，这种相关关系属于（　　）。

A. 正相关　　B. 单相关　　C. 负相关　　D. 复相关

3. 在直线相关和回归分析中，（　　）。

A. 据同一资料，相关系数只能计算一个

B. 据同一资料，相关系数可以计算两个

C. 据同一资料，回归方程只能配合一个

D. 据同一资料，回归方程随自变量与因变量的确定不同，可能配合两个

4. 确定直线回归方程必须满足的条件是（　　）。

A. 现象间确实存在数量上的相互依存关系

B. 相关系数 r 必须等于 1

C. 相关现象必须均属于随机现象

D. 现象间存在着较密切的直线相关关系

5. 在回归分析中，确定直线回归方程的两个变量必须是（　　）。

A. 一个自变量、一个因变量　　B. 均为随机变量

C. 对等关系　　D. 一个是随机变量、一个是可控变量

三、判断题

1. 相关关系和函数关系都属于完全确定性的依存关系。（　　）

2. 如果两个变量的变动方向一致，同时呈上升或下降趋势，则二者是正相关关系。（　　）

3. 假定变量 x 与 y 的相关系数是 0.8，变量 m 与 n 的相关系数为−0.9，则 x 与 y 的相关密切程度高。（　　）

4. 当直线相关系数 $r=0$ 时，说明变量之间不存在任何相关关系。（　　）

5. 相关系数 r 有正负、有大小，因而它反映的是两现象之间具体的数量变动关系。（　　）

6. 在进行相关和回归分析时，必须以定性分析为前提，判定现象之间有无关系及其作用范围。（　　）

7. 回归系数 b 的符号与相关系数 r 的符号，可以相同也可以不相同。（　　）

8. 在直线回归分析中，两个变量是对等的，不需要区分因变量和自变量。（　　）

9. 相关系数 r 越大，则估计标准误差 S_{yx} 值越大，从而直线回归方程的精确性越低。（　　）

10. 回归分析和相关分析一样，所分析的两个变量都一定是随机变量。（　　）

四、简答题

1. 什么是相关关系?它和函数关系有什么不同?
2. 简述相关分析和回归分析关系。
3. 什么是正相关和负相关?
4. 构造直线回归模型应具备哪些条件?
5. 什么是估计标准误差?其作用如何?

五、计算分析题

1. 将10个同类企业的生产性固定资产年平均价值和工业总产值资料进行整理得到习题表10-1所示的一组数据。

习题表10-1　　10个同类企业的生产性固定资产年平均价值和工业总产值资料

企业编号	生产性固定资产价值（万元）	工业总产值（万元）
1	318	524
2	910	1 019
3	200	638
4	409	815

续表

企业编号	生产性固定资产价值（万元）	工业总产值（万元）
5	415	913
6	502	928
7	314	605
8	1 210	1 516
9	1 022	1 219
10	1 225	1 624
合计	6 525	9 801

要求：（1）通过计算相关系数，说明两变量之间的相关方向。

（2）建立直线回归方程。

（3）计算估计标准误差。

（4）估计生产性固定资产（自变量）为 1 100 万元时总产值（因变量）的可能值。

2. 在其他条件不变的情况下，某种商品的需求量（y）与该商品的价格（x）有关，现对给定时期内的价格与需求量进行观察，得到习题表 10-2 所示的一组数据。

习题表 10-2　　给定时期内的价格与需求量资料

价格 x（元）	10	6	8	9	12	11	9	10	12	7
需求量 y（吨）	60	72	70	56	55	57	57	53	54	70

要求：（1）计算价格与需求量之间的相关系数。

（2）拟合需求量对价格的回归直线。

（3）确定当价格为 15 元时，需求量的估计值。

3. 某公司所属 8 个企业的产品销售资料如习题表 10-3 所示。

习题表 10-3　　某公司所属 8 个企业的产品销售资料

企业编号	产品销售额（万元）	销售利润（万元）
1	170	8.1
2	220	12.5
3	390	18.0
4	430	22.0
5	480	26.5
6	650	40.0
7	950	64.0
8	1 000	69.0

要求：（1）计算产品销售额与利润额之间的相关系数。

（2）确定利润额对产品销售额的直线回归方程。

（3）确定产品销售额为 1 200 万元时利润额的估计值。

附　录

附录 A　Excel 中几种常见统计指标的计算

1. 算术平均数（AVERAGE）

语法：AVERAGE（number1，number2，…）

number1，number2，…为需要计算平均值的 1 到 30 个参数。

例如，有 5 个数据：10、7、9、27、2，求其算术平均数。

将数据输入 Excel 空白工作表中，如附图 A.1 所示。

选中一空白单元格 A7 输入公式：=AVERAGE（A2:A6），回车后则显示其平均数为 11，如附图 A.2 所示。

	A
1	数据
2	10
3	7
4	9
5	27
6	2

附图 A.1

	A
1	数据
2	10
3	7
4	9
5	27
6	2
7	11

附图 A.2

2. 几何平均数（GEOMEAN）

语法：GEOMEAN（number1，number2，…）

number1，number2，… 是用于计算平均数的 1～30 个参数，也可以不使用这种用逗号分隔参数的形式，而用单个数组或数组引用的形式。

例如，有 5 个数据：10、7、9、27、2，求其几何平均数。

将数据输入 Excel 空白工作表中，如附图 A.1 所示。

选中一个空白单元格 A7 输入公式：=GEOMEAN （A2:A6），回车后则显示其几何平均数为 8.060 219，如附图 A.3 所示。

3. 调和平均数（HARMEAN）

语法：HARMEAN（number1，number2，…）

number1，number2，…是用于计算平均值的 1～30 个参数，也可以不使用这种用逗号分隔参数的形式，而用单个数组或数组引用的形式。

例如，有 5 个数据：10、7、9、27、2，求其调和平均数。

将数据输入 Excel 空白工作表中，如附图 A.1 所示。

选中一个空白单元格 A7 输入公式：=HARMEAN（A2:A6），按下回车键后则显示其调和平均数为 5.611 639，如附图 A.4 所示。

4. 平均差（AVEDEV）

语法：AVEDEV（number1，number2，…）

number1，number2，…用于计算绝对偏差平均值的一组参数，参数的个数可以有 1～30 个，可以用单一数组（即对数组区域的引用）代替用逗号分隔的参数。

例如，有 5 个数据：10、7、9、27、2，求其平均差。

将数据输入 Excel 空白工作表中，如附图 A.1 所示。

选中一个空白单元格 A7 输入公式：=AVEDEV（A2:A6），回车后则显示其平均差为 6.4，如附图 A.5 所示。

	A
1	数据
2	10
3	7
4	9
5	27
6	2
7	8.060219

附图 A.3

	A
1	数据
2	10
3	7
4	9
5	27
6	2
7	5.611639

附图 A.4

5. 方差（VARP）

语法：VARP（number1，number2，…）

number1，number2，…为对应于样本总体的 1～30 个参数。

例如，有 5 个数据:10、7、9、27、2，求其方差。

将数据输入 Excel 空白工作表中，如附图 A.1 所示。

选中一个空白单元格 A7 输入公式：=VARP（A2:A6），按下回车键后则显示其方差为 71.6，如附图 A.6 所示。

6. 相关系数（CORREL）

语法：CORREL（array1，array2）

array1　第一组数值单元格区域。

array2　第二组数值单元格区域。

例如，有两组数据：数据 1 和数据 2，将其输入 Excel 空白工作表中，如附图 A.7 所示。

	A
1	数据
2	10
3	7
4	9
5	27
6	2
7	6.4

附图 A.5

	A
1	数据
2	10
3	7
4	9
5	27
6	2
7	71.6

附图 A.6

选中一个空白单元格 B7 输入公式：=CORREL（A2:A6，B2:B6），按下回车键后则显示两个数据集合的相关系数为 0.997 054，如附图 A.8 所示。

	A	B
1	数据 1	数据 2
2	3	9
3	2	7
4	4	12
5	5	15
6	6	17

附图 A.7

	A	B
1	数据 1	数据 2
2	3	9
3	2	7
4	4	12
5	5	15
6	6	17
7		0.997054

附图 A.8

7. 截距（INTERCEPT）

语法：INTERCEPT（known_y's，known_x's）

known_y's 为因变量的观察值或数据集合。

known_x's 为自变量的观察值或数据集合。

例如，具有线性相关的两个变量 x ，y ，将其输入 Excel 空白工作表中，如附图 A.9 所示。

选中一个空白单元格 B7 输入公式：=INTERCEPT（A2:A6，B2:B6），按下回车键后则显示两个变量拟合的线性方程 $y_c = a + bx$ 的截距 a = 0.048 387，如附图 A.10 所示。

8. 斜率（SLOPE）

语法：SLOPE（known_y's，known_x's）

known_y's 为数字型因变量数据点数组或单元格区域。

known_x's 为自变量数据点集合。

例如，具有线性相关的两个变量 x 和 y ，将其输入 Excel 空白工作表中，如附图 A.9 所示。

选中一个空白单元格 B7 输入公式：=SLOPE（A2:A6，B2:B6），按下回车键后则显示两个变量拟合的线性方程 $y_c = a + bx$ 的斜率 b = 0.669 355，如附图 A.11 所示。

	A	B
1	y	x
2	2	6
3	3	5
4	9	11
5	1	7
6	8	5

附图 A.9

	A	B
1	y	x
2	2	6
3	3	5
4	9	11
5	1	7
6	8	5
7		0.048387

附图 A.10

	A	B
1	y	x
2	2	6
3	3	5
4	9	11
5	1	7
6	8	5
7		0.669355

附图 A.11

9. 回归直线（LINEST）

使用最小二乘法对已知数据进行最佳直线拟合，并返回描述此直线的数组。因为此函数返回数值数组，所以必须以数组公式的形式输入。

直线回归方程的公式如下。

一元回归方程：

$$y_c = a + bx$$

多元回归方程：

$$y_c = a + b_1x_1 + b_2x_2 + \cdots + b_kx_k$$

式中，因变量 y_c 是自变量 x 的函数值，是因变量 y 的估计值。b 值是与每个 x 值相对应的系数，a 为常量。注意 y_c ，x ，b 可以是向量。LINEST 函数返回的数组为 $\{b_k, b_{k-1}, \cdots, b_1, a\}$。LINEST

函数还可返回附加回归统计值（这个问题在此不做介绍，可参考 Excel 2003）。

语法：LINEST（known_y's，known_x's）

known_y's 是关系表达式 $y_c = a + bx$ 中已知的 y 值集合。

如果数组 known_y's 在单独一列中，则 known_x's 的每一列被视为一个独立的变量。

如果数组 known_y's 在单独一行中，则 known_x's 的每一行被视为一个独立的变量。

known_x's 是关系表达式 $y_c = a + bx$ 中已知的可选 x 值集合。

数组 known_x's 可以包含一组或多组变量。如果只用到一个变量，只要 known_y's 和 known_x's 维数相同，它们可以是任何形状的区域。如果用到多个变量，则 known_y's 必须为向量（即必须为一行或一列）。

如果省略 known_x's，则假设该数组为 {1，2，3，…}，其多少与 known_y's 相同。

示例一：以【例 10-4】的资料为例说明一元线性回归方程系数的计算。

第一步，打开 Excel，将生产费用和月产量的相关资料输入空白工作表中，如附图 A.12 中的 A3：B10 区域所示。

第二步，选中一个空白单元格 A11，输入公式：=LINEST（A3:A10，B3:B10），选择以公式单元格开始的区域 A11：B11。按“F2”键，再按“Ctrl+Shift+Enter”组合键，则在 A11：B11 区域显示 12.895 99、51.323 23，如附图 A.12 所示。即 $b = 12.895\ 99$，$a = 51.323\ 23$。

	A	B
1	生产费用	月产量
2	y（万元）	x（千吨）
3	62	1.2
4	86	2
5	80	3.1
6	110	3.8
7	115	5
8	132	6.1
9	135	7.2
10	160	8
11	12.89599	51.32323
12	141.5952	

附图 A.12

则生产费用与月产量之间的回归方程为

$$y_c = 51.3 + 12.9x$$

通常，SUM（{b，a}*{x，1}）等于 $a+bx$，即给定 x 值的 y 的估计值。

例如，示例一中，若要预测月产量为 7 千吨时的生产费用额，则选中一个空白单元格 A12，输入公式：=SUM（LINEST（A3:A10，B3:B10）*{7,1}），则显示为 141.5952，即 y_c=141.595 2 万元。

示例二：以【例 10-7】的资料为例说明多元线性回归方程系数的计算。

第一步，打开 Excel，将相关资料输入空白工作表中，如附图 A.13 中的 A3：C12 区域所示。

第二步，选中一个空白单元格 A13，输入公式：=LINEST（C3:C12，A3:B12），选择以公式单元格开始的区域 A13：C13。按“F2”键，再按“Ctrl+Shift+Enter”组合键，则在 A13：C13 区域显示−0.079 84，−0.218 504，−2.010 66，如附图 A.13 所示。即 $b_2 = -0.079\ 84$，b_1=0.218 504，$a = -2.010\ 66$。

则多元线性回归方程为

$$y_c = -2.010\ 66 + 0.218\ 504x_1 - 0.079\ 84x_2$$

10. 根据回归直线预测（FORECAST）

语法：FORECAST（x，known_y's，known_x's）

x 为需要进行预测的数据。

known_y's 为因变量数组或数据区域。

known_x's 为自变量数组或数据区域。

示例三： 仍以【例 10-4】的资料为例说明其使用方法。

第一步，打开 Excel，将相关资料输入空白工作表中，如附图 A.14 中的 A3：B10 区域所示。

第二步，选中一个空白单元格 B11，输入公式：=FORECAST(7, B3:B10, A3:A10)，按 Enter 键。则在 B11 中显示 141.595 2，如附图 A.14 所示。即当月产量为 7 千吨时的生产费用为 141.595 2 万元。

	A	B	C
1 2	人均月收入（元） x_1	人均月食品消费 x_2（元）	人均月储蓄额 y（元）
3	22	14	2
4	28	19	3
5	32	20	3
6	36	22	4
7	41	25	5
8	45	23	6
9	51	29	6
10	57	34	7
11	60	34	9
12	66	38	10
13	-0.07984	0.218504	-2.01066

附图 A.13

	A	B
1 2	月产量 x（千吨）	生产费用 y（万元）
3	1.2	62
4	2	86
5	3.1	80
6	3.8	110
7	5	115
8	6.1	132
9	7.2	135
10	8	160
11		141.5952

附图 A.14

11. 指数曲线（LOGEST）

在回归分析中，计算最符合数据的指数回归拟合曲线，并返回描述该曲线的数值数组。因为此函数返回数值数组，故必须以数组公式的形式输入。

此曲线的公式为

$$y_{\mathrm{c}} = ab^x$$

其中因变量 y_{c} 是自变量 x 的函数值。b 值是各指数 x 的底，而 a 值是常量值。注意：公式中的 y 、x 、b 均可以是向量，LOGEST 函数返回的数组为 $\{b\ ,\ a\}$。

语法：LOGEST（known_y's，known_x's）

known_y's 满足指数回归拟合曲线 $y_{\mathrm{c}} = ab^x$ 的一组已知的 y 值。

如果数组 known_y's 在单独一列中，则 known_x's 的每一列被视为一个独立的变量。

如果数组 known_y's 在单独一行中，则 known_x's 的每一行被视为一个独立的变量。

known_x's 满足指数回归拟合曲线 $y_{\mathrm{c}} = ab^x$ 的一组已知的 x 值，为可选参数。

如果省略 known_x's，则假设该数组为（1，2，3，…），其大小与 known_y's 相同。

示例四： 以【例 10-8】的资料为例说明其使用方法。

	A	B
1 2	价格 x（元）	需求量 y（个）
3	10	200
4	16	182
5	20	165
6	24	154
7	29	139
8	34	130
9	40	120
10	45	108
11	49	100
12	55	89
13	0.982473	237.5663

附图 A.15

第一步，打开 Excel，将相关资料输入空白工作表中，如附图 A.15

中的 A3：B12 区域所示。

第二步，选中一个空白单元格 A13，输入公式：=LOGEST（B3:B12，A3:A12），选择以公式单元格开始的区域 A13：C13。按“F2”键，再按“Ctrl+Shift+Enter”组合键，则在 A13：B13 区域显示 0.982 473，237.566 3，如附图 A.15 所示。即 b =0.982 473，a =237.566 3。

则指数曲线方程为

$$y_c = 237.566\,3 \times 0.982\,473^x$$

附录B　正态分布概率表

t	F（t）	t	F（t）	t	F（t）	t	F（t）
0.00	0.000 0	0.33	0.258 6	0.66	0.490 7	0.99	0.677 8
0.01	0.008 0	0.34	0.266 1	0.67	0.497 1	1.00	0.682 7
0.02	0.016 0	0.35	0.273 7	0.68	0.503 5	1.01	0.687 5
0.03	0.023 9	0.36	0.281 2	0.69	0.509 8	1.02	0.692 3
0.04	0.031 9	0.37	0.288 6	0.70	0.516 1	1.03	0.697 0
0.05	0.039 9	0.38	0.296 1	0.71	0.522 3	1.04	0.701 7
0.06	0.047 8	0.39	0.303 5	0.72	0.528 5	1.05	0.706 3
0.07	0.055 8	0.40	0.310 8	0.73	0.534 6	1.06	0.710 9
0.08	0.063 8	0.41	0.318 2	0.74	0.540 7	1.07	0.715 4
0.09	0.071 7	0.42	0.325 5	0.75	0.546 7	1.08	0.719 9
0.10	0.079 7	0.43	0.332 8	0.76	0.552 7	1.09	0.724 3
0.11	0.087 6	0.44	0.340 1	0.77	0.558 7	1.10	0.728 7
0.12	0.095 5	0.45	0.347 3	0.78	0.564 6	1.11	0.733 0
0.13	0.103 4	0.46	0.354 5	0.79	0.570 5	1.12	0.737 3
0.14	0.111 3	0.47	0.361 6	0.80	0.576 3	1.13	0.741 5
0.15	0.119 2	0.48	0.368 8	0.81	0.582 1	1.14	0.745 7
0.16	0.127 1	0.49	0.375 9	0.82	0.587 8	1.15	0.749 9
0.17	0.135 0	0.50	0.382 9	0.83	0.593 5	1.16	0.754 0
0.18	0.142 8	0.51	0.389 9	0.84	0.599 1	1.17	0.758 0
0.19	0.150 7	0.52	0.396 9	0.85	0.604 7	1.18	0.762 0
0.20	0.158 5	0.53	0.403 9	0.86	0.610 2	1.19	0.766 0
0.21	0.166 3	0.54	0.410 8	0.87	0.615 7	1.20	0.769 9
0.22	0.174 1	0.55	0.417 7	0.88	0.621 1	1.21	0.773 7
0.23	0.181 9	0.56	0.424 5	0.89	0.626 5	1.22	0.777 5
0.24	0.189 7	0.57	0.431 3	0.90	0.631 9	1.23	0.781 3
0.25	0.197 4	0.58	0.438 1	0.91	0.637 2	1.24	0.785 0
0.26	0.205 1	0.59	0.444 8	0.92	0.642 4	1.25	0.788 7
0.27	0.212 8	0.60	0.451 5	0.93	0.647 6	1.26	0.792 3
0.28	0.220 5	0.61	0.458 1	0.94	0.652 8	1.27	0.795 9
0.29	0.228 2	0.62	0.464 7	0.95	0.657 9	1.28	0.799 5
0.30	0.235 8	0.63	0.471 3	0.96	0.662 9	1.29	0.802 9
0.31	0.243 4	0.64	0.477 8	0.97	0.668 0	1.30	0.806 4
0.32	0.251 0	0.65	0.484 3	0.98	0.672 9	1.31	0.809 8

续表

t	F（t）	t	F（t）	t	F（t）	t	F（t）
1.32	0.813 2	1.61	0.892 6	1.90	0.942 6	2.38	0.982 7
1.33	0.816 5	1.62	0.894 8	1.91	0.943 9	2.40	0.983 6
1.34	0.819 8	1.63	0.896 9	1.92	0.945 1	2.42	0.984 5
1.35	0.823 0	1.64	0.899 0	1.93	0.946 4	2.44	0.985 3
1.36	0.826 2	1.65	0.901 1	1.94	0.947 6	2.46	0.986 1
1.37	0.829 3	1.66	0.903 1	1.95	0.948 8	2.48	0.986 9
1.38	0.832 4	1.67	0.905 1	1.96	0.950 0	2.50	0.987 6
1.39	0.835 5	1.68	0.907 0	1.97	0.951 2	2.55	0.989 2
1.40	0.838 5	1.69	0.909 0	1.98	0.952 3	2.60	0.990 7
1.41	0.841 5	1.70	0.910 9	1.99	0.953 4	2.65	0.992 0
1.42	0.844 4	1.71	0.912 7	2.00	0.954 5	2.70	0.993 1
1.43	0.847 3	1.72	0.914 6	2.02	0.956 6	2.75	0.994 0
1.44	0.850 1	1.73	0.916 4	2.04	0.958 6	2.80	0.994 9
1.45	0.852 9	1.74	0.918 1	2.06	0.960 6	2.85	0.995 6
1.46	0.855 7	1.75	0.919 9	2.08	0.962 5	2.90	0.996 3
1.47	0.858 4	1.76	0.921 6	2.10	0.964 3	2.95	0.996 8
1.48	0.861 1	1.77	0.923 3	2.12	0.966 0	3.00	0.997 3
1.49	0.863 8	1.78	0.924 9	2.14	0.967 6	3.10	0.998 1
1.50	0.866 4	1.79	0.926 5	2.16	0.969 2	3.20	0.998 6
1.51	0.869 0	1.80	0.928 1	2.18	0.970 7	3.30	0.999 0
1.52	0.871 5	1.81	0.929 7	2.20	0.972 2	3.40	0.999 3
1.53	0.874 0	1.82	0.931 2	2.22	0.973 6	3.50	0.999 5
1.54	0.876 4	1.83	0.932 8	2.24	0.974 9	3.60	0.999 7
1.55	0.878 9	1.84	0.934 2	2.26	0.976 2	3.70	0.999 8
1.56	0.881 2	1.85	0.935 7	2.28	0.977 4	3.80	0.999 9
1.57	0.883 6	1.86	0.937 1	2.30	0.978 6	3.90	0.999 9
1.58	0.885 9	1.87	0.938 5	2.32	0.979 7	4.00	0.999 9
1.59	0.888 2	1.88	0.939 9	2.34	0.980 7		
1.60	0.890 4	1.89	0.941 2	2.36	0.981 7		

附录C 平均增长速度查对表（摘选）——累计法查对表

递增速度　　　　累计法查对表　　　　间隔期：1～5 年

平均每年增长（%）	各年发展水平为基期的（%）				
	1 年	2 年	3 年	4 年	5 年
0.10	100.10	200.30	300.60	401.00	501.50
0.20	100.20	200.60	301.20	402.00	503.01
0.30	100.30	200.90	301.80	403.01	504.52
0.40	100.40	201.20	302.41	404.02	506.03
0.50	100.50	201.50	303.01	405.03	507.55
0.60	100.60	201.80	303.61	406.04	509.07
0.70	100.70	202.10	304.22	407.05	510.60
0.80	100.80	202.41	304.83	408.06	512.13
0.90	100.90	202.71	305.43	409.08	513.66
1.00	101.00	203.01	306.04	410.10	515.20

续表

平均每年增长（%）	各年发展水平为基期的（%）				
	1 年	2 年	3 年	4 年	5 年
1.10	101.10	203.31	306.65	411.12	516.74
1.20	101.20	203.61	307.26	412.14	518.29
1.30	101.30	203.92	307.87	413.17	519.84
1.40	101.40	204.22	308.48	414.20	521.40
1.50	101.50	204.52	309.09	415.23	522.96
1.60	101.60	204.83	309.70	416.26	524.52
1.70	101.70	205.13	310.32	417.29	526.09
1.80	101.80	205.43	310.93	418.33	527.66
1.90	101.90	205.74	311.55	419.36	529.23
2.00	102.00	206.04	312.16	420.40	530.81
2.10	102.10	206.34	312.78	421.45	532.40
2.20	102.20	206.65	313.39	422.49	533.98
2.30	102.30	206.95	314.01	423.54	535.58
2.40	102.40	207.26	314.63	424.58	537.17
2.50	102.50	207.56	315.25	425.63	538.77
2.60	102.60	207.87	315.87	426.68	540.38
2.70	102.70	208.17	316.49	427.74	541.99
2.80	102.80	208.48	317.12	428.80	543.60
2.90	102.90	208.78	317.74	429.85	545.22
3.00	103.00	209.09	318.36	430.91	546.84
3.10	103.10	209.40	318.99	431.98	548.47
3.20	103.20	209.70	319.61	433.04	550.10
3.30	103.30	210.01	320.24	434.11	551.73
3.40	103.40	210.32	320.87	435.18	553.37
3.50	103.50	210.62	321.49	436.25	555.02
3.60	103.60	210.93	322.12	437.32	556.66
3.70	103.70	211.24	322.75	438.39	558.32
3.80	103.80	211.54	323.38	439.47	559.97
3.90	103.90	211.85	324.01	440.55	561.63
4.00	104.00	212.16	324.65	441.63	563.30
4.10	104.10	212.47	325.28	442.72	564.97
4.20	104.20	212.78	325.91	443.80	566.64
4.30	104.30	213.08	326.55	444.89	568.32
4.40	104.40	213.39	327.18	445.98	570.00
4.50	104.50	213.70	327.82	447.07	571.69
4.60	104.60	214.01	328.46	448.17	573.38
4.70	104.70	214.32	329.09	449.26	575.08
4.80	104.80	214.63	329.73	450.36	576.78
4.90	104.90	214.94	330.37	451.46	578.48
5.00	105.00	215.25	331.01	452.56	580.19
5.10	105.10	215.56	331.65	453.67	581.91
5.20	105.20	215.87	332.30	454.78	583.62
5.30	105.30	216.18	332.94	455.88	585.35

续表

平均每年增长（%）	各年发展水平为基期的（%）				
	1 年	2 年	3 年	4 年	5 年
5.40	105.40	216.49	333.58	457.00	587.07
5.50	105.50	216.80	334.23	458.11	588.81
5.60	105.60	217.11	334.87	459.22	590.54
5.70	105.70	217.42	335.52	460.34	592.28
5.80	105.80	217.74	336.17	461.46	594.03
5.90	105.90	218.05	336.81	462.58	595.78
6.00	106.00	218.36	337.46	463.71	597.53
6.10	106.10	218.67	338.11	464.84	599.29
6.20	106.20	218.98	338.76	465.96	601.05
6.30	106.30	219.30	339.41	467.10	602.82
6.40	106.40	219.61	340.06	468.23	604.60
6.50	106.50	219.92	340.72	469.36	606.37
6.60	106.60	220.24	341.37	470.50	608.15
6.70	106.70	220.55	342.03	471.64	609.94
6.80	106.80	220.86	342.68	472.78	611.73
6.90	106.90	221.18	343.34	473.93	613.53
7.00	107.00	221.49	343.99	475.07	615.33
7.10	107.10	221.80	344.65	476.22	617.13
7.20	107.20	222.12	345.31	477.37	618.94
7.30	107.30	222.43	345.97	478.53	620.76
7.40	107.40	222.75	346.63	479.68	622.58
7.50	107.50	223.06	347.29	480.84	624.40
7.60	107.60	223.38	347.95	482.00	626.23
7.70	107.70	223.69	348.62	483.16	628.06
7.80	107.80	224.01	349.28	484.32	629.90
7.90	107.90	224.32	349.95	485.49	631.75
8.00	108.00	224.64	350.61	486.66	633.59
8.10	108.10	224.96	351.28	487.83	635.45
8.20	108.20	225.27	351.94	489.00	637.30
8.30	108.30	225.59	352.61	490.18	639.16
8.40	108.40	225.91	353.28	491.36	641.03
8.50	108.50	226.22	353.95	492.54	642.90
8.60	108.60	226.54	354.62	493.72	644.78
8.70	108.70	226.86	355.29	494.90	646.66
8.80	108.80	227.17	355.97	496.09	648.55
8.90	108.90	227.49	356.64	497.28	650.44
9.00	109.00	227.81	357.31	498.47	652.33
9.10	109.10	228.13	357.99	499.66	654.23
9.20	109.20	228.45	358.66	500.86	656.14
9.30	109.30	228.76	359.34	502.06	658.05
9.40	109.40	229.08	360.02	503.26	659.97
9.50	109.50	229.40	360.70	504.46	661.89
9.60	109.60	229.72	361.37	505.67	663.81

续表

平均每年增长（%）	各年发展水平为基期的（%）				
	1 年	2 年	3 年	4 年	5 年
9.70	109.70	230.04	362.05	506.87	665.74
9.80	109.80	230.36	362.74	508.08	667.68
9.90	109.90	230.68	363.42	509.30	669.62
10.00	110.00	231.00	364.10	510.51	671.56
10.10	110.10	231.32	364.78	511.73	673.51
10.20	110.20	231.64	365.47	512.95	675.47
10.30	110.30	231.96	366.15	514.17	677.43
10.40	110.40	232.28	366.84	515.39	679.39
10.50	110.50	232.60	367.53	516.62	681.36
10.60	110.60	232.92	368.21	517.84	683.34
10.70	110.70	233.24	368.90	519.07	685.32
10.80	110.80	233.57	369.59	520.31	687.30
10.90	110.90	233.89	370.28	521.54	689.29
11.00	111.00	234.21	370.97	522.78	691.29
11.10	111.10	234.53	371.67	524.02	693.29
11.20	111.20	234.85	372.36	525.26	695.29
11.30	111.30	235.18	373.05	526.51	697.30
11.40	111.40	235.50	373.75	527.75	699.32
11.50	111.50	235.82	374.44	529.00	701.34

参考文献

[1] 王苹香，危磊. 统计学原理. 北京：人民邮电出版社，2012.

[2] 方开泰. 统计方法与实验. 北京：高等教育出版社，2015.

[3] 李树林. 社会统计学. 北京：中国人民大学出版社，2013.

[4] 王海文. 统计学原理与实务. 北京：清华大学出版社，2015.

[5] 贾平凹. 应用统计学. 北京：高等教育出版社，2014.

[6] 曾艳英. 应用统计基础. 北京：机械工业出版社，2014.

[7] 贾俊平. 统计学. 北京：中国人民大学出版社，2015.

[8] 李博达. 统计学原理. 北京：清华大学出版社，2014.

[9] 范秀荣. 统计学原理. 北京：高等教育出版社，2013.

[10] 李侠，刘雅漫. 新编统计基础教参与实战. 大连：大连理工大学出版社，2013.